NODE.JS
노드제이에스
프로그래밍

클라우드 컴퓨팅 시대의
고성능 자바스크립트 플랫폼

Copyright ⓒ acorn publishing Co., 2012. All rights reserved.

이 책은 에이콘출판(주)가 저작권자 변정훈과 정식 계약하여 발행한 책이므로
이 책의 일부나 전체 내용을 무단으로 복사, 복제, 전재하는 것은 저작권법에 저촉됩니다.
저자와의 협의에 의해 인지는 붙이지 않습니다.

NODE.JS
노드제이어스
프로그래밍

클라우드 컴퓨팅 시대의
고성능 자바스크립트 플랫폼

변정훈 지음

에이콘

추천의 글

지난 몇 년간 저와 같은 평범한 자바 개발자들은 하루가 멀다 하고 새로운 언어와 낯선 기술이 등장해 개발자들의 관심을 끌고 있다는 소식을 들으며 앞으로 주류 기술의 흐름이 어떻게 변할지, 어떤 언어를 익히고 기술을 준비해야 할지 파악하기 쉽지 않아 당황스러웠습니다. 이럴 땐 커뮤니티의 자발적이고 적극적인 참여를 통해 언어와 기술의 한계를 극복하고 발전 중인 기술이 무엇인지 살펴보면 도움이 될 것입니다. 이런 기준으로 볼 때 지금 이 시점에서 가장 주목할 만한 언어는 자바스크립트가 분명합니다. 또 가장 관심을 가져야 할 기술은 노드인 듯합니다.

노드는 이미 오픈소스 커뮤니티는 물론이고 다양한 IT기업의 적극적인 참여와 지원 속에서 빠르게 발전하며 실전에도 속속 적용되고 있습니다. 노드가 강조하는 이벤트 기반 프로그래밍이나 비동기 I/O 방식은 자바 같은 주류 기술에도 상당한 영향을 주고 있습니다. 따라서 당장 노드를 사용할 일이 없더라도 노드를 배우고 익혀둔다면 여러모로 유익할 것입니다. 이러한 분위기가 무르익은 지금 이때에 주류 서버 기술은 물론이고 프론트엔드 개발 기술과 새로운 기술 흐름까지 빠짐없이 꿰고 있는 변정훈 님의 도움으로 노드를 배울 수 있게 되어서 기쁩니다.

이일민 / Epril 대표, 『토비의 스프링 3』 저자

특정 기술을 주제로 책을 쓰는 사람을 보면 그 기술과 닮았다는 생각이 들곤 한다. 이 책도 그런 책이다. 아대장님(별명이 Outsider라서 지인들이 부르는 호칭)이 책을 쓰기로 했다는 소식을 들었을 때가 작년 한국스프링사용자모임KSUG 세미나에서 노드를 발표할 때이니 6월 말 즈음인데, 11월 무렵 마무리에 들어가서 폭넓은 베타리딩까지 끝내고 이렇게 책으로 엮여 나오니 놀랍기만 하다.

미안한 이야기지만 사실 책을 미리 읽어볼 기회가 왔을 때 그리 기대하지 않았다. 집중해서 책 쓰는 모습을 보기는 했어도 그 길지 않은 기간에 좋은 책을 쓰기란 불가능에 가깝기 때문이다. 그런데 목차를 보고는 정말 놀라지 않을 수 없었다.

어떻게 이런 내용의 책을 이렇게 빨리 쓸 수 있는지 이해할 수 없었다. 읽어 보니 입문서로 적절한 깊이를 유지하면서 필요한 내용을 모두 담은 책이었다. 심지어 이 책에서는 테스트와 클라우드 연동 방법까지 다룬다(노드는 클라우드 시대의 PHP라고 난 생각한다).

노드가 바로 그런 기술이다. 2009년 초에 착안해 5월에 깃허브github에 저장소가 생겼고 2010년에야 조금씩 알려지기 시작한 프로젝트가 곧 큰 반향을 일으키더니 급격하게 기술 스택이 쌓여 올라가는 모습을 보면 마치 쓰나미가 몰려오는 느낌이다. 심지어 아파치의 Deft나 VMWare의 vert.x 같이 노드의 특징을 따라하는 프로젝트까지 생겼다. 노드가 이처럼 빨리 기술 스택을 쌓아 올릴 수 있었던 이유는 업계가 여러 플랫폼에서 많은 학습을 한 결과가 반영됐기 때문이라고 생각한다. 20여 년의 인터넷과 웹 시대를 거치면서 정말 많은 시도가 있었다. 저자도 다방면에 관심을 보이며 무모하다 싶을 정도로 여러 가지를 열정적으로 학습하는 사람이다. (그의 멋진 블로그가 그 증거다!) 그렇기에 이렇듯 균형 잡힌 책이 단기간에 나올 수 있었던 것이다. 책을 쓴 시간은 짧았을지 모르지만, 책을 준비한 시간은 정말 오래됐고 치열했다고 말할 수 있겠다.

박성철 /SK플래닛 플랫폼 SW 개발팀 팀장, 한국스프링사용자모임(KSUG) 큰일꾼

2005년 이렇다 할 기초도 없는 상태에서 자바스크립트를 시작했다. 자바스크립트 기술 공유 사이트를 통해 닥치는 대로 소스를 분석해 다양한 자바스크립트 기술을 익히고, 잊지 않기 위해 개인 블로그(http://firejune.com)에 글을 올려온 지도 벌써 7년째 접어들었다. 최근에는 자바스크립트의 영역이 넓어져 웹의 울타리에서 벗어나 네이티브 모바일 애플리케이션을 만들 수도 있고, HTML5 기세를 타 하나의 플랫폼으로 발돋움을 꾀하는가 하면, 마침내 현업에 사용하기에도 부족함이 없는 성능의 서버사이드 프로그래밍까지 아우르게 돼, 그야말로 자바스크립트 개발자로서 행복한 비명을 지르는 나날을 보내기에 바쁘다.

특히 자바스크립트 서버사이드 프로그래밍의 대표 솔루션으로 자리 잡은 Node.js를 현업 프로젝트에 사용하면서 클라이언트 개발자가 맞닥뜨리는 서버 프로그래밍의 개념이나 관련 지식의 부족을 인지하던 터였고, 국내 참고 서적이 부족

해 외국 기술 사이트를 참고하거나 소스를 분석해야만 하는 현실에 안타까워하고 있을 무렵, 단비와도 같은 이 책이 출간 된다기에 기꺼이 리뷰에 응했다. 처한 상황이 이렇다 보니 이 리뷰는 큰 의미가 있으리라 생각했고, 그 예상은 적중했다. 수박 겉핥듯 이해했던 노드 관련 모듈, 프레임워크, API에 대한 많은 지식을 얻을 수 있는 초석 역할을 충실히 해줬기 때문이다.

이 책은 자바스크립트 프로그래밍 지식이 있으면서 노드를 활용해 보고자 하는 초보 개발자나 노드에 흥미를 갖고 기초를 다지려는 개발자들에게 강력하게 추천하고 싶은 노드 실전 입문서다.

경준호 / 스파크앤어소시에이츠 과장, http://firejune.com

자바스크립트에 애착하는 개발자의 한 사람으로서 국내 개발자가 저술한 노드 관련 책이 출판됨을 축하드립니다. 아웃사이더 님은 여러 커뮤니티 활동을 통해 국내 개발자와 항상 소통하며 프론트엔드 관련 기술뿐만 아니라 백엔드와 데이터베이스, 아키텍처, 툴 등 다양한 방면에서 폭넓은 지식을 갖춘 개발자입니다. 멈추지 않은 배움의 노력과 열정으로 노드 책을 집필한다는 말을 들었을 때부터 출간되기만을 기다려 해왔는데, 마침내 이렇게 출간된다 하니 기쁜 마음으로 동료 개발자들께 이 책을 권해드립니다.

사용자의 웹브라우저 영역에 관련된 기술에서부터 서버사이드의 다양한 주제를 소화해 넘치는 열정이 아니면 볼 수 없는 내용으로 채워진 이 책은 노드를 알고자 하는 국내 개발자들께 망망한 웹 개발의 바다에서 목적지로 무사히 도착하게 이끌어주는 등불과 같은 역할을 해줄 것입니다.

김상영(Aj) / KTH 모바일사업부 웹플랫폼 팀 차장, http://ajaxian.kr/

다양한 개발자 커뮤니티에서 활약하면서 일찍이 수년 전부터 Node.js(이하 노드)의 매력을 발견해 푹 빠져 지내온 저자가 노드 관련 지식을 개발자들과 나누고자 몇 달간의 힘든 과정을 거쳐 드디어 책으로 엮어냈다.

이 책은 노드 전반에 대한 친절한 설명은 물론, 각종 프레임워크, 라이브러리, 클라우드 환경에서의 활용 등 독자를 위해 고민한 흔적을 가득 담고 있다. 그 덕에 책 읽는 과정 하나하나에서 분명 노드를 알아가는 재미를 더해줄 것이다.

새로운 조합의 아이디어로 등장해 놀라운 속도로 자신의 위치를 확보한 노드는 지금도 가장 빠른 속도로 발전하는 개발 플랫폼 중 하나다. 물론 모든 기술이 그렇듯 노드 또한 은총알은 아니다. 하지만 개발자로서 노드를 살펴보고 그 가치를 음미하는 건 분명 의미 있는 일이다. 이 책을 통해 더 많은 이들이 노드가 세운 이정표를 읽고 그 방향을 가늠해보길 기대한다.

이동욱 /LG CNS 프레임워크 그룹

지은이 소개

변정훈 outsideris+nodejs@gmail.com/트위터 @outsideris

온라인에서 아웃사이더Outsider라는 닉네임을 사용하고 서버사이드 개발자로 일하면서 프론트엔드쪽 기술에도 관심이 많다. 최신 기술이나 기술 트렌드에 관심이 많으며, 현재 SK Planet에서 개발자로 일한다. 개발자 커뮤니티인 봄싹과 프론트엔드 개발자 커뮤니티인 FRENDS에서 주로 활동 중이며, Outsider's Dev Story(http://blog.outsider.ne.kr/)라는 블로그를 통해 프로그래밍을 하면서 배운 지식들을 공유하고 있다.

지은이의 말

온라인에서 알고 지내던 프론트엔드 개발자들과 2년쯤 전에 FRENDS라는 모임을 만들었다. FRENDS에서 진행된 첫 기술 공유 모임에서 Aj가 노드에 대해 발표하면서 노드를 처음 접하게 되었다. 시기적으로 그 당시 노드는 세상에 나온 지 6개월 정도밖에 되지 않았던 꽤 이른 때였다. 자바스크립트를 좋아했던 터라 서버에서 동작하는 자바스크립트인 노드에 꽤 매력을 느꼈지만, 발표를 들을 때는 노드에 대해 잘 이해를 못했었다. 그 후 관심만 갖고 있다가 몇 달 후부터 본격적으로 노드를 공부하기 시작하면서 노드에 푹 빠져들었다.

국내에서는 기술 환경이 상당히 획일화돼 있기 때문에 해외에서 주목받는 기술이라 하더라도 국내까지 영향을 미치는 경우는 그다지 많지 않다. 내가 관심을 갖는 기술 중 상당수는 업무와 상관없는 개인적인 관심사였고, 노드도 마찬가지였다. 하지만 2011년으로 넘어오면서 국내에서도 노드에 대한 관심을 커지고 있음을 느낄 수 있었다. 노드에 대한 글을 블로그에 여러 번 올렸던 터라 몇 번의 좋은 기회를 얻어 노드에 대한 발표도 하다 보니, 기대 이상으로 많은 사람이 노드라는 기술에 관심을 가졌다는 사실을 알게 됐다. 게다가 개인적인 관심을 넘어 많은 회사에서 실제로 기술을 검토 중이고, 이 책의 초고를 완성할 때쯤에는 노드를 실제 서비스에 적용하는 회사들도 있었다. 기대보다 빠른 보급 속도는 노드를 좋아하는 나로서도 꽤 놀라운 일이었다.

나는 노드를 무척 좋아한다. 업무로 노드를 사용하지 않음에도 노드는 내 삶에 많은 영향을 줬고 즐거움을 줬다. 그래서 노드를 만든 라이언 달과 커미터들을 포함해 수많은 노드 개발자한테 항상 고마움을 느낀다. 노드를 아주 깊게 아는 것도 아니었고 국내에서 노드를 제일 잘하는 것도 아니었다. 그리고 국내에 노드를 전파해야겠다는 특별한 사명감을 가진 것도 아니었다. 하지만 블로그에 오랫동안 글을 올렸고 몇 번의 발표를 준비하면서 노드를 설명하기 위한 시나리오도 준비돼 있는 상태였다. 조금이나마 먼저 노드를 살펴본 사람으로서 아직 노드를 알지 못하는 사람들에게 조금이나마 도움을 주고자 시작했지만, 책을 쓰는 내내 책을 쓸 자격이 있는가에 대해 수없이 고민을 했다. 노드의 인기가 앞으로 얼마나 커질지는 현재 장담할 수 없지만, 그런 분위기도 개발자들이 직접 만들어 가는 것이라 생각한다. 이 책을 통해 노드에 관심 있는 사람들이 좀 더 쉽게 노드를 이해하고 내가 그랬던 것처럼 노드의 매력을 느낄 수 있기를 바랄 뿐이다.

이 책이 나오기까지 많은 사람의 도움을 받았다. Aj(김상영)가 아니었다면 노드에 대해 알지 못했을 것이고, 이 책을 쓰도록 권하고 책을 쓰는 내내 일정을 독촉해주신 토비(이일민) 님이 없었으면 책을 쓸 생각도 하지 않았을 것이다. 책을 쓴 경험이 없음에도 선뜻 제안해 주신 에이콘의 김희정 부사장님께도 감사를 드린다. 바쁜 와중에서 베타 리딩을 해주신 Aj(김상영), Rhio(김양원) 님, 네피림(이동욱) 님, 허니몬(김지헌) 님, 어거(김태선) 님, 박난하 님께 감사를 드린다. 이 분들이 아니었다면 책의 부족한 부분을 많이 보완하지 못했을 것이다. 특히 마치 자신의 책인 듯 마지막까지 문장 하나하나 확인해주신 네피림 이동욱 님께는 특히 감사하다는 말을 전하고 싶다. 갑작스러운 부탁에도 선뜻 추천사를 써주신 박성철 님과 경준호 님께도 감사를 드린다. 직접은 아니더라도 항상 함께하면서 더 나은 개발자가 될 수 있게 자극을 주는 봄싹(http://www.springsprout.org/)과 KSUG(한국스프링사용자모임), FRENDS(http://frends.kr/)의 개발자분들이 아니었다면 지금까지 오지도 못했을 것이다. 그리고 블로그나 트위터 등에서 기술을 교류한 수많은 개발자분들이 아니었다면 지금처럼 개발을 즐거워하지는 못했을 것이다. 온/오프라인에서 간간히 건네주는 응원 메시지로 인해 지쳐있을 때도 힘내서 글을 쓸 수 있었기에 이 기회를 빌어 감사의 말을 전하고 싶다. 마지막으로 책 쓰는 내내 예민해져 있는 나의 투정을 다 받아주고 전폭적으로 지지해준 부모님과 형, 형수님께 감사드린다.

변정훈

목차

추천의 글 • 5
지은이의 말 • 10
지은이 소개 • 9
들어가며 • 19

1장 노드 소개 • 27
1.1 노드는 서버사이드 자바스크립트다 • 29
1.2 CommonJS • 30
1.3 노드의 역사와 발전 • 31
1.4 노드의 탄생 배경 • 34
　문화적인 이유 • 39
　인프라적인 이유 • 39
1.5 노드의 특징 • 40
　이벤트 루프 기반의 비동기 I/O • 40
　싱글 스레드 • 41
　자바스크립트 • 41
　넌블록킹 I/O • 42
1.6 정리 • 43

2장 노드 프로그래밍 시작 • 45
2.1 설치 • 47
　윈도우에서의 설치 • 47
　맥OS에서의 설치 • 50
　리눅스에서의 설치 • 51
　여러 버전의 노드 동시 사용 • 52
2.2 REPL • 53

2.3 Hello World • 54
2.4 require()와 module.exports • 56
2.5 파일 읽기 예제 • 58
2.6 Web Server 예제 • 60
2.7 노드의 아키텍처 • 65
2.8 노드 코딩 관례 • 70
2.9 정리 • 71

3장 노드의 기본 모듈 • 73

3.1 전역 객체 • 76
3.2 유틸리티 • 82
3.3 이벤트 • 83
3.4 버퍼 • 85
3.5 스트림 • 87
3.6 파일시스템 • 89
3.7 경로 • 92
3.8 네트워크 • 94
3.9 HTTP와 HTTPS • 98
3.10 URL과 쿼리 문자열 • 100
3.11 자식 프로세스 • 103
3.12 클러스터 • 106
3.13 TCP를 이용한 채팅 예제 • 111
3.14 정리 • 115

4장 npm을 이용한 의존성 확장 모듈 관리 • 117

4.1 npm 소개 • 119

4.2 npm 설치 • 120

4.3 npm을 이용한 확장 모듈 설치 • 123

　글로벌 설치 • 123

　로컬 설치 • 125

4.4 확장 모듈 검색 • 126

4.5 설치된 확장 모듈 관리 • 129

4.6 package.json을 이용한 프로젝트 관리 • 130

4.7 정리 • 137

5장 트위터 백업 애플리케이션 예제 • 139

5.1 restler를 이용한 트위터 REST API 사용 • 141

5.2 파일시스템 기본 모듈을 이용한 파일 저장 • 144

5.3 백업 스케줄링 • 149

5.4 서비스를 위한 노드 애플리케이션 실행 • 151

　nohup을 이용한 실행 • 151

　포에버 확장 모듈을 이용한 실행 • 152

5.5 정리 • 154

6장 경량 웹 프레임워크 익스프레스 • 155

6.1 익스프레스 프로젝트 구성 • 157

6.2 app.js 소스 살펴보기 • 160

6.3 Jade 뷰 템플릿 엔진 • 166

6.4 폼 전송 웹사이트 예제 • 172

6.5 데이터베이스 연동 • 177

　MySQL 확장 모듈: node-mysql • 177

몽고디비 확장 모듈: 몽고리안 • 182

6.6 비동기 패턴의 의존성 문제 • 185

    콜백 함수를 사용한 의존성 제거 • 187

    이벤트를 사용한 의존성 해결 • 189

    반복문에서 비동기 작업 • 190

6.7 정리 • 193

7장 리얼타임 웹사이트를 위한 Socket.IO • 195

7.1 리얼타임 웹사이트란? • 197

7.2 예제를 위한 웹 서버 구성 • 198

7.3 Socket.IO 설정 • 201

7.4 Socket.IO 서버 연결 • 207

7.5 서버와 클라이언트의 메시지 통신 • 210

7.6 커스텀 이벤트 • 214

7.7 휘발성 메시지와 브로드캐스트 • 217

7.8 네임스페이스 • 219

7.9 방 기능 • 223

7.10 정리 • 227

8장 익스프레스와 Socket.IO를 이용한 Simple Chat 예제 • 229

8.1 simple-chat의 사용자 닉네임 처리 • 232

8.2 채팅방 생성 • 238

8.3 Socket.IO를 사용한 채팅방 입장 • 246

8.4 채팅 기능 구현 • 250

8.5 채팅 참가자 관리 • 253

8.6 채팅방 나가기 • 257

8.7 완성된 simple-chat 코드 • 260

8.8 정리 • 271

9장 디버깅 • 273

9.1 노드의 스택 트레이스 • 275
9.2 로그 메시지를 위한 console 사용 • 277
9.3 노드 인스펙터를 이용한 디버깅 • 281
9.4 정리 • 286

10장 유닛 테스트 • 289

10.1 TDD 프레임워크 익스프레소 • 291
    노드의 Assert 모듈 • 292
    익스프레소의 assert 함수 • 295
    익스프레소의 테스트 실행 • 296
    웹 애플리케이션 테스트 • 298
    node-jscoverage로 테스트 커버리지 확인 • 299
10.2 BDD 프레임워크 보우즈 • 301
    보우즈의 테스트 코드 구조 • 302
    토픽과 보우 • 304
    보우즈에서 제공하는 assert문 • 305
    비동기 테스트 작성 • 307
    테스트 스위트의 실행 • 308
10.3 정리 • 310

11장 클라우드 서비스 배포 • 313

11.1 VMWare의 클라우드 파운드리 • 315
    VMC 설치 • 317
    클라우드 파운드리에 노드 애플리케이션 배포 • 319
    클라우드 파운드리의 데이터베이스 서비스 • 322

vmc를 통한 클라우드 파운드리 관리 • 324

11.2 **허로쿠** • 326

허로쿠 환경 설정 • 327

허로쿠에 배포 • 331

허로쿠 관리 • 332

11.3 **조이엔트의 no.de** • 334

no.de를 위한 환경 설정 • 334

no.de에 애플리케이션 배포 • 336

no.de 클라우드 서비스 관리 • 338

11.4 **정리** • 343

부록 A 프로덕션 레벨의 참고 사이트 • 345

부록 B 노드 학습을 위한 참고 사이트 • 351

베타리더 한마디 • 361

찾아보기 • 363

들어가며

✤ 노드란 무엇인가?

자바스크립트는 과거에는 제대로 인정받지 못하는 프로그래밍 언어였다. 자바스크립트의 리더 중 한 명인 더글러스 크록포드가 2001년 '자바스크립트: 세계에서 가장 저평가된 언어'(http://javascript.crockford.com/javascript.html)라는 글을 썼을 정도였다. 하지만 현업 개발자들이 수년 동안 자바스크립트를 발전시킨 덕분에, 2008년 더글러스 크록포드는 '세계에서 가장 저평가된 언어가 세계에서 가장 인기 있는 언어가 됐다.'(http://javascript.crockford.com/popular.html)라는 글을 올리기에 이른다. 최근 HTML5의 인기와 함께 자바스크립트는 역사상 최고의 전성기를 누리고 있으며, 이런 추세는 더욱 가속화될 전망이다. 소위 "자바스크립트로 못하는 것이 없다."라고 할 만큼 성장했지만 웹브라우저 내에서만 동작한다는 한계가 있었다.

하지만 노드는 이 한계를 없애고 자바스크립트의 영역을 서버사이드 프로그래밍까지 넓혀주었다. 노드는 쉽고 강력한 환경으로 자바스크립트 언어를 서버사이드 프로그래밍 언어로 만들었고, 비약적으로 발전 중인 자바스크립트의 영역을 한 차원 높여줬다고 할 수 있다. 현재 노드는 개발자 커뮤니티 사이에서 높은 관심을 받고 있으며, 다음과 같은 특징이 있다.

- **V8 자바스크립트 엔진** 노드는 구글 크롬 웹브라우저의 자바스크립트 엔진인 V8을 기반으로 자바스크립트를 사용한다. 덕분에 개발자는 클라이언트에서 사용하던 자바스크립트의 경험과 지식을 그대로 사용해 서버 프로그래밍을 할 수 있다. 이는 노드에 대한 진입 장벽을 현저히 낮춰 쉽게 접근할 수 있는 이점을 준다. 그리고 현존하는 자바스크립트 엔진 중 가장 빠른 V8의 성능을 그대로 물려받아 어떤 프로그래밍 언어에 못지않은 성능을 보여준다.

- **이벤트 기반 프로그래밍** 노드는 이벤트 기반으로 동작한다. 많은 프로그래밍 언어가 멀티스레드 방식을 취하는데, 이벤트 기반은 이에 비교되는 개념이라

고 할 수 있다. 멀티스레드는 동시에 여러 가지 일을 하기 위해 다수의 스레드를 만들어 작업하지만 노드의 이벤트 기반에서는 스레드가 딱 하나만 있다. 그래서 싱글 스레드가 모든 작업을 직접 처리하는 대신 작업을 위임하고 완료됐다는 이벤트가 발생하면 결과를 받아 처리한다. 작업이 처리되는 시간 동안 기다릴 필요가 없으므로 스레드가 효율적으로 동작한다. 이벤트 기반 프로그래밍은 넌블록킹 I/O와 함께 동작하면서 성능이 극대화된다.

- **비동기/넌블록킹 I/O** 일반적인 I/O는 블록킹 I/O이다. 블록킹 I/O를 사용하면 스레드까지 블록킹돼 I/O를 사용하는 동안 스레드가 대기 상태에 있게 된다. 스레드가 대기 상태에 있는 시간은 사실상 낭비되는 시간이고, 싱글 스레드로 동작하는 노드에서 스레드가 블록킹되는 것은 성능에 큰 문제를 발생시킨다. 그리고 블록킹 I/O와 넌블록킹 I/O를 함께 사용하려면 많은 지식이 필요하다. 그래서 노드의 모든 I/O는 비동기로 동작하는 넌블록킹 I/O이고, I/O에 대한 전문 지식 없이도 쉽게 사용할 수 있다.

❈ 이 책의 구성

1장, 노드 소개 노드는 라이언 달이라는 개발자가 만든 프로젝트다. 노드 프로젝트를 이해하기 위해 라이언이 왜 노드 프로젝트를 시작했는지 살펴보며, 노드의 특성은 어떤 것인지 자세히 살펴본다. 노드가 공개된 이후 많은 개발자가 참여해 활발한 커뮤니티가 만들어지고 하루가 다르게 발전 중이다. 현재 노드의 에코 시스템은 어떻게 이뤄졌으며 노드의 특징은 무엇인지 알아본다.

2장, 노드 프로그래밍 시작 노드 프로그래밍을 하기 위해 노드를 설치하는 방법을 알아본다. 그리고 REPL의 사용법과 'Hello World'를 출력하는 예제를 작성하면서 노드 사용법을 배운다. 파일 읽기 예제와 웹 서버 예제를 작성하면서 기본 모듈을 사용하는 방법을 살펴보고, 노드의 아키텍처와 함께 동작 방식을 이해한다.

3장, 노드의 기본 모듈 노드는 프로세스, 파일시스템, 유틸리티, HTTP 등의 기본 모듈을 제공한다. 노드의 기본 모듈은 노드 프로그래밍의 기반이 되므로 기본 모듈이 제공하는 기능을 이해해야 한다. 각 기본 모듈의 사용법을 살펴보면서 노드에 대한 이해도를 높이고, 네트워크 모듈로 TCP 채팅 애플리케이션을 작성하면서 기본 모듈을 활용하는 방법을 살펴본다.

4장, npm을 이용한 의존성 확장 모듈 관리 npm은 확장 모듈을 관리하는 패키지 매니저다. 노드에는 기본 모듈 외에 수많은 확장 모듈이 있는데, npm을 사용하면 확장 모듈을 쉽게 설치하고 관리할 수 있다. npm은 최신 버전의 노드에 포함될 만큼 노드 프로그래밍에 필수적인 도구다. 확장 모듈을 제대로 활용하기 위해 npm으로 모듈을 설치하고 프로젝트를 관리하는 방법을 살펴본다.

5장, 트위터 백업 애플리케이션 예제 REST 기능과 스케줄링 기능이 필요한 트위터 백업 애플리케이션 예제를 작성한다. 모든 기능을 직접 작성하는 대신 REST와 스케줄링 확장 모듈을 npm으로 설치해 사용하면서 npm으로 확장 모듈을 사용하는 방법을 자세히 살펴본다.

6장, 경량 웹 프레임워크 익스프레스 익스프레스express는 경량 웹 프레임워크로서 사용법이 간단하면서 강력하므로 노드를 대표하는 모듈 중 하나다. 익스프레스를 사용하면 웹사이트나 웹 애플리케이션을 쉽게 작성할 수 있다. 익스프레스의 소스 구조와 사용 방법과 함께 기본 뷰 템플릿 엔진인 제이드의 사용법을 살펴본다.

7장, 리얼타임 웹사이트를 위한 Socket.IO Socket.IO는 노드의 대표적인 모듈 중 하나로 코멧이나 웹소켓을 이용한 리얼타임 웹을 구현하기 위한 확장 모듈이다. 복잡한 리얼타임 웹 기술에 대한 지식 없이도 쉽게 사용할 수 있어 많은 개발자가 주목하는 모듈이다. Socket.IO의 다양한 기능을 차례대로 살펴보면서 사용법을 익힌다.

8장, 익스프레스와 Socket.IO를 이용한 Simple Chat 예제 6장과 7장에서 배운 익스프레스와 Socket.IO를 이용해 채팅 예제를 작성한다. 예제를 작성하면서 두 모듈을 활용하는 방법을 다시 한 번 살펴보고, 리얼타임 웹 애플리케이션을 얼마나 쉽게 작성할 수 있는지 살펴본다.

9장, 디버깅 노드에서 에러가 발생했을 때 수정하기 위한 디버깅 방법을 설명한다. 기본적인 디버깅 방법인 스택 트레이스를 추적하는 방법과 로그를 출력하는 방법을 알아보고, 복잡한 디버깅을 할 때 유용한 노드 인스펙터의 사용법을 알아본다. 노드 인스펙터는 노드의 내부 동작을 살펴보면서 디버깅을 할 수 있어 필수적으로 익혀야 할 도구다.

10장, 유닛 테스트 신뢰할 수 있는 코드를 작성하기 위해 유닛 테스트의 작성은 중요하다. 노드의 대표적인 테스트 프레임워크인 익스프레소expresso와 보우즈Vows의 사용 방법을 설명한다. 익스프레소는 전통적인 형태의 TDD 프레임워크이고, 보우즈는 노드에 특화된 비동기 테스트 프레임워크다. 두 프레임워크로 테스트 코드를 작성하는 방법을 살펴본다.

11장, 클라우드 서비스 배포 작성한 노드 애플리케이션을 서비스하기 위해 클라우드 서비스를 통한 배포를 살펴본다. 이벤트 기반의 노드는 확장성 있는 애플리케이션을 작성하기 좋으므로 클라우드의 특성과 잘 어울린다. VMWare의 클라우드 파운드리Cloud Foundry와 허로쿠Heroku, 조이엔트Joyent에서 no.de 클라우드 서비스의 배포 방법과 관리 방법을 살펴본다.

✳ 이 책의 대상 독자

이 책은 자바스크립트를 다룰 줄 아는 프론트엔드 개발자나 서버사이드 개발자를 대상으로 한다. 자바스크립트에 대한 책이 아니라 노드를 설명하는 책이기 때문에 자바스크립트 코드는 읽을 수 있다고 가정한다. 자바스크립트를 알지 못하거나 프로그래밍에 대한 지식이 전혀 없다면 먼저 자바스크립트를 공부하길 권한다. 시중에 나와 있는 많은 자바스크립트 책을 통해 자바스크립트를 익힐 수 있다.

이 책의 예제는 자바스크립트에 대한 깊은 지식 없이도 이해할 수 있게 최대한 쉽게 작성했다. 상황에 따라 자바스크립트에 익숙하지 않은 개발자를 위해 간단한 설명을 추가했지만, 노드에서 필요하거나 중요한 부분이 아니라면 다루지 않는다. 그래서 노드 프로그래밍의 디자인 패턴이나 기법 중 클라이언트 자바스크립트와 동일하게 적용되는 대부분은 이 책에서 다루지 않는다.

예제의 자바스크립트 함수나 기능을 잘 모른다면 모질라 개발자 네트워크MDN의 자바스크립트 레퍼런스(https://developer.mozilla.org/en/JavaScript/Reference)를 참고하라. 가장 정확한 내용으로 잘 정리돼 있기 때문에 구글에서 검색했을 때 최상단에 나오는

W3CSchool 같은 사이트보다 낫다. 다만 모질라 개발자 네트워크는 한국어로 볼 때 링크가 깨지는 경우가 많으므로 영문으로 설정하고 보는 것이 좋다.

이 책에서 다루지 않는 내용

노드는 서버사이드 프로그래밍이지만 서버사이드 프로그래밍의 기본적인 지식은 이 책의 범위를 넘어서므로 다루지 않는다. 예를 들어 HTTP나 TCP의 동작 방식, 데이터베이스나 SQL의 사용 방법 등은 다루지 않는다. 또한 노드 애드온과 관련된 부분도 이 책에서 다루지 않는다. 노드 프로그래밍은 자바스크립트를 사용하지만, 그 하위는 C/C++로 작성돼 있다. 그래서 C/C++로 애드온을 작성해 노드를 확장하거나 성능과 관련된 부분을 해결할 수 있지만, 이 책에서는 다루지 않는다. 애드온에 대해 궁금하다면 온라인에 공개된 문서를 참고하면 된다.

알고 있으면 좋은 내용

- **깃(Git)과 깃허브(Github)** 일부 장을 제외하고는 이 책의 예제를 따라 하는 데 깃과 깃허브를 꼭 알 필요는 없다. 하지만 노드를 포함해 대부분의 확장 모듈이 소셜 코딩 사이트인 깃허브로 관리되기 때문에 깃허브의 사용법을 알고 있으면 도움이 된다. 또한 깃허브에서 사용하는 소스 버전 관리 도구인 깃을 배우면 확장 모듈의 소스를 살펴보는 데 도움이 된다.
- **운영체제** 이 책은 리눅스나 맥OS 같은 유닉스 계열 운영체제를 중심으로 설명한다. 노드는 오랫동안 유닉스 기반에서 동작했으며 윈도우의 지원은 최신 버전부터다. 따라서 확장 모듈까지 제대로 활용하려면 유닉스 계열의 운영체제에서 노드를 사용하는 편이 더 낫다. 이 책은 유닉스 계열 운영체제를 중심으로 설명하면서 윈도우에서 다르게 동작하는 부분만 따로 언급한다. 커맨드라인에서 유닉스 명령어를 사용하는 경우가 많으므로 유닉스 계열 운영체제의 지식이 필요하다.

이 책의 편집 규약

이 책에서 커맨드라인이라는 표기는 터미널이나 명령어 셸을 의미한다. 노드는 커맨드라인 명령어를 많이 사용하는데, 다음과 같이 표기한다.

```
folder-name $ command
result
```

유닉스 계열의 커맨드라인을 따라 이처럼 표현한다. `folder-name`은 현재 폴더를 나타내고, 굳이 명시할 필요가 없을 때는 생략한다. 윈도우의 커맨드라인인 명령 프롬프트는 형식이 다른데, 위 커맨드라인 명령어를 윈도우 형식으로 표기하면 다음과 같다.

```
C:/folder-name> command
result
```

책의 분량상 모든 예제 소스를 표기할 수 없으므로 기존 코드에서 새로 추가되거나 변경된 코드는 굵은 글꼴로 나타낸다. 생략된 코드는 말줄임표(...)로 나타내고, 전체 코드를 보여주지 않을 때에는 'index.html(일부)'처럼 부분 코드임을 표시한다.

```
...
function example() {
  doSomething();
}
```

이 책의 예제 코드 다운로드

코드에 리스트 1.1처럼 번호가 붙은 예제는 https://github.com/outsideris/node.js-programming에서 다운로드할 수 있다.

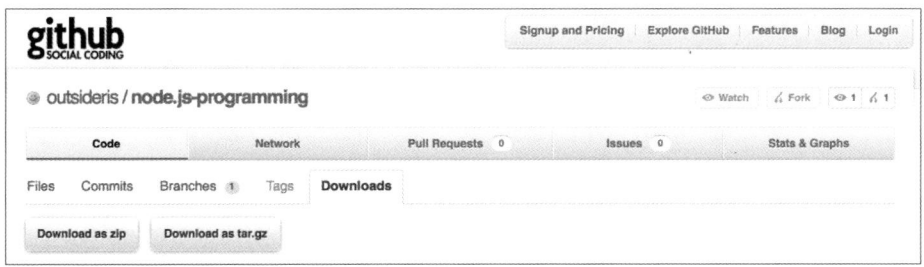

깃 허브의 예제 소스 다운로드 화면

에이콘출판사의 도서정보 페이지 http://www.acornpub.co.kr/book/nodejs에서도 이 책에 나온 예제 코드를 압축한 파일을 다운로드할 수 있다.

이 책은 노드 0.6.6 최신 버전에 맞춰 작성했고 각 모듈의 버전은 설명과 함께 명시했다. 노드가 아직 1.0 버전은 나오지 않았지만, API노 거의 확정됐고 성능과 안정성도 어느 정도 검증됐으므로 사용하는 데 문제가 없다. 노드의 버전업은 상당히 빠르게 진행되지만, 주요 API가 바뀌는 일은 거의 없을 것이다. 이 책의 예제가 새 버전과 맞지 않는다면 버전을 맞춰 사용해보기를 권한다.

노드 0.8과 0.10에 맞춰서(예제에 사용한 의존성 모듈 포함) 수정된 예제 파일은 책 본문에는 반영되지 못했으나 https://github.com/outsideris/node.js-programming/tree/features/node-0.8과 https://github.com/outsideris/node.js-programming/tree/features/node-0.10에서 확인할 수 있다.

01장 노드 소개

노드(프로젝트 이름은 Node이고, 보통 Node.js노드제이에스라고 부르지만 이 책에서는 편의상 노드로 표기한다)로 코드를 작성하기 전에 먼저 노드에 대해 알아보자. 1장에서는 노드 프로그래밍을 공부하기 위한 배경 지식을 설명한다. 노드가 무엇이고 노드가 따르는 표준인 CommonJS에 대해 살펴본 후 현재까지 노드 생태계가 어떻게 발전해 왔는지 설명한다. 라이언이 노드 프로젝트를 시작한 동기와 노드의 특징을 살펴보면 노드의 기본적인 내용을 이해하게 될 것이다. 어쩌면 이론적인 설명 대신 직접 코드를 작성해보면 더 쉽게 노드를 이해할 수 있을지도 모른다. 그만큼 노드의 진입 장벽은 높지 않다. 그렇더라도 노드의 특징을 이해한다면 이 책에서 설명할 예제들을 살펴보는 데 도움이 될 것이다.

그림 1.1 Node.js의 이전 로고와 새로운 로고

그림 1.1은 노드의 로고다. 좌측은 노드가 초창기부터 쓰던 로고이고 우측은 2011년 7월에 새로 브랜딩을 하면서 발표한 로고다. 새 로고는 노드와 클라우드를 상징화하고 활동성, 연결성, 확장성, 모듈성, 기계성, 유기성이라는 노드의 방향성을 나타낸다. 로고는 http://nodejs.org/logos/에서 다운로드할 수 있다. 초기 발표 때 디자인에 대한 반대 의견이 많았지만, 현재는 새로운 로고로 완전히 자리 잡았다.

1.1 노드는 서버사이드 자바스크립트다

노드에 대한 설명이나 튜토리얼을 보고 난 후 대부분 다음과 같이 묻는다. "그래서 노드는 무엇인가요?" 노드는 자바스크립트로 네트워크 애플리케이션을 작성할 수 있는 플랫폼이다. 간단히 말하면 서버사이드 자바스크립트라고 할 수 있다. 서버사이드 자바스크립트Server Side JavaScript(약자를 따서 보통 SSJS라고 부른다)는 과거에도 많은 시도가 있었고, 실제로 사용되는 기술도 있다. 오래전 넷스케이프가 만든 라이브와이어Live Wire가 있고 자바를 위한 자바스크립트라는 Rhino도 서버사이드 자바스크립트의 일종으로 볼 수 있다. 간단하게는 `<script>` 태그에 `runat="server"` 속성을 사용해도 서버사이드 자바스크립트라고 할 수 있다. 노드는 그동안 발전해 온 서버사이드 자바스크립트의 완성형에 가깝다. 지금까지의 서버사이드 자바스크립트는 그 기반에 자바스크립트가 있음에도 자바스크립트다운 느낌이 없었다.

노드는 웹브라우저에서 사용하던 자바스크립트를 서버사이드에서도 그대로 사용할 수 있게 만들었다. 이는 웹브라우저에서 얻은 자바스크립트의 경험과 지식을 노드에서도 그대로 사용할 수 있음을 뜻한다. 그래서 서버프로그래밍을 하려고 새로운 프로그래밍 언어를 배울 필요가 없다. 자바스크립트를 사용할 줄 안다면 이미 노드 프로그래밍을 할 준비가 됐고 서버에서 원하는 프로그램을 작성할 수 있다. 그래서 노드는 학습 비용이 많이 들지 않아 쉽게 접근해서 사용할 수 있다.

1.2 CommonJS

노드를 구체적으로 살펴보기 전에 CommonJS를 알아야 한다. CommonJS(http://www.commonjs.org/)는 케빈 댕구어Kevin Dangoor가 2009년 1월에 시작한 프로젝트로, ServerJS라는 이름으로 시작했다가 나중에 CommonJS로 이름을 바꿨다. CommonJS 공식 페이지의 "자바스크립트는 더는 브라우저만을 위한 기술이 아니다!(JavaScript: not just for browsers any more!)"라는 문구처럼 자바스크립트를 웹브라우저 외의 환경에서 사용하기 위한 표준이다. 다시 말해 CommonJS는 웹브라우저 밖에서 자바스크립트를 사용하려면 어떤 규칙을 따라야 하는지 정해놓은 표준이지 특정한 기술이 아니다.

보통 웹브라우저는 HTML 파일에서 <script> 태그로 자바스크립트 파일을 불러온다. 이렇게 로딩된 자바스크립트는 서로 참조하거나 호출할 수 있다. 하지만 웹브라우저가 아닌 환경에서는 HTML 파일이 존재하지 않는다. 그래서 자바스크립트를 모듈화하기 위한 방법이 필요하다. 또한 여러 파일로 나눠져 있는 자바스크립트 코드들이 서로 호출하고 참조하는 방법도 필요하다. CommonJS는 이런 방법을 논의하고 표준화하는 프로젝트다. W3C 같은 공식적인 표준화 조직은 아니지만 수많은 개발자가 함께하면서 CommonJS는 사실상 산업 표준이 됐다. 현재 모듈Modules, 패키지Packages, 시스템System에 대한 표준이 결정됐으며, 그 외 바이너리Binary, 단위 테스트Unit Test, 파일시스템Filesystem 등과 관련된 표준이 제안 상태에 있다.

노드는 CommonJS 표준을 따른다. 그래서 노드가 인기를 얻으면서 CommonJS의 위치도 더욱 확고해졌다. 최신 버전의 제이쿼리jQuery도 CommonJS를 지원하는 등 자바스크립트에서 CommonJS가 차지하는 비중은 점점 커지는 중이다. CommonJS를 따르는 프로젝트들이 많이 있는데, 예를 들어 NoSQL 중 하나인 카우치디비CouchDB, 차세대 프론트엔드 프레임워크로 주목받는 스프라우트코어Sproutcore, 자바 가상 머신JVM에서 자바스크립트를 사용할 수 있는 RingoJS 등이 있다. 다행히도 노드를 공부하기 위해 CommonJS 표준을 모두 이해할 필요는 없다. 2장에서 설명하겠지만, 실제 노드 프로그래밍을 위해 알아야 하는 CommonJS 표준은 극히 일부분일 뿐이다. 노드가 CommonJS 표준을 따른다는 점만 기억하면 된다.

1.3 노드의 역사와 발전

노드 프로젝트와 노드 생태계는 빠르게 성장 중이다. 그래서 이 책을 본 이후에도 노드의 변화를 살펴보려면 현재까지 어떻게 발전돼 왔는지 알고 있어야 한다.

노드는 라이언 달Ryan Dahl이 개인 프로젝트로 시작하면서 만들어졌다. 2009년 2월 9일 라이언은 구글 크롬 웹브라우저의 자바스크립트 엔진인 V8을 이용해 이벤트 기반의 TCP 라이브러리와 HTTP 서버를 만드는 아이디어를 라이브저널에 올렸다(http://four.livejournal.com/963421.html). 그리고 2월 15일 깃허브에 저장소를 만들고 노드를 만들기 시작한다.[1] 그 뒤 자바스크립트의 대형 컨퍼런스 중 하나로 2009년 11월 7~8일 베를린에서 열린 JSConf.eu 2009에서 0.1.16 버전의 노드를 발표하면서 주목을 받았다.

2010년은 노드가 본격적으로 인기를 얻기 시작한 해다. 클라우드 서비스를 제공하는 회사인 조이엔트Joyent가 자사의 클라우드 플랫폼 중 하나로 노드를 선택하면서 공식 스폰서로 나선다. 조이엔트는 라이언을 풀타임 노드 개발자로 고용하고 몇 달 후 노드 커미터 중 한 명인 아이작 슐레터Issac Z. Schlueter도 고용하면서 전폭적

---

1. http://github.com/joyent/node/ 노드의 공식 저장소다. 라이언의 개인 프로젝트로 시작했지만, 현재는 조이엔트의 공식 지원을 받기 때문에 저장소를 조이엔트 계정으로 이동했다.

으로 노드를 지원한다. 물론 조이엔트뿐만 아니라 수많은 개발자가 노드에 소스를 공헌하거나 의견을 제시하고 노드에서 사용할 수 있는 모듈을 개발하면서 노드 생태계는 급격하게 커진다. 깃허브에서 개발자가 관심 있는 프로젝트로 표시한 popular watched 순위(https://github.com/popular/watched)에서 노드는 만여 명의 watched를 받으며 제이쿼리와 레일즈Rails를 제치고 2위를 차지했다. 그리고 이 글을 쓰는 시점에 노드의 패키지 매니저인 npm의 중앙저장소 등록 기준으로 5천여 개의 확장 모듈이 등록돼 있다.

또한 과거 루비 온 레일즈처럼 개발자 커뮤니티가 활발하게 형성됐다. 개발자 커뮤니티는 노드에 대한 정보 교류나 기술 토론을 하면서 노드의 발전을 돕고 있다. 노드와 관련된 최종 결정은 커미터들이 하지만 개발자 커뮤니티에서 이뤄진 다양한 토론을 바탕으로 결정되는 것이므로 대부분 좋은 방향으로 결정된다. 노드의 기술적인 한계나 문제점에 대한 해결책도 개발자 커뮤니티에서 대부분 논의된다. 개발자 커뮤니티의 개발자들은 자발적으로 참여하는 것이므로 적극적으로 노드에 대해 전파한다. 그래서 노드는 개발자 커뮤니티와 함께 성장했다고 할 수 있다.

노드는 오픈소스 프로젝트로 이백여 명의 개발자가 참여 중이다. 창시자인 라이언을 중심으로 총 7명의 커미터가 노드의 기능이나 소스코드의 적용 여부를 결정한다(부록 B 참조). 그리고 버전 0.3부터 홀수 버전은 개발 버전으로, 짝수 버전은 안정 버전으로 개발된다. 예를 들어 0.4 안정 버전을 발표하고, 다음 버전을 위한 0.5 개발 버전을 시작한다. 그리고 0.5.x로 개발 버전에 기능을 추가하고 버그를 수정한 후 그 내용 중 일부를 안정 버전에 마이너 업데이트해 0.4.x로 버전업한다. 개발 버전이 어느 정도 안정성을 확보하고 기능이 확정되면 새로운 안정 버전인 0.6을 발표한다. 그래서 애플리케이션 개발에는 안정 버전(짝수 버전)을 사용하고 새로운 기능 테스트와 앞으로 추가될 기능에 대한 테스트가 필요할 때 개발 버전(홀수 버전)을 사용하는 것이 좋다.

노드는 빠르게 업데이트된다. 체감상 한 달에 한두 번은 마이너 업데이트가 발표됐고, 0.6 버전부터는 더욱 빨라져 일주일에 한 번씩 마이너 업데이트를 발표한다. 버전 0.3.x까지는 함수의 이름이 변경되거나 기능이 빠르게 추가되고 사라졌기 때문에 호환성이 잘 유지되지 않았지만, 0.4 버전 이후부터는 안정돼 API가 크게 변경되는 일은 거의 없다. 0.4 버전부터는 상당한 성능과 안정성을 보여주므로 버전이 낮기는 하지만 사용하는 데 무리가 없다. 인터넷에서 초창기 노드 버전을 사용한 소스를 참고한다면 지금은 API가 변경된 경우가 많으므로 유의해야 한다. 물론 폐기된 API를 사용하면 실행 시 API가 폐기됐다는 안내 메시지가 나온다. 0.4 버전부터는 API가 거의 확정됐으므로 0.6 버전으로의 업그레이드를 포함해 차후 버전에서도 호환성 문제는 크지 않을 것이다.

노드는 유닉스 계열의 운영체제를 기반으로 만들어졌으므로 0.6 이전 버전은 리눅스나 맥OS에서만 사용할 수 있다. 윈도우에서 사용하려면 가상 머신을 이용하거나 Cygwin을 설치해야 했다. 노드 코어 개발 팀은 0.5 버전의 최대 목표를 윈도우로의 네이티브 포팅으로 잡았다. 이 작업은 마이크로소프트가 포팅 작업을 지원하기 위한 팀을 적극적으로 파견하면서 노드 코어 개발 팀과 협업으로 개발돼 0.6 안정 버전부터는 윈도우도 지원한다. 노드 0.6부터는 모든 플랫폼을 지원하므로 앞으로 노드의 보급은 더욱 커질 전망이다. 물론 노드의 확장 모듈은 오픈소스 개발자가 개발 중이므로 확장 모듈까지 호환성을 확보하려면 어느 정도의 시간이 걸릴 것이다. 노드에서 유명한 확장 모듈은 빠르게 윈도우 지원을 적용 중이다.

IT에서 클라우드가 갖는 비중이 점점 높아지는 가운데 다수의 클라우드 서비스들이 노드를 플랫폼으로 선택해 PaaS Platform as a Service로 제공한다. 일부 서비스는 노드와 관련된 회사지만, 그 외에 가상 머신 소프트웨어로 잘 알려진 VMWare는 2011년 공개한 클라우드 서비스인 클라우드 파운드리 Cloud Foundry의 플랫폼으로 자바, 루비 온 레일즈와 함께 노드를 선택했다. 자바는 VMWare가 스프링 프레임워크를 만드는 스프링 소스를 소유하고 있기 때문에 당연한 선택이지만, 노드를 플랫폼으로 선택했다는 점은 놀랄만한 일이다.

루비 온 레일즈로 오래전부터 클라우드를 제공 중이던 허로쿠 Heroku에서도 2011년 노드에 대한 지원을 시작했다. 클라우드 서비스를 이용하는 구체적인 내용은 11장에서 다룬다. 이런 시장의 반응은 단순히 진보적인 성향의 일부 개발자만 관심을 두는 것이 아니라 시장이 노드의 미래를 긍정적이고 의미 있게 바라본다는 증거이기도 하다. 또한 JSConf 같은 Nodeconf(http://www.nodeconf.com/)가 2011년 개최됐으며, 유럽과 일본 등 세계 각지에서 노드에 대한 컨퍼런스가 개최되면서 빠르게 전파 중이다. 지금까지 얘기했듯 이제 2년밖에 되지 않은 짧은 역사지만, 개발자 사이에서 높은 관심을 받고 있고 시장에서도 주시하고 있다.

1.4 노드의 탄생 배경

라이언이 왜 노드를 만들었는지 살펴보자. 참고로 이 내용은 라이언이 직접 밝힌 내용에 기반을 뒀다.[2] 라이언은 다른 프로그래밍 언어나 플랫폼에 잘못된 점이 있다고 생각했다. 더 구체적으로 말하면 I/O를 다르게 사용해야 한다고 생각했다. 여기서 I/O는 키보드로 입력받는 내용, 파일의 읽고 쓰기, 데이터베이스나 네트워크의 사용 등 입력과 출력에 관련된 모든 것을 의미한다. 다음 코드를 살펴보자.

```
var result = db.query('SELECT * FROM table');
// result를 사용한다.
```

데이터베이스에 쿼리로 조회하는 코드를 간략히 나타냈다. I/O를 사용할 때 일반적으로 이처럼 작성한다. 즉, 데이터베이스에 쿼리를 수행한 결과를 변수에 할당하고 그 다음 줄부터 변수를 사용한다. 이 코드의 수행 방식을 살펴보면 I/O를 요청하고(여기서는 데이터베이스) 결과를 받을 때까지 스레드는 아무 일도 안 하는 상태로 대기한다. 그리고 결과가 돌아오면 이어서 다음 코드를 처리한다. 다시 말하면 I/O를 동기 방식으로 사용하고 I/O의 수행이 완료될 때까지 스레드가 블로킹되기 때문에 블로킹 I/O Blocking I/O라고 부른다. 어떤 코드가 데이터베이스 조회와 파일 읽기를 이용할 때 스레드가 I/O를 이용하는 흐름을 그림으로 나타내면 그림 1.2와 같다.

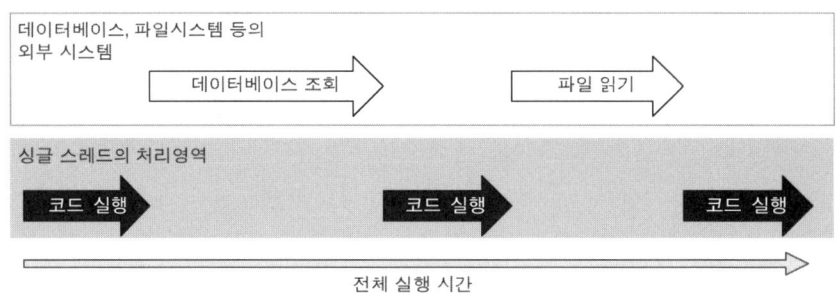

그림 1.2 동기 방식 I/O의 처리 흐름

---

2. http://blip.tv/jsconfeu/ryan-dahl-node-js-2918890 라이언이 노드를 발표한 JSConf.eu의 발표 영상이다. 이 발표 뒤에 노드는 많은 발전이 있었지만, 기본적인 내용은 같으므로 노드를 이해하기에 좋은 영상이다.

싱글 스레드의 처리 영역이라고 표시된 부분이 스레드가 직접 계산하고 처리하는 영역이다. 데이터베이스나 파일시스템 같은 I/O에 요청을 보내면 I/O가 결과를 돌려줄 때까지 스레드는 더 이상 진행하지 않고 멈춘다. I/O가 결과를 돌려주면 이어서 처리를 시작한다. 그래서 I/O를 요청한 순서대로 결과를 돌려받는 동기적인 구조가 된다. 그림 1.2는 싱글 스레드의 흐름이고, 멀티스레드에서는 여러 개의 스레드가 동시에 동작한다. 하지만 스레드는 메모리 등 시스템 자원을 많이 차지하기 때문에 무한대로 생성할 수 없다. 그리고 멀티스레드의 경우 여러 스레드가 동시에 같은 자원을 요청했을 때 서로 먼저 차지하려고 하는 레이스 상태Race Condition나, 서로 차지하고 있는 자원을 무한정 기다리는 교착 상태Deadlock에 빠질 수 있으므로 이런 부분을 신경 써서 프로그래밍해야 한다. 또한 외부 시스템에 요청을 보내는 I/O는 외부 시스템의 상황에 따라 응답시간이 달라진다. 네트워크로 데이터를 가져올 때 네트워크의 연결 상태나 서버의 상황에 따라 0.1초 만에 응답이 올 수도 있지만, 1초가 걸리거나 아예 결과가 오지 않을 수도 있다. I/O를 동기로 사용하면 스레드는 I/O 수행 시간 동안 대기 상태에 있으면서 다른 일을 처리하지 않는다.

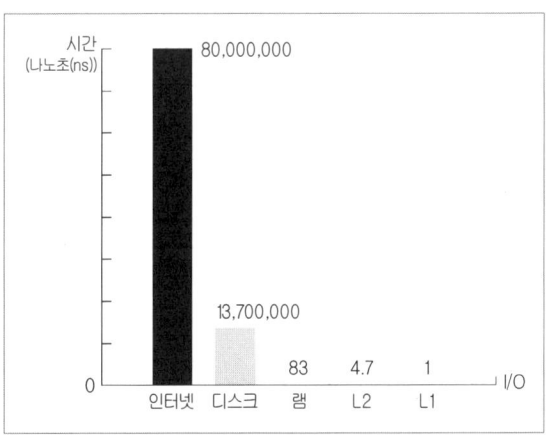

그림 1.3 I/O별 지연시간 비교

그림 1.3은 I/O별 지연시간의 차이를 보여준다(출처: http://duartes.org/gustavo/blog/post/what-your-computer-does-while-you-wait). 직접 접근할 수 있는 L1/L2 캐시나 램은 지연시간이 거의 없지만, 디스크나 인터넷을 이용하는 I/O는 지연시간이 무척 길다. 지연

시간이 긴 I/O를 많이 사용할수록 스레드가 대기하는 시간도 길어지고 효율성도 떨어진다. 라이언은 지연시간이 긴 I/O를 동기 방식으로 사용하기보다 **싱글 스레드 기반의 이벤트 루프**Event Loop가 더 낫다고 생각했다. 이벤트 루프 혹은 이벤트 기반 프로그래밍에서는 이벤트의 발생에 따라 코드가 실행된다. I/O 등의 작업을 요청하고 대기 상태로 기다리는 대신 다른 일을 처리하다가 요청한 작업이 완료됐다는 이벤트가 발생하면 이벤트 루프가 감지하고 이벤트에 관련된 코드를 처리하는 방식이다. 이벤트 루프를 이용해 I/O를 비동기로 사용하면 싱글 스레드만으로도 더 좋은 성능을 가질 수 있다는 생각이다.

이벤트 루프를 이해하기 위해 다음 코드를 살펴보자.

```
db.query('SELECT * FROM table', function(result) {
  // result를 사용한다.
});
```

멀티스레드 방식을 설명할 때 살펴봤던 데이터베이스에 쿼리 조회를 하는 코드를 이벤트 루프로 다시 작성했다. 자바스크립트를 사용해본 사람이라면 아주 익숙한 콜백 패턴이다. 데이터베이스에 쿼리를 조회하면서 콜백 함수를 함께 전달한다. 그리고 스레드는 결과를 기다리지 않고 이어진 코드를 처리하다가 데이터베이스의 조회가 완료됐다는 이벤트가 발생하면 콜백 함수를 처리한다. 이벤트 루프의 처리 흐름을 그림으로 나타내면 그림 1.4와 같다.

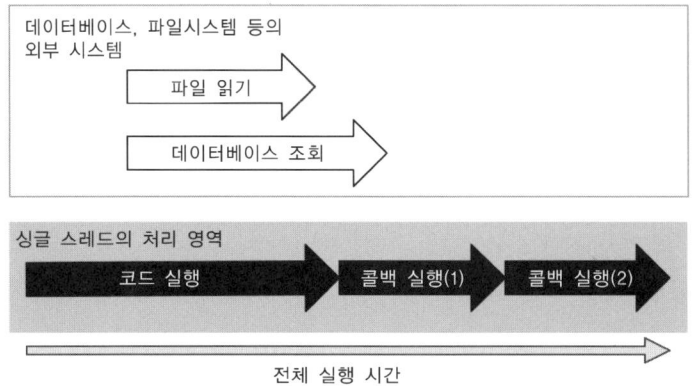

그림 1.4 이벤트 루프에서 비동기 I/O의 처리 흐름

싱글 스레드가 코드를 처리하면서 I/O에 요청을 보낸 후에도 블록킹되지 않고 다른 작업을 계속 처리한다. 그림 1.2에서는 데이터베이스 조회가 완료된 후에 파일 읽기를 요청했지만, 이벤트 루프에서는 비동기로 I/O를 사용하므로 데이터베이스 조회와 파일 읽기를 동시에 요청하고 병렬로 처리한다. 스레드는 계속 코드를 처리하다가 I/O 작업이 완료됐다는 이벤트가 발생하면 콜백 함수를 처리한다. 그림 1.4에서는 파일 읽기가 먼저 완료되고 데이터베이스가 나중에 완료됐는데, 콜백 실행(1)은 파일 읽기의 콜백이고, 콜백 실행(2)는 데이터베이스 조회의 콜백이다. 이처럼 I/O가 비동기로 동작하므로 요청 순서에 따라 결과가 돌아오지 않는다. 비동기 방식은 클라이언트 자바스크립트에서 Ajax를 사용할 때 많이 사용하는 방식이다. 이벤트 루프에서 비동기로 I/O를 사용하면 멀티스레드 방식보다 효율적으로 동작할 수 있으므로 적은 메모리와 시스템 자원으로 더 많은 일을 처리할 수 있다. 멀티스레드 방식과 이벤트 루프 방식의 성능을 비교하기 위해 그림 1.5를 살펴보자.

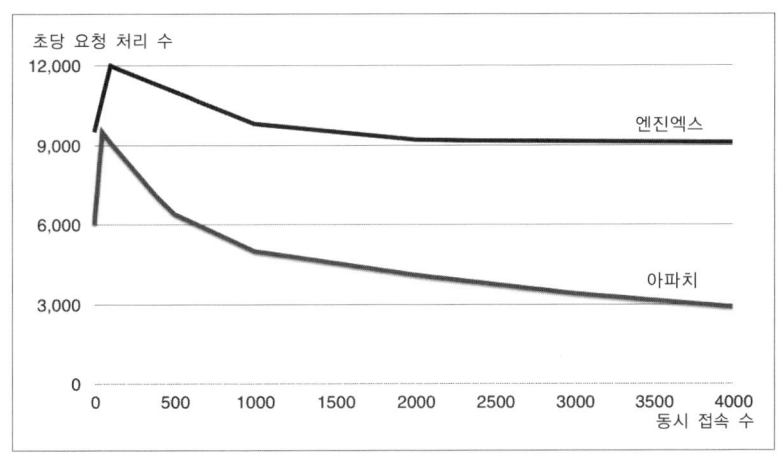

그림 1.5 아파치와 엔진엑스의 동시 접속 수에 따른 초당 요청 처리 수 비교

아파치Apache 웹서버는 세계에서 가장 많이 사용하는 웹서버로, 대표적인 멀티스레드 기반이다. 그리고 엔진엑스NginX는 최근 주목받고 있는 웹서버로, 이벤트 기반이다. 그림 1.5는 동시 접속자가 증가함에 따라 아파치와 엔진엑스가 1초에 처리할 수 있는 요청 수를 비교했다(출처: http://blog.webfaction.com/a-little-holiday-present). 멀티스레드 기반인 아파치 웹서버는 요청이 들어올 때마다 새로운 스레드를 생성한다.

요청 수만큼 스레드가 필요하므로 메모리의 허용 범위만큼만 스레드를 생성할 수 있고, 동시 접속자가 늘어나면 성능이 급격하게 줄어든다. 반면 이벤트 기반인 엔진엑스는 I/O 등의 외부 자원을 사용하는 작업은 모두 위임시키고 이벤트를 통해 스레드가 직접 처리할 수 있는 작업만 한다. 그래서 동시 접속자가 늘어나더라도 성능이 크게 저하되지 않고 아파치 웹서버보다 좋은 성능을 보여준다.

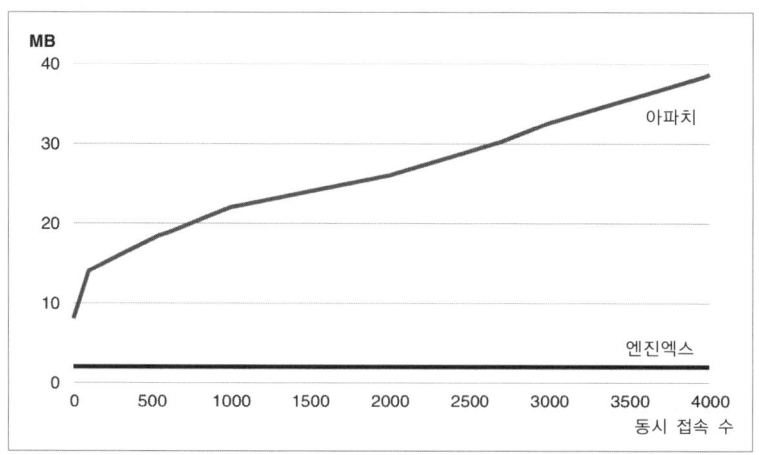

그림 1.6 아파치와 엔진엑스의 동시 접속 수당 사용 메모리 비교

그림 1.5에서는 동시 접속 수에 따른 초당 요청 처리 수를 비교했는데, 그림 1.6은 두 서버의 동시 접속자 수 증가에 따른 메모리의 사용량을 보여준다. 아파치는 요청 수에 비례해 메모리의 사용량이 증가하지만, 엔진엑스는 요청 수가 증가해도 메모리 사용량의 변화가 거의 없다.[3] 여기서 궁금증이 생길 수 있다. 멀티스레드보다 이벤트 루프의 성능이 이렇게 좋다면 왜 모든 플랫폼이 이벤트 루프를 사용하지 않는가? 그림 1.5와 그림 1.6처럼 적은 메모리로도 성능이 우수하다면 당연히 많은 플랫폼이 이벤트 루프를 사용할 것이다. 하지만 현실에서 대부분 플랫폼은 멀티스레드 방식을 사용하고, 멀티스레드 기반인 아파치 웹서버를 세계에서 가장 많이 사용한다. 더구나 이벤트 루프라는 말조차 생소하게 느끼는 개발자가 많다. 라이언은 문화적인 이유와 인프라적인 이유로 말미암아 이벤트 루프가 보급되지 않았다고 생각했다.

---

3. 이 문제에 대해서 더 자세히 알고 싶다면 C10K Problem을 참조하라.
   http://www.kegel.com/c10k.html

문화적인 이유

개발자들이 처음 프로그래밍 언어를 배울 때는 I/O를 동기 방식으로 사용하는 블로킹 I/O로 배웠다. 다음 코드를 살펴보자.

```
puts("이름을 입력하세요");
var name = gets();
puts("당신의 이름은 " + name + "입니다.");
```

사용자에게 이름을 입력하라는 메시지를 띄우고 사용자가 이름을 입력할 때까지 기다린 후 사용자가 이름을 입력하면 다시 출력하는 코드다. 프로그래밍을 배울 때 대부분 이와 같은 코드로 배운다. 이 예제에서 사용자가 이름을 입력하는 동안 (I/O) 스레드는 블로킹된다. 동기 방식이나 블로킹 I/O라는 개념을 전혀 몰랐음에도 처음부터 I/O를 동기로 사용하게 배웠으므로 자연스럽게 동기 방식의 I/O를 더 많이 사용하게 됐다. 같은 내용을 이벤트 루프로 작성하면 다음과 같다.

```
puts("이름을 입력하세요");
gets(function(name) {
  puts("당신의 이름은 " + name + "입니다.");
});
```

이벤트 루프를 이용해 비동기 방식으로 프로그래밍 언어를 가르치려면 콜백이나 이벤트의 개념까지 설명해야 하므로 지금도 이렇게 가르치지 않는다. 그래서 대다수 개발자가 처음부터 동기화 방식의 블로킹 I/O에 익숙해졌고, 비동기 방식의 이벤트 루프는 많이 보급되지 못했다.

인프라적인 이유

이벤트 루프를 이용해 제대로 된 성능을 발휘하려면 I/O도 넌블로킹 I/O가 돼야 한다. 블로킹 I/O를 사용하면 스레드가 함께 블로킹되기 때문에 비동기로 만들더라도 성능상 한계가 있다. 하지만 넌블로킹 I/O를 사용한다면 이벤트 루프의 성능을 최대한으로 이끌어낼 수 있다. 하지만 과거에는 넌블로킹 I/O를 사용하기 위한 인프라가 제대로 갖춰지지 않았다. 넌블록킹 I/O를 지원하는 프로그래밍 언어도 많지 않았고 각종 데이터베이스 드라이버도 블록킹 I/O만 지원했다. 그러므로 개발자들이 넌블록킹 I/O를 사용하고 싶어도 제대로 사용하기가 어려웠고, 이벤트 루프의 성능도 제한될 수밖에 없었다. 지금은 많은 라이브러리가 넌블록킹 I/O를 지원하고 이벤트 기반의 네트워크 엔진인 트위스티드Twisted(http://twistedmatrix.com/trac)나 이벤트 기반 I/O를 지원하는 이벤트머신EventMachine(http://rubyeventmachine.com/) 같은 프로젝트도 있다. 지금까지는 이벤트 루프가 제대로 된 성능을 내기 어려웠지만, 이제는 이벤트 루프를 사용할 수 있는 충분한 인프라가 갖춰졌다.

1.5 노드의 특징

라이언이 노드를 만들게 된 배경을 살펴봤다. 라이언은 1.4절에서 얘기했던 문제들을 해결하고 싶었으므로 다음과 같은 특징이 있는 노드를 만들었다.

이벤트 루프 기반의 비동기 I/O

다른 프로그래밍 언어나 플랫폼에서는 동기 I/O를 주로 사용하지만, 노드의 모든 I/O는 비동기로 실행된다. 물론 대부분의 프로그래밍 언어나 플랫폼에서도 비동기 I/O를 사용할 수 있지만 동기 I/O만큼 많이 쓰지 않는다. 노드의 I/O는 이벤트 루프를 기반으로 비동기로 실행되므로 I/O의 결과를 직접 돌려받는 대신 콜백 함수의 파라미터로 전달받는다. 일부 API는 동기로 사용할 수 있지만 극히 일부분이다.

이벤트 루프의 동작 방식을 이해하기 위해 다음 코드를 살펴보자.

```
var server = require('http');
server.createServer();

server.on('request', function(req, res) { });

server.listen(3000, 'localhost');
console.log('서버가 시작됐습니다.');
```

이 코드는 웹서버를 생성하는 코드지만, 이벤트 루프의 동작을 설명하려는 것이므로 코드의 내용을 이해하지 못 해도 상관없다. 개발자가 작성한 코드는 모두 동기로 처리하므로 첫 번째 줄부터 차례대로 처리한다. `server.on('request')`에서 request 이벤트에 콜백 함수를 등록하고 나머지 코드를 이어서 처리한다. request 이벤트가 발생하면 이벤트 루프가 감지하고 콜백 함수를 실행한다. 다시 이벤트 루프는 이벤트를 기다리는 상태가 되고 이벤트가 발생할 때마다 콜백 함수를 실행한다.

싱글 스레드

1.4절에서 설명했듯 노드의 이벤트 루프는 싱글 스레드에 싱글 스택을 사용한다. 이는 코드를 실행하는 스레드가 오직 하나뿐이기 때문에 동시성에 대한 고민을 할 필요가 없다는 의미다. 싱글 스레드는 개발자가 직접 작성한 코드만 동기로 실행하고, 그 외 모든 I/O는 비동기로 실행한다. 비동기로 실행한 I/O가 완료됐다는 이벤트가 발생해도 현재 스택에 존재하는 이벤트를 처리한 후에 다음 이벤트를 처리한다. 물론 싱글 스레드의 단점도 있다. 현재 스레드가 처리 중인 작업이 CPU 처리량이 많아 오래 걸린다면 다른 이벤트가 처리되지 않음에 주의해야 한다. 참고로 사용자의 코드를 처리하는 스레드가 딱 하나뿐이라는 의미이지 노드 전체에서 실행되는 스레드가 단 하나만 있다는 의미는 아니다. 즉, 싱글 스레드이므로 코드를 처리하는 동안 I/O 작업이 멈추지는 않는다. 이런 작업은 노드 내부에서 처리되므로 개발자는 싱글 스레드만 신경 쓰면 된다.

자바스크립트

라이언은 C/C++ 개발자지만 노드에는 자바스크립트를 선택했다. 자바스크립트를 선택한 가장 큰 이유는 쉽기 때문이다. 자바스크립트는 현재 가장 널리 알려진 언어 중 하나다. 주로 사용하는 프로그래밍 언어가 자바스크립트가 아니더라도 웹에 종사하는 개발자들은 대부분 자바스크립트를 다룰 수 있다. 게다가 자바스크립트는 태생적으로 이벤트 기반으로 동작하게 만들어졌다. 웹브라우저에서 사용자가 이벤트를 발생시키면 이벤트에 리스너를 등록해 동작한다. 함수를 퍼스트 클래스 객체로 다루는 자바스크립트의 특성은 함수를 파라미터로 전달할 수 있기 때문에 이벤트 기반 프로그래밍 모델에 적합하다. 그래서 이벤트 기반 코딩에 가장 익숙한 개발자가 자바스크립트 개발자이고, Ajax의 인기로 비동기 코딩에도 익숙하다. 노드는 자바스크립트를 실행하기 위해 구글 크롬 웹브라우저의 V8 엔진을 탑재했다. V8 엔진은 파이어폭스의 아이온몽키IonMonkey나 사파리의 니트로Nitro, IE에 내장된 차크라Chakra보다 빠르다고 알려졌다. 노드는 C/C++로 작성됐지만, 최신 버전의 V8 엔진이 자바스크립트 인터프리팅을 담당해 V8 엔진의 성능 이점을 그대로 물려받는다.

넌블록킹 I/O

노드에서 모든 I/O는 넌블록킹 I/O다. 1.4절에서 설명했듯 지금은 블록킹 I/O와 넌블록킹 I/O를 사용할 수 있는 인프라가 갖춰졌다. 하지만 블록킹 I/O와 넌블록킹 I/O를 모두 사용할 수 있더라도 개발자가 두 가지를 함께 사용하기 어렵다는 문제가 있다. 블록킹 I/O와 넌블록킹 I/O는 동작 방식이 아주 다르므로 함께 사용하려면 동작 방식과 특징을 모두 이해해야 한다. 하지만 많은 개발자는 I/O에 대한 전문 지식이 없으므로 넌블록킹 I/O를 사용하기 어려웠다. I/O 전문가가 아니더라도 쉽게 쓸 수 있게 노드는 넌블록킹 I/O만 사용한다. 그래서 비동기와 콜백 패턴의 사용법만 익히면 넌블록킹 I/O에 대한 깊은 지식 없이도 이벤트 루프의 성능적 이점을 얻을 수 있다.

이런 특징이 있는 노드는 다음과 같은 장점이 있다.

- **빠르다** 이벤트 루프와 넌블록킹 I/O 덕분에 상당히 빠른 성능을 보여준다.
- **쉽다** 클라이언트 자바스크립트에서 얻은 지식을 그대로 사용할 수 있기 때문에 진입 장벽이 낮고 API도 간단하다(자바스크립트가 쉬운가/어려운가에 대한 얘기는 다른 문제다).
- **적은 메모리** 이벤트 기반이므로 멀티스레드 기반에 비해 훨씬 적은 메모리와 시스템 자원을 사용한다.

항상 장점만 존재하는 것은 아니므로 노드는 다음과 같은 단점이 있다.

- **스케일업으로 성능이 크게 향상되지 않는다** 스케일업은 서버의 CPU 개수나 메모리 용량을 늘리는 등 하드웨어의 성능을 높여 서버 성능을 높이는 것을 의미한다. 멀티스레드 기반에서는 스케일업을 하면 더 많은 스레드를 만들

수 있으므로 성능이 좋아진다. CPU의 속도가 빨라진다면 노드도 빨라지겠지만 싱글 스레드를 사용하는 노드는 CPU 개수나 메모리 용량에는 큰 영향을 받지 않는다. 이 문제는 노드 인스턴스를 여러 개 실행해 인스턴스 간의 메시지 통신을 통해 해결할 수 있다.

- **역사가 짧다** 노드가 나온 지 오래되지 않았으므로 아직 실제 서비스에 적용된 레퍼런스 사례가 많지 않고, 다양한 상황에 대한 검증이 이뤄지지 않았다. 이는 시간이 지나면서 해결되거나 검증될 것이지만, 현시점에서 기술 선택 시에 단점으로 작용한다.

1.6 정리

1장에서는 노드의 역사와 진행 사항을 살펴봤다. 그리고 노드 프로젝트를 시작한 동기를 살펴보고 노드의 특징을 설명했다. 1장에서 설명한 주요 내용은 다음과 같다.

- 노드는 라이언 달이 만들었고 2009년 11월 JSConf.eu에서 처음 발표됐다.
- 노드는 오픈소스로 개발되며, 많은 개발자가 노드에서 사용할 수 있는 확장 모듈을 만든다.
- 노드는 CommonJS 표준을 따른다.
- 노드는 싱글 스레드에 싱글 스택을 사용한다.
- 노드는 이벤트 루프 기반으로 모든 I/O를 비동기로 사용한다.
- 노드의 모든 I/O는 넌블록킹 I/O다.
- 노드는 자바스크립트를 사용하고, 자바스크립트 엔진으로 구글 크롬 웹브라우저의 V8 엔진을 사용한다.

02장

노드 프로그래밍 시작

1장에서 노드의 특성을 설명했으므로 2장에서는 노드를 사용해보자. 노드를 자신의 운영체제에 설치하고 노드가 제공하는 REPL을 사용하면서 노드의 기본적인 동작을 이해한다. 몇 가지 'Hello World' 예제를 보면서 노드가 제공하는 기본 모듈을 어떻게 사용하고, 작성한 코드들이 어떻게 서로 참조하는지 살펴본다. 2장의 예제를 통해 노드에서 코드를 작성하는 법과 노드의 동작 방식을 알아보고, 1장에서 설명하지 않았던 노드의 아키텍처를 알아본다.

2.1 설치

노드를 사용하려면 먼저 설치를 해야 한다. 다양한 운영체제를 지원하는 노드는 운영체제별로 설치 방법이 다르다. 따라서 운영체제별로 나눠 설치 방법을 설명한다. 리눅스에는 우분투의 `apt-get` 같은 패키지 매니저가 있고, 맥OS에는 맥포츠 MacPorts나 홈브루 Homebrew 같은 패키지 매니저가 있다. 패키지 매니저를 이용하면 간단하게 노드를 설치할 수 있지만, 빠르게 업데이트되는 최신 버전을 적용하기에는 약간 느리다. 따라서 이 책에서는 직접 설치하는 방법만 설명한다.

윈도우에서의 설치

노드는 0.6.1부터 윈도우 인스톨러를 제공하므로 쉽게 설치할 수 있다. http://nodejs.org/#download에서 윈도우 인스톨러를 다운로드한다. 현재 최신 버전은 node-v0.6.6.msi다. 인스톨러를 실행하면 그림 2.1과 같은 설치 화면이 나타난다.

그림 2.1 노드 윈도우 인스톨러

윈도우의 다른 인스톨러처럼 Next를 눌러 설치를 시작한다. 그림 2.2는 인스톨러의 설치 완료 화면이다.

그림 2.2 윈도우 인스톨러의 설치 완료 화면

그림 2.2의 안내 메시지에서 알 수 있듯 설치가 완료되면 커맨드라인에서 node 명령어를 사용할 수 있다. 시작 ▶ 모든 프로그램 ▶ 보조프로그램에 있는 명령 프롬프

트를 실행하거나, 윈도우 키 + R 을 눌러 실행 화면에서 cmd를 입력하면 윈도우의 커맨드라인인 명령 프롬프트를 실행한다. 그림 2.3처럼 node --version을 실행해 정상적으로 버전이 표시되면 설치가 완료된 것이다.

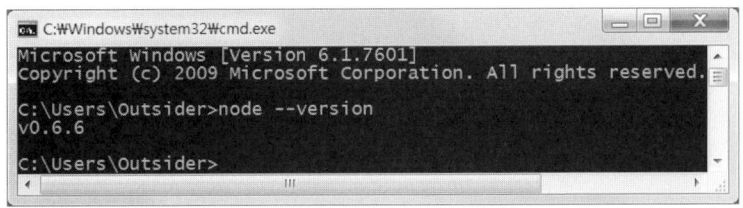

그림 2.3 노드 버전 확인

인스톨러로 설치한 노드는 C:\Program Files\nodejs\node.exe로 설치된다. 인스톨러가 자동으로 환경 변수까지 등록해주므로 위치에 상관없이 node 명령어를 사용할 수 있다. node.exe가 제대로 설치됐음에도 node 명령어가 없다고 나타나면 환경 변수를 등록해야 한다.

그림 2.4 윈도우의 환경 변수 등록

그림 2.4처럼 시스템 속성에서 환경 변수 버튼을 눌러 환경 변수를 등록한다. 시스템 변수의 Path 부분에 C:\Program Files\nodejs\와 C:\Users\사용자명\AppData\Roaming\npm을 추가한 후 커맨드라인을 재실행하면 node 명령어를 사용할 수 있다. 노드는 0.6.0 버전부터 윈도우를 정식으로 지원하고, 윈도우 XP 이상이라면 문제없이 노드를 사용할 수 있다. 참고로 노드를 사용하면 추가로 설치해 사용하는 확장 모듈을 많이 사용하는데, 일부 확장 모듈은 윈도우와 호환되지 않을 수 있다. 확장 모듈을 사용해야 한다면 유닉스 계열의 운영체제를 사용해야 한다.

맥OS에서의 설치

맥OS에서 노드를 사용하려면 노드가 의존하는 라이브러리와 빌드 환경이 준비돼야 한다. 의존하는 라이브러리와 빌드 환경에는 gcc, 파이썬 2.6 이상, Open SSL 등이 있다. 맥OS에서 의존하는 라이브러리와 빌드 환경은 애플의 개발 도구인 엑스코드 Xcode에 포함돼 있다. 엑스코드 4가 최신 버전인데, 맥OS 10.7 이상을 사용 중이면 맥 앱스토어에서 설치하고, 맥OS 10.6을 사용 중이면 http://developer.apple.com/xcode/에서 다운로드해 설치한다. 엑스코드를 설치한 후 http://nodejs.org/#download에서 매킨토시 인스톨러를 다운로드해 실행하면 그림 2.5와 같은 설치 화면이 나타난다.

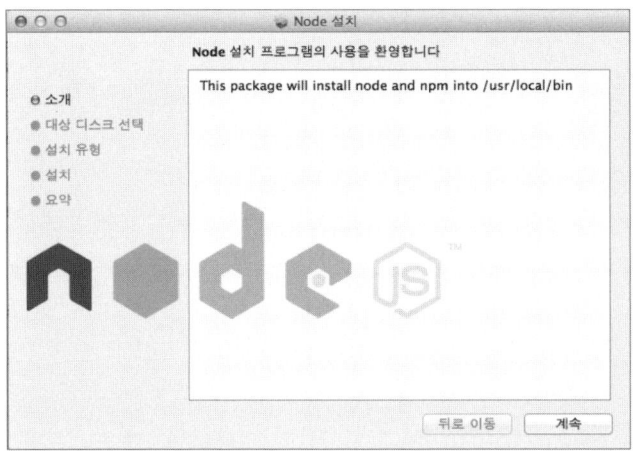

그림 2.5 맥OS 인스톨러

계속 버튼을 눌러 설치한다. 설치가 완료되면 기본적으로 /usr/local/bin/ 아래에 노드가 설치된다. 노드가 설치된 경로를 /etc/paths 파일에 추가하면 위치에 관계없이 node 명령어를 사용할 수 있다. 인스톨러에서 설치 경로를 바꿔 다른 위치에 설치했다면 설치한 경로를 추가해야 한다. 커맨드라인에서 node --version을 실행해서 설치 여부를 확인한다.

```
$ node --version
v0.6.6
```

인스톨러 대신 소스코드를 다운받아 직접 설치할 수도 있다. 소스코드로 설치하는 방법은 다음에 설명하는 리눅스에서의 설치와 같다.

리눅스에서의 설치

노드는 리눅스를 위한 인스톨러는 제공하지 않는다. 그래서 리눅스를 사용한다면 소스코드를 다운로드해 직접 설치해야 한다. 노드를 설치하기 전에 리눅스에서도 노드가 의존하는 라이브러리와 빌드 환경을 설치해야 한다. 우분투 같은 데비안 계열의 리눅스라면 다음 명령어로 의존하는 라이브러리와 빌드 환경을 설치한다.

```
$ sudo apt-get install g++ curl libssl-dev apache2-utils
$ sudo apt-get install git-core
```

노드가 의존하는 라이브러리와 빌드 환경이 준비됐으면 http://nodejs.org/#download 에서 소스코드를 다운로드한다. 현재 최신 버전은 node-v0.6.6.tar.gz이다. 커맨드라인에서 다음처럼 다운로드한 파일의 압축을 풀고 생성된 폴더로 이동한다.

```
$ tar -xvzf node-v0.6.6.tar.gz
$ cd node-v0.6.6
```

압축이 해제된 node-v0.6.6 디렉토리 안에서 다음 명령어를 차례대로 실행해 설치한다.

```
$ ./configure
$ make
$ sudo make install
```

./configure를 실행할 때 운영체제의 지원 여부를 검사하는데, 중간에 'not found'라고 나오더라도 크게 신경 쓰지 않아도 된다. 맥OS에서의 설치와 마찬가지로 /usr/local/bin/ 아래에 노드가 설치된다. 보통 사용자는 /usr/local에 대한 권한이 없으므로 make install을 실행할 때 sudo를 붙여야 한다. sudo를 사용하고 싶지 않다면 sudo chown -R $USER /usr/local을 실행해 현재 사용자에게 권한을 부여한다. /usr/local/bin은 기본적으로 PATH에 추가돼 있지만 node 명령어를 찾지 못한다면 /etc/environment 파일에 다음처럼 경로를 추가한다.

```
PATH="/usr/local/sbin:/usr/sbin:/usr/bin:/usr/local/bin"
```

커맨드라인에서 node --version을 실행해 설치 여부를 확인한다.

```
$ node --version
v0.6.6
```

여러 버전의 노드 동시 사용

노드는 버전 업데이트가 상당히 빠르다. 그래서 운영체제에 여러 버전의 노드를 설치하고 교체해가면서 호환성 테스트를 할 필요도 있다. 이런 때는 노드를 기본 경로인 /usr/local/bin/ 대신 다른 경로에 설치해야 한다. 소스코드로 설치할 때 다음과 같은 옵션을 지정한다.

```
./configure --prefix=$HOME/nodejs/0.6.6/
make
make install
```

configure를 실행할 때 --prefix 옵션으로 경로를 지정하면 지정된 경로에 bin 디렉토리가 생기고 노드가 설치된다. 별도의 경로에 설치했으므로 node 명령어를 사용하기 위해 `PATH`에 설치 경로를 추가한다. 윈도우에서는 인스톨러만 있고 소스코드로는 설치할 수 없다. 하지만 node.exe만 있으면 노드를 사용할 수 있다. 여러 버전의 노드를 사용하려면 node.exe를 다른 폴더에 복사한 후 `PATH` 환경 변수에 등록해 사용한다.

2.2 REPL

노드 설치가 완료됐으면 커맨드라인에서 노드 REPL을 사용할 수 있다. REPL(레플이라고 읽는다)은 Read-Eval-Print-Loop의 약자로 웹 브라우저의 자바스크립트 콘솔과 유사하게 명령어를 입력하면 바로 실행해 결과를 출력해주는 도구다. 노드에서 사용할 수 있는 모든 코드는 REPL에서도 사용할 수 있다. 그래서 간단한 코드 테스트나 문법 확인 용도로 사용한다. 노드는 node라는 명령어를 사용하고, 커맨드라인에서 파라미터 없이 node라는 명령어를 입력하면 다음과 같이 REPL이 시작된다.

```
$ node
> 1
1
> var msg = "something"
undefined
> msg
'something'
> function sum(a, b) { return a + b; }
undefined
> sum(3, 4)
7
```

노드를 이용해 간단한 코드를 실행해봤다. >로 시작되는 라인이 코드를 입력한 라인이고, 그 아래 실행 결과가 출력된다. 파이어버그나 크롬 웹 개발자 도구에 포함된 자바스크립트 콘솔과 동일하다. 차이점이라면 HTML 페이지에서 실행한 것이 아니므로 DOM이 존재하지 않는다는 점이다. 1장에서 설명했듯 노드는 V8 위에서 동작한다. 그러므로 V8이 지원하는 자바스크립트는 노드에서도 모두 사용할 수 있다. 노드가 업데이트될 때 V8의 최신 버전도 같이 적용되므로 V8에 적용된 자바스크립트 최신 표준을 그대로 사용할 수 있다.

```
> JSON
{}
> JSON.stringify({name: 'Toby'});
'{"name":"Toby"}'
```

이 예제에서 V8 엔진이 지원하는 네이티브 JSON을 사용했다. 네이티브 JSON은 자바스크립트 1.81에서 추가된 기능으로 JSON 관련 유틸리티 함수를 지원한다. `JSON.stringify()`는 JSON 객체를 문자열로 변환한다. 클라이언트 자바스크립트에서는 구형 웹 브라우저의 호환성을 유지하기 위해 이런 최신 기능을 사용하기가 어렵지만, 노드에서는 이런 걱정이 필요 없다. V8 엔진은 자바스크립트 최신 기능을 빠르게 적용하므로 노드는 이 최신 기능을 그대로 사용할 수 있다.

2.3 Hello World

프로그래밍의 관례대로 'Hello World'를 출력하는 예제를 만들어보자. 'Hello World'를 출력하는 코드는 간단하다.

리스트 2.1 helloworld.js

```
console.log('Hello World');
```

클라이언트 자바스크립트와 동일하게 표준 출력으로 메시지를 출력하는 `console.log()`를 사용했다. 리스트 2.1을 helloworld.js라는 이름으로 저장하고 `node helloworld` 혹은 `node helloworld.js`를 실행하면 다음과 같이 'Hello World'가 출력된다.

```
$ node helloworld
Hello World
```

파일은 helloworld.js라고 만들었지만 실행할 때는 자동으로 .js 확장자를 붙이므로 파일명만 입력해도 된다. 리스트 2.1을 약간 수정해보자.

리스트 2.2   helloworld-timeout.js

```
setTimeout(function() {
  console.log('World');
}, 2000);
console.log('Hello');
```

setTimeout() 함수는 두 번째 파라미터로 전달받은 밀리초 후에 첫 번째 파라미터로 전달받은 함수를 실행한다. 리스트 2.2에서는 2000밀리초, 즉 2초 후에 'World'를 출력하고 그다음 코드에서 'Hello'를 출력한다. 리스트 2.2를 실행하면 다음과 같이 출력된다.

```
$ node helloworld-timeout
Hello
// 2초 후
World
```

작성한 대로 'Hello'가 출력되고 2초 후에 'World'가 출력된다(주석 부분은 실제로 출력되는 부분은 아니다). 리스트 2.2는 1장에서 설명한 이벤트 루프의 동작을 확인하기 위해 고의로 'World'를 출력하는 `setTimeout()` 부분을 먼저 작성하고 'Hello'를 나중에 작성했다. 출력된 결과에서 보듯 'Hello'가 먼저 출력되고 'World'가 출력된다. 리스트 2.2를 자바로 작성하면 다음과 같은 코드가 된다.

```
System.out.println("Hello\n");
Thread.sleep(2000);
System.out.println("World\n");
```

자바를 할 줄 모르더라도 코드를 이해하기는 어렵지 않을 것이다. `System.out.println`은 시스템의 표준 출력으로 메시지를 출력하는 함수다. 'Hello'를 출력하고 2초를 기다리기 위해 스레드를 2초간 멈춘 후 다시 'World'를 출력한다. 자바를 예로 들었지만, 자바가 아니어도 스레드 기반 프로그래밍 언어에서는 대부분 이처럼 작성한다. 하지만 노드는 싱글 스레드이므로 스레드를 멈추는 함수가 존재하지 않는다. 스레드는 Idle 상태, 즉 더 이상 실행할 코드가 없어 대기하는 상태로는 유지되더라도 절대로 멈추지 않는다. 앞의 예제에서 'Hello'를 출력한 후에 2초 동안은 Idle, 즉 아무것도 하지 않는 상태다. 싱글 스레드가 멈추면 더 이상 작업을 수행할 주체가 없으므로 코드를 처리하거나 Idle 상태로 있다가 이벤트가 발생하면 (여기서는 2초 후에 `setTimeout`의 실행) 콜백 함수를 실행한다.

2.4 require()와 module.exports

노드의 모듈화를 이해하려면 `require()`와 `module.exports`를 알아야 한다. 웹 브라우저에서는 HTML의 `<script>` 태그로 필요한 자바스크립트 파일을 불러오고, 로딩된 자바스크립트는 서로 참조하거나 호출할 수 있다. 하지만 노드는 HTML 파일 없이 자바스크립트 파일만 존재하기 때문에 서로 참조하고 호출하기 위한 방법이 필요하다. 이를 위해 노드는 `require()`와 `module.exports`를 사용한다. `require()`와 `module.exports`는 노드가 마음대로 정한 함수가 아닌 CommonJS의 모듈Module 표준이다. 사실 이 두 가지가 노드를 사용하기 위해 CommonJS에서 알아야 하는 내용 전부다.

노드에서 하나의 자바스크립트 파일은 하나의 모듈이 된다. 자바스크립트 파일에서 정의한 객체는 모두 외부에서는 접근할 수 없고 내부에서만 접근할 수 있는 지역 범위로 정의된다. 이는 클라이언트 자바스크립트에서 전역 범위의 네임스페이스를 침범하지 않으려고 `(function() { })()` 같이 익명 함수로 코드를 감싸는 방법과 같다. 실제로 노드는 각 자바스크립트 파일을 `(function() { })()` 같은 익명 함수로 감싸 외부에서 접근할 수 없게 만든다. 그래서 외부에서의 접근을 허용해야 하는 객체는 명시적으로 지정해야 한다. 함수나 변수를 `module.exports`에 할당하면 외부에서 접근할 수 있다. 모듈을 사용하는 파일에서는 `require()`로 다른 자바스크립트 파일을 불러와 `module.exports`로 허용된 변수나 함수를 사용한다. `require()`를 어떻게 사용하는지 먼저 살펴보자. 노드는 많은 기본 모듈을 제공하는데, 이 기본 모듈을 다음처럼 require()로 불러온다.

```
var filesystem = require('fs');
var util = require('util');
```

fs는 파일시스템 관련 기본 모듈이고, util은 유틸리티 함수를 제공하는 기본 모듈이다. 노드 내부를 보면 fs.js나 util.js 같은 자바스크립트 파일이 있다. 이 코드에서는 fs.js와 util.js로 제공되는 기본 모듈을 불러와 각 변수에 저장했다. 이제 코드에서 filesystem과 util 변수로 각 모듈의 함수를 사용한다. 여기서 사용한 것처럼 require()의 파라미터가 ./이나 ../처럼 상대 경로로 시작하지 않고 모듈명(자바스크립트 파일명)을 바로 사용하면 기본 모듈이나 확장 모듈을 불러온다. 기본 모듈과 확장 모듈은 3장과 4장에서 자세히 설명한다. 노드가 제공하는 모듈 외에 직접 작성한 자바스크립트 파일 사이에서 서로 호출하는 방법을 알아보자.

```
// user_module.js
var something = module.exports = {};

// demo.js
var usermodule = require('./user_module');
```

user_module.js와 demo.js 두 개의 파일을 만들었다. user_module.js에서 정의한 객체를 module.exports에 할당해 외부에서 접근할 수 있게 만들었다. 그리고 demo.js에서 require('./user_module')로 user_module.js 파일을 불러와 usermodule 변수에 할당하면 something 변수와 같은 객체를 참조한다. demo.js에서 require가 ./로 시작했으므로 기본 모듈이 아닌 현재 위치에서 모듈명의 js 파일을 찾는다. js 확장자는 적지 않아도 된다. 물론 찾는 이름의 모듈이 없으면 에러가 발생한다. module.exports는 다음 세 가지 방법이 모두 가능하다.

```
exports = {};
exports = something = {};
module.exports = {};
```

exports는 module.exports의 별칭이므로 이 세 가지는 기능상 완전히 같다. 선호하는 방식을 사용하면 된다. require()를 사용할 때 주의할 점은 require()로 불러진 파일은 노드 애플리케이션 내에서 캐싱된다는 점이다. 최초 require()된 파일의 코드는 바로 실행되고, 이후 같은 파일을 require()하면 완전히 같은 객체가 리턴된다. 이미 실행된 코드를 메모리에 캐싱했다가 돌려주기만 하므로 코드가 다시 실행되지 않는다. 내부에서 상태를 갖거나 별도의 인스턴스가 필요하다면 초기화 함수를 따로 노출하거나 function을 리턴해 new로 인스턴스를 생성해서 사용해야 한다. 노드를 사용하는 방법을 살펴봤으므로 간단한 예제를 작성해보자.

2.5 파일 읽기 예제

노드로 다른 파일의 내용을 읽어와 출력하는 간단한 예제를 작성해보자.

리스트 2.3 readFile.js

```
var fs = require('fs');

fs.readFile('./test.txt', encoding='utf-8', function(err, data) {
  if (err) {
    throw err;
  }
  console.log(data);
});

console.log('파일의 내용 : ');
```

fs 모듈은 파일시스템과 관련된 함수를 제공한다. require()로 fs 모듈을 불러와 fs 변수에 할당하고, 파일의 내용을 읽기 위해 fs.readFile() 함수를 사용했다. 이 함수는 첫 파라미터로 읽을 파일을 받고 두 번째 파라미터로 인코딩을, 마지막 파라미터로 콜백 함수를 받는다. 1장에서 설명했듯 노드의 모든 I/O는 비동기로 동작한다. 그래서 콜백 함수를 등록하고, 콜백 함수로 전달된 파라미터로 I/O의 결과를 사용한다. 노드는 관례에 따라 콜백 함수의 첫 파라미터를 에러 객체로 사용한다. 내부에서 에러가 발생했을 때 이 에러 객체에 내용이 담겨 전달된다. 콜백 함수 내에서 `err` 객체의 존재 여부를 확인하고 에러가 있을 때는 에러 처리를 한다. `fs.readFile()` 함수는 읽은 파일의 내용을 콜백 함수의 두 번째 파라미터로 전달하므로, 에러가 없을 때는 파일의 내용을 출력한다. text.txt가 'Hello World'라는 문자열을 담고 있다면 다음과 같이 출력된다.

```
$ node readFile
파일의 내용 :
Hello World
```

`fs.readFile`이 비동기로 동작하므로 `fs.readFile`을 먼저 호출했음에도 `console.log('파일의 내용 : ')` 부분이 먼저 출력된다. `fs.readFile`이 파일의 내용을 다 읽으면 'Hello World'를 이어서 출력한다. 처음에 노드를 사용하면 비동기 I/O의 사용으로 기대했던 위치에서 결과 값이 존재하지 않는 실수를 가장 많이 한다. 항상 I/O는 비동기로 사용한다는 점을 염두에 둬야 한다. 지금까지 노드는 싱글 스레드를 사용한다고 설명했다. 이 점을 확인하기 위해 리스트 2.3을 리스트 2.4처럼 변경해보자.

리스트 2.4 readFile-infiniteloop.js

```
var fs = require('fs');

fs.readFile('./test.txt', encoding='utf-8', function(err, data) {
  if (err) {
    throw err;
  }
  console.log(data);
});

console.log('파일의 내용 : ');

while(true) {}
```

리스트 2.4는 마지막에 무한 루프를 위한 while문을 추가했다. 리스트 2.4를 실행하면 다음과 같이 출력된다.

```
$ node readFile-infiniteloop
파일의 내용 :
```

리스트 2.4는 파일의 내용을 절대로 출력하지 못한다. 코드의 실행 순서를 보면 스레드가 fs.readFile()을 호출하고 console.log('파일의 내용 : ')를 실행한 후 무한 루프에 빠진다. fs.readFile()이 파일의 내용을 읽은 후 이벤트를 발생시키지만 콜백 함수를 처리해야 할 스레드가 무한 루프에 빠져 있으므로 콜백 함수가 처리되지 않는다. 스레드가 하나뿐이므로 한 번에 한 가지 일밖에 하지 못한다. 리스트 2.4로 보았듯 노드는 CPU 처리량이 많은 부분에서는 상대적으로 취약하다.

2.6 Web Server 예제

노드로 HTTP 웹 서버를 작성할 수 있다. 노드 웹 서버는 노드를 공부하면서 가장 많이 볼 수 있는 예제다. 그래서 간혹 노드를 웹 서버로 오해하는 경우가 많다. 하지만 웹 서버는 노드로 할 수 있는 많은 일 중 하나일 뿐이지 노드 자체가 웹 서버는 아니다. 리스트 2.5는 내부 로직을 작성하지 않은 웹 서버 생성 코드다.

리스트 2.5 server.js

```
var server = require('http');

server.createServer(function(req, res) {

}).listen(3000, 'localhost');
```

HTTP 웹 서버에 대한 기능을 제공하는 HTTP 내장 모듈을 불러와 server 변수에 할당하고 server.createServer()를 호출해 서버를 생성했다. 서버 생성 시 전달한 콜백 함수는 웹 서버에 HTTP 요청이 들어올 때마다 실행된다. 콜백 함수는 요청 객체인 req와 응답 객체인 res를 파라미터로 받고 요청에 대한 처리를 콜백 함수 내에서 처리한다. 마지막으로 생성된 서버 객체의 `listen()` 함수를 호출해 포트 번호와 IP를 지정하면 웹 서버가 생성된다. `listen()` 함수에서 두 번째 파리미터를 생략하면 기본으로 `localhost`를 사용한다. 그래서 `listen(3000, 'localhost')` 대신 `listen(3000)`으로 작성해도 결과는 같다. 서버를 생성하는 방법을 알았으므로 요청에 대한 응답을 작성해보자.

리스트 2.6   server.js

```
var server = require('http');

server.createServer(function(req, res) {
  res.writeHead(200, {'Content-Type':'text/plain'});
  res.end('Hello World\n');
}).listen(3000, 'localhost');

console.log('서버가 http://localhost:3000으로 시작됐습니다.');
```

웹 서버를 직접 작성했으므로 HTTP 요청에 대한 응답도 직접 작성해야 한다. 콜백 함수에서 HTTP 요청 객체인 `req`로 요청 URL이나 헤더 정보를 알 수 있지만, 리스트 2.6에서는 요청에 대한 별도의 처리 없이 모든 요청에 대해 응답을 작성했다. 응답은 응답 객체인 `res`를 이용해 `res.writeHead()` 함수로 응답의 헤더를 지정한다. 리스트 2.6은 HTTP 상태 코드를 200 OK로, Content-Type은 text/plain으로 지정했다. 그런 후 `res.end()`로 응답을 종료하면서 응답 바디에 'Hello World\n' 문자열을 추가했다. 마지막 라인에서 서버가 시작됐다는 메시지를 커맨드라인에 출력했다. 리스트 2.6의 파일명이 server.js이므로 `node server`를 실행하면 웹 서버가 실행된다. 웹 브라우저에서 http://localhost:3000/으로 접속하면 그림 2.4처럼 'Hello World' 화면을 볼 수 있다.

그림 2.6 실행된 웹 서버에 접속한 화면

리스트 2.6도 setTimeout()을 사용해 변경해보자.

리스트 2.7 server.js

```
var server = require('http');

server.createServer(function(req, res) {
  res.writeHead(200, {'Content-Type':'text/plain'});
  setTimeout(function() {
    res.end('World\n');
  },2000);
  res.write('Hello\n');
}).listen(3000, 'localhost');

console.log('서버가 http://localhost:3000으로 시작됐습니다.');
```

setTimeout()으로 2초 후에 res.end()로 'World\n' 문자열과 함께 응답을 종료했다. res.write()로 응답 바디에 'Hello' 문자열을 추가했다. 다시 node server로 실행하고 http://localhost:3000으로 접속하면 'Hello'가 출력되고 2초 후에 'World'가 출력된다. 이 응답에 대한 헤더는 다음과 같다.

```
HTTP/1.1 200 OK
Connection:keep-alive
Content-Type:text/plain
Transfer-Encoding:chunked
```

노드 웹 서버는 기본적으로 Transfer-Encoding을 chunked로 사용한다. chunked를 사용하면 HTTP 규약에 따라 응답 바디가 생성되자마자 웹 브라우저로 전달된다. 그래서 res.write를 사용하면 바로 웹 브라우저에 전달돼 'Hello'가 먼저 출력되고 2초 뒤에 'World'가 출력된다. 일반적인 웹 서버는 Content-Length 헤더로 응답 바디의 크기를 바이트 단위로 지정하고 전체 응답 바디가 완성되면 한꺼번에 보낸다. 리스트 2.7은 res.write()를 사용하는 시점에 응답 바디의 크기를 알 수 없으므로 chunked를 사용한다. 이는 기본 동작일 뿐 chunked를 사용하지 않으려면 그에 맞게 작성하면 된다. 참고로 chunked에 대한 처리는 웹 브라우저에 따라 다를 수 있다. 현재 크롬 웹 브라우저는 'Hello'와 'World'를 한꺼번에 출력하고, 파이어폭스는 의도한 대로 2초의 간격을 두고 출력한다.

노드는 싱글 스레드로 이벤트 루프를 사용해 멀티스레드보다 좋은 성능을 낼 수 있다고 설명했는데, 이벤트 루프의 동작을 확인하기 위해 리스트 2.7의 웹 서버로 간단한 성능 테스트를 해보자. 리스트 2.7의 웹 서버는 setTimeout()의 사용으로 인해 하나의 요청이 완료되려면 전체 2초가 걸린다. 이 웹 서버에 동시에 여러 요청을 보내 노드의 이벤트 루프를 제대로 처리하는지 확인해보자. 이 테스트는 아파치의 벤치마크 도구인 아파치벤치[1]를 이용했다.

```
$ ab -n 100 -c 100 http://127.0.0.1:3000/
```

이 명령어는 아파치벤치로 HTTP 테스트를 실행하는 명령어다. 테스트는 http://127.0.0.1:3000/에 100 동시 접속(-c)으로 100개의 요청(-n)을 보내는 테스트를 수행한 후 결과를 출력한다. 이 테스트의 결과는 다음과 같다(정확한 수치는 PC에 따라 달라진다).

```
$ ab -n 100 -c 100 http://127.0.0.1:3000/
This is ApacheBench, Version 2.3 <$Revision: 655654 $>
Copyright 1996 Adam Twiss, Zeus Technology Ltd
Licensed to The Apache Software Foundation, http://www.apache.org/

Benchmarking 127.0.0.1 (be patient).....done

Server Software:
Server Hostname:        127.0.0.1
Server Port:            3000

Document Path:          /
Document Length:        12 bytes
```

---

[1] http://httpd.apache.org/docs/2.2/en/programs/ab.html. 테스트 결과만 확인할 것이므로 아파치벤치의 설치 방법은 따로 설명하지 않는다. 직접 테스트해보고 싶다면 공식 문서를 참고해 설치하면 된다.

```
Concurrency Level:      100
Time taken for tests:   2.034 seconds
Complete requests:      100
Failed requests:        0
Write errors:           0
Total transferred:      7600 bytes
HTML transferred:       1200 bytes
Requests per second:    49.17 [#/sec] (mean)
Time per request:       2033.904 [ms] (mean)
Time per request:       20.339 [ms]
                        (mean, across all concurrent requests)
Transfer rate:          3.65 [Kbytes/sec] received

Connection Times (ms)
              min   mean[+/-sd]  median   max
Connect:        3      8    2.2       9    10
Processing:  2011   2018    4.4    2018  2024
Waiting:       15     18    2.9      17    24
Total:       2014   2026    6.3    2027  2033

Percentage of the requests served within a certain time (ms)
  50%    2027
  66%    2031
  75%    2031
  80%    2032
  90%    2032
  95%    2033
  98%    2033
  99%    2033
 100%     203 (longest request)
```

벤치마크 결과가 길게 출력됐지만 주목해야 할 부분은 다음 부분이다.

```
Concurrency Level:      100
Time taken for tests:   2.034 seconds
```

```
Complete requests:      100
```

Time taken for tests가 2.034초로 나와 있는데, 벤치마킹 테스트를 하는 데 걸린 전체 시간을 의미한다. 즉, 100 동시 접속으로 100개의 요청이 완료되는 데 총 2.034초가 걸렸다는 의미다. 테스트된 요청은 2초가 걸리는 요청이므로 100개의 동시 접속을 처리하는 데 0.034초만 더 걸렸을 뿐이다. 이벤트 루프가 아니면서 싱글 스레드였다면 2초가 걸리는 요청을 100개 처리하기 위해 200초가 걸렸어야 하지만, 노드는 싱글 스레드임에도 이벤트 루프로 동시에 여러 요청을 처리하므로 2.034초가 소요됐다. 나쁘지 않은 성능이지만, 이 테스트는 노드가 이벤트 루프를 이용해 동시 접속을 처리함을 보여주고자 함이었지 노드의 성능을 보여주고자 함은 아니었다.

2.7 노드의 아키텍처

예제를 통해 노드의 사용법과 동작 방식을 살펴봤다. 노드의 내부에 대해 좀 더 살펴보자.

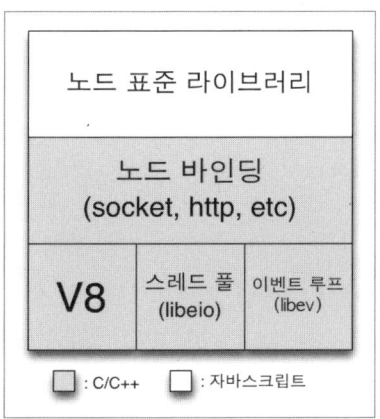

그림 2.7 노드의 아키텍처 스택

그림 2.7(출처: http://www.youtube.com/watch?v=F6k8lTrAE2g)은 노드의 아키텍처 스택이다. 회색은 C/C++로 작성된 부분이고, 흰색은 자바스크립트로 작성된 부분이다.

자바스크립트 인터프리터인 V8과 이벤트 기반 비동기 I/O를 관리하는 libeio, 이벤트 루프를 담당하는 libev가 아키텍처 스택의 최하단에 위치한다. 그 위에 소켓이나 HTTP 등에 대한 노드 바인딩이 노드 표준 라이브러리와의 인터페이스 역할을 한다. 자바스크립트를 사용하는 노드 표준라이브러리를 이용해 노드의 기능을 사용한다. 1장에서 이야기했듯 노드는 싱글 스레드를 사용하므로 스택도 하나만 있다. 이 스택을 통해 이벤트 루프를 처리한다. 한 번에 하나의 이벤트와 관련된 스택만 추가된다. 그래서 이벤트 루프로 빠르게 여러 일을 처리하더라도 멀티스레드처럼 서로 간의 간섭은 일어나지 않는다. 그림 2.8은 노드의 실행 스택Execution Stack이다.

그림 2.8 노드의 실행 스택

실행 스택의 최하단에는 이벤트 루프를 처리하는 스택인 `ev_loop()`가 항상 존재한다. `ev_loop()`는 계속 실행되다가 이벤트가 발생하면 감지하고 필요한 스택을 추가한다. 실행 스택이 이벤트를 처리하는 과정을 살펴보면서 노드의 동작을 이해해보자.[2] 설명을 위해 웹 서버를 구현한 노드 애플리케이션의 실행 스택이라고 가정한다. 이 웹 서버에 2개의 요청이 들어오는데, 첫 번째 요청은 index.html 파일에 대한 요청이고, 두 번째 요청은 I/O가 필요 없는 메모리상의 어떤 값에 대한 요청이다. 이해를 돕기 위해 다음 그림부터 첫 번째 요청에 대한 스택은 흰색으로, 두 번째 요청에 대한 스택은 검은색으로 표시한다. 먼저 노드 웹 서버에 index.html

---

2. 이 설명은 라이언이 야후에서 발표했던 내용을 바탕으로 한다. 라이언의 발표 영상은 http://www.yuiblog.com/blog/2010/05/20/video-dahl/에서 볼 수 있다.

에 대한 요청이 들어오면 그림 2.9처럼 스택이 추가된다.

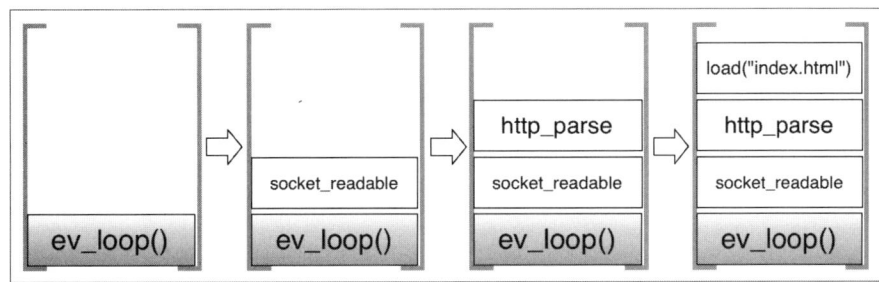

그림 2.9 노드의 실행 스택에서 index.html의 요청을 받는 과정

이벤트 루프가 index.html 요청의 이벤트를 감지한다. 요청의 소켓을 읽기 위해 `socket_readable` 스택을 추가한다. HTTP 요청을 해석하는 `http_parse` 스택을 추가하고 index.html에 대한 요청이므로 index.html 파일 읽기를 요청한다. index.html를 읽어 들이는 I/O를 요청했으므로 그림 2.10처럼 스택을 차례대로 제거한다.

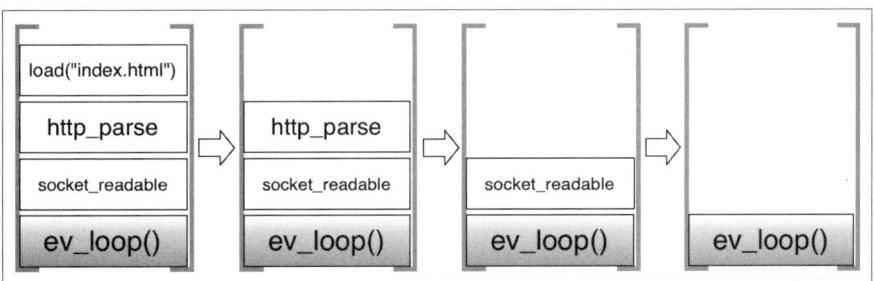

그림 2.10 노드의 실행 스택에서 index.html에 대한 I/O를 요청한 후의 과정

스택이 모두 제거되면 이벤트 루프만 돌고 있는 상태에 있게 된다. 사용자의 index.html 요청이 아직 완료되지 않았다는 점을 기억해야 한다. index.html를 사용자한테 응답해주기 위해 파일 I/O를 요청했을 뿐 응답을 아직 보내지 않았고, 사용자는 여전히 응답을 기다리는 중이다. 이 상태에서 메모리상에 존재하는 값에 대한 두 번째 요청이 들어온다. 이 요청을 처리하기 위해 그림 2.11처럼 스택이

추가된다. 두 번째 요청은 index.html 요청과 구분하기 위해 검은색으로 표시한다.

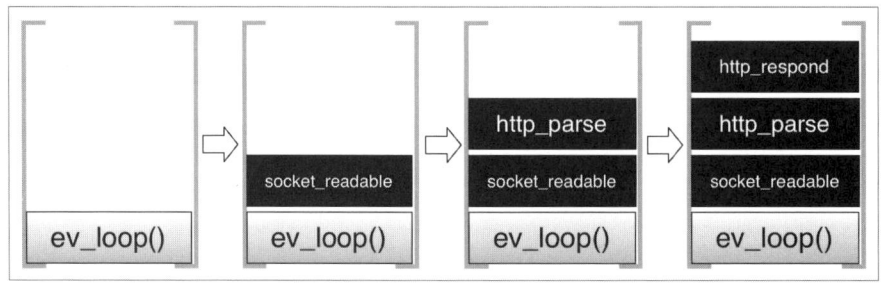

그림 2.11 노드의 실행 스택에서 메모리에 대한 새로운 요청을 받는 과정

두 번째 요청도 소켓을 읽어 HTTP 요청을 파싱한다. 이 요청은 별도의 I/O가 필요 없이 바로 응답해줄 수 있으므로 `http_respond` 스택을 추가하고 사용자에게 바로 응답을 돌려준다. 처리가 완료된 후 그림 2.12처럼 스택이 제거된다.

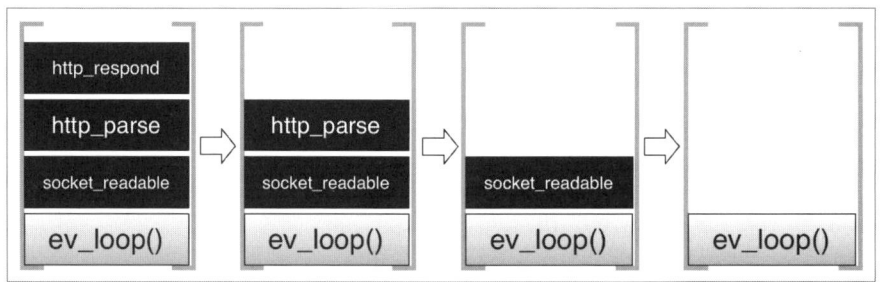

그림 2.12 노드의 실행 스택에서 메모리에 대한 새로운 요청에 응답한 후의 과정

두 번째 요청을 처리하는 중 index.html 파일을 읽는 I/O 처리가 완료됐다. 이벤트가 발생했지만, 현재 두 번째 요청에 대한 스택이 존재하므로 바로 처리되지 않고 이벤트는 대기한다. 그림 2.12처럼 두 번째 요청의 스택이 모두 제거돼야 이벤트 루프는 다음 이벤트를 처리한다. 대기하던 index.html 파일을 읽은 이벤트를 처리하기 위해 그림 2.13처럼 스택을 추가한다.

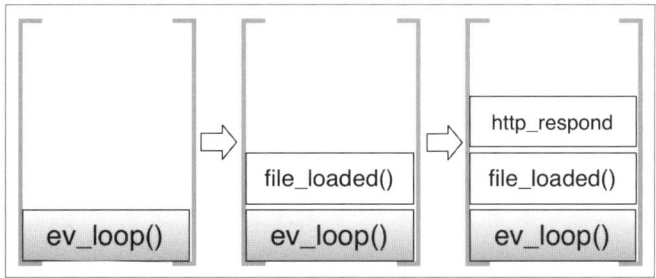

그림 2.13 노드의 실행 스택에서 파일 I/O의 완료에 대한 처리 과정

`file_loaded()` 스택을 추가해 I/O가 돌려준 index.html 파일을 받는다. index.html 파일로 응답을 생성해 바로 사용자에게 응답을 보낸다. 응답이 완료됐으므로 그림 2.14처럼 스택이 모두 제거되고 이벤트 루프만 남아 있는 상태로 다시 대기한다.

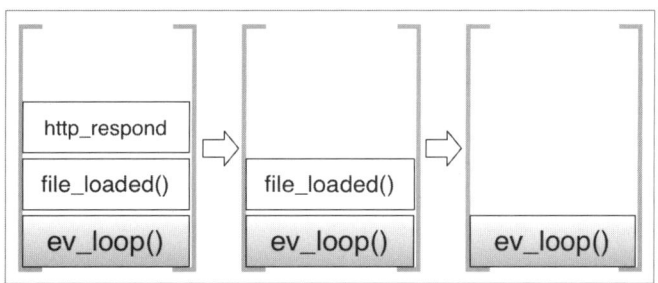

그림 2.14 노드의 실행 스택에서 index.html 요청 응답 후의 과정

지금까지 이벤트 루프가 싱글 스택을 이용해 이벤트를 어떻게 처리하는지 살펴봤다. 이 과정을 통해 살펴봤듯 노드는 한 번에 한 가지 이벤트와 관련된 일만 수행한다. 설명에서는 이벤트가 차례대로 발생하는 것처럼 설명했지만, 노드가 다른 일을 처리 중이면 발생한 이벤트는 대기하고 이벤트 루프가 차례대로 하나씩 처리한다. 이 과정은 CPU가 처리하기 때문에 아주 빠르게 처리된다. 그래서 한 번에 한 가지 일만 처리해도 짧은 시간 안에 많은 이벤트를 처리할 수 있으므로 멀티스레드보다 나은 성능을 보여준다.

2.8 노드 코딩 관례

대부분의 프로그래밍 언어는 자신만의 코딩 관례가 있는데, 노드도 몇 가지 관례가 있다. 예제를 더 작성하기 전에 노드의 코딩 관례를 짚고 넘어가자. 코딩 관례는 단순히 개발자 간의 권장 사항일 뿐 반드시 지켜야 하는 규칙은 아니다. 자신의 코딩 스타일대로 작성해도 문제는 없다. 가장 중요한 것은 협업하는 사람들끼리 관례를 맞추는 것이다. 하지만 코딩 관례가 있는 이유가 있으므로 새로운 언어나 플랫폼을 배울 때는 관례를 따르는 편이 좋다고 생각한다. 이 책의 예제도 노드의 코딩 관례에 따라 작성한다. 노드의 코딩 관례는 아이작 슐레터의 「coding style」(https://github.com/isaacs/npm/blob/master/doc/cli/coding-style.md)과 「Felix's Node.js Style Guide」[3]에 잘 나와 있다.

- **들여쓰기** 라이언의 선택을 따라 들여쓰기는 공백 2칸으로 한다.
- **세미콜론** 자바스크립트의 관례대로 세미콜론은 항상 사용한다.
- **작은따옴표** 문자열 등은 큰따옴표 대신 작은따옴표를 사용한다.
- **중괄호** 다음과 같이 여는 중괄호는 문장과 같은 라인에 작성한다.

    ```
    if (true) {
    }
    ```

- **변수와 프로퍼티** 소문자로 시작하는 카멜케이스camel case를 사용한다.
- **클래스** 대문자로 시작하는 카멜케이스를 사용한다.
- **상수** 모두 대문자로 사용한다.
- **동등 비교** == 대신 ===를 사용한다.
- **콜백 함수** 콜백 함수에서 첫 파라미터는 노드 코어의 콜백 함수처럼 에러 파라미터로 사용한다.

    ```
    callback(err, param1, param2)
    ```

---

3. 원문은 http://nodeguide.com/style.html에 있고 한글 번역본은 http://nodeguide.atelier.weaveus.com/style.html에서 참고할 수 있다.

- **콤마**   콤마로 여러 줄에 걸쳐 나열할 때는 콤마를 라인 앞에 써준다.

  ```
  var a
    , b;
  ```

2.9 정리

2장에서는 노드의 특성에 따라 코드를 작성하는 방법과 모듈화하는 방법을 살펴봤고, 이렇게 작성한 노드 애플리케이션을 어떻게 실행하는지 설명했다. 2장에서 설명한 주요 내용은 다음과 같다.

- 노드는 `node` 명령어를 사용한다.
- 파라미터나 옵션 없이 `node`만 입력하면 REPL에 진입한다.
- 하나의 자바스크립트 파일은 하나의 모듈이 되고, 모듈 안의 코드는 외부에서 접근할 수 없는 지역 범위가 된다.
- 모듈 외부로 노출할 변수는 `module.exports`나 `exports`로 지정한다.
- 다른 자바스크립트 파일을 불러오려면 `require('파일명')`을 사용한다.
- `require()`를 사용할 때 파일명이 `./`나 `../`로 시작하면 상대 경로로 자바스크립트 파일을 찾는다. `./`나 `../`로 시작하지 않으면 기본 모듈이나 확장 모듈에서 찾는다.
- 노드는 싱글 스레드를 사용하는 이벤트 루프를 통해 한 번에 한 가지 일만 처리한다.

03장

노드의 기본 모듈

2장에서 'Hello world' 예제를 작성하면서 파일시스템이나 HTTP 같은 기본 모듈을 사용했다. 3장에서는 노드가 제공하는 기본 모듈을 자세히 살펴본다. 이 책에서는 노드에 포함된 모듈을 기본 모듈이라고 부르고, 추가로 설치해서 사용하는 모듈을 확장 모듈이라고 부르기로 한다. 노드는 다음과 같은 기본 모듈을 제공한다.

모듈명	설명
Process	프로세스에 대한 정보를 담고 있는 전역 객체다.
Utilities	타입 검사, 포매팅 등의 유틸리티 함수를 제공한다.
Events	이벤트 관련 함수를 제공한다.
Buffers	바이너리 데이터의 옥텟 스트림(octet stream)을 다루는 모듈이다.
Streams	스트림을 다루기 위한 추상 인터페이스다.
Crypto	암호화에 대한 함수를 제공한다.
TLS/SSL	공개키/개인키 기반인 TLS/SSL에 대한 함수를 제공한다.
File System	파일을 다루는 함수를 제공한다.
Path	파일의 경로를 다루는 함수를 제공한다.
Net	비동기 네트워크 통신 기능을 제공한다.
UDP/Datagram Sockets	UDP의 데이터그램 소켓(Datagram Socket) 통신 기능을 제공한다.
DNS	도메인 네임 서버를 다루는 함수를 제공한다.
HTTP	HTTP 서버와 클라이언트 기능을 제공한다.
HTTPS	HTTPS 서버와 클라이언트 기능을 제공한다.
URL	URL을 다루는 함수를 제공한다.
Query Strings	URL의 쿼리 문자열을 다루는 함수를 제공한다.
Readline	스트림에서 라인 단위로 읽는 기능을 제공한다.
Vm	자바스크립트를 실행하는 기능을 제공한다.
Child Processes	자식 프로세스 생성과 관련된 함수를 제공한다.
Assert	유닛 테스트를 위한 단언문을 제공한다.

표 3.1 노드의 기본 모듈(이어짐)

모듈명	설명
TTY	터미널이나 콘솔 관련 기능을 제공한다.
Zlib	zlib 압축 함수를 제공한다.
OS	운영체제에 대한 정보를 제공하는 함수를 제공한다.
Cluster	여러 노드 프로세스를 실행하는 클러스터 기능을 제공한다.

표 3.1 노드의 기본 모듈

이 책은 레퍼런스 북이 아니므로 주요 모듈의 함수 위주로 설명한다. 3장의 예제는 대부분 API 문서를 참고한 것이다. 더 자세한 내용은 API 문서(http://nodejs.org/docs/latest/api/index.html)를 참고하라.

3.1 전역 객체

전역 객체는 소스 어느 곳에서나 접근할 수 있는 객체를 말한다. 클라이언트 자바스크립트에서는 window가 전역 객체다. 일반적으로 사용하는 alert('메시지') 같은 경우 사실은 전역 객체인 window에 포함된 함수다. window.alert('메시지')와 같지만 전역 객체의 지정은 생략해 사용한다. 노드에서 전역 객체는 global이라는 이름으로 존재한다. 2장의 예제에서 별도 모듈을 불러오지 않고 사용했던 console.log()나 require(), setTimeout() 등의 함수는 모두 global 객체가 제공하는 함수다. global.console.log처럼 사용해도 같지만, 전역 객체는 편의상 생략해 사용한다. 다음 두 코드는 완전히 똑같다.

```
console.log('메시지');
global.console.log('메시지');
```

global 객체에는 현재 실행된 파일 위치와 디렉토리를 나타내는 __filename과 __dirname 변수가 있다. 다음 코드를 살펴보자.

리스트 3.1 global.js

```
console.log(__filename);
console.log(__dirname);
```

리스트 3.1을 실행하면 다음과 같이 출력된다.

```
$ node global
/Users/outsider/nodebook-examples/chapter-03/global.js
/Users/outsider/nodebook-examples/chapter-03
```

운영체제상의 절대 경로를 알려주므로 경로와 관련된 처리를 해야 할 때 유용하다. global 객체에는 실행된 노드 프로세스 정보를 담고 있는 process 객체가 있다. REPL에서 process의 기능을 확인해보자.

```
$ node
> process.execPath
'/Users/outsider/node.js/node-v0.6.6/bin/node'
> process.cwd()
'/Users/outsider/nodebook-examples/chapter-03'
> process.env
{ TERM: 'xterm',
  SHELL: '/bin/bash',
  USER: 'outsider',
  PATH: '/usr/bin:/bin:/usr/sbin:/sbin:/usr/local/bin:',
  ...중략...
  LANG: 'ko_KR.UTF-8',
  HOME: '/Users/outsider',
  LOGNAME: 'outsider',
  _: '/usr/local/bin/node' }
> process.version
'v0.6.6'
> process.versions
{ node: '0.6.6',
```

```
      v8: '3.6.6.14',
      ares: '1.7.5-DEV',
      uv: '0.6',
      openssl: '0.9.8r' }
> process.arch
'x64'
> process.platform
'darwin'
> process.memoryUsage()
{ rss: 11214848,
  heapTotal: 4676224,
  heapUsed: 2624704 }
> process.uptime()
389
> process.exit()
$
```

process 객체로 운영체제의 타입이나 실행 시간, 메모리 사용률, 워킹 디렉토리 등의 정보를 알 수 있다. process.memoryUsage()에서 출력되는 heapTotal과 heapUsed는 V8의 메모리다. 데이터베이스 접근 정보나 아이디, 비밀번호는 변경될 수 있으므로 하드 코딩하기보다는 환경 변수를 사용한다. 운영체제의 환경 변수에는 process.env로 접근한다. 예를 들어 PATH 환경 변수를 가져오려면 process.env.PATH로 접근한다.

리스트 3.2 exit.js

```
process.on('exit', function() {
  console.log('Good Bye');
});
```

process 객체는 사실 EventEmitter의 객체다. 아직 EventEmitter를 설명하지 않았지만, 이벤트 처리를 담당하는 클래스다. 그래서 process 객체는 이벤트를 사용할 수 있다. 프로세스가 종료될 때 exit 이벤트가 발생한다. 리스트 3.2처럼

process 객체에 exit 이벤트 리스너를 등록하면 프로세스가 종료되는 시점을 알 수 있다.

리스트 3.3   uncaughtException.js

```
process.on('uncaughtException', function(err) {
  console.log('예외: ' + err);
});

setTimeout(function() {
  console.log('이 코드는 실행됩니다.');
}, 500);

// 존재하지 않는 함수 실행
nonExistentFunction();

console.log('이 코드는 실행되지 않습니다.');
```

자바스크립트에서 try-catch를 사용하면 예외가 발생했을 때 예외 처리를 할 수 있지만, try-catch문을 사용하지 않은 코드에서 예외가 발생하면 스택 트레이스에 에러를 출력하면서 프로세스가 종료된다. process 객체에 uncaughtException 이벤트 리스너를 등록하면 예상하지 못한 예외를 처리를 할 수 있다. 리스트 3.3에서 nonExistentFunction()은 존재하지 않는 함수이므로 예외가 발생한다. 리스트 3.3의 실행 결과는 다음과 같다.

```
$ node uncaughtException.js
예외: ReferenceError: nonExistentFunction is not defined
이 코드는 실행됩니다.
```

존재하지 않은 함수에 대한 예외가 처리됐고 코드는 예외가 발생하기 전에 등록한 setTimeout()까지 처리한 후 프로세스가 종료된다. 예외 이후에 사용한 console.log()는 출력되지 않았다. uncaughtException 이벤트를 등록하지 않았다면 스택 트레이스가 출력되면서 setTimeout()의 코드도 실행되지 않는다.

리스트 3.4　stdin.js

```
process.stdin.resume();
process.stdin.setEncoding('utf8');

process.stdin.on('data', function(chunk) {
  process.stdout.write('data: ' + chunk);
});

process.stdin.on('end', function() {
  process.stdout.write('end');
});
```

process 객체는 표준 입력, 표준 출력과 관련된 함수를 제공한다. 기본적으로 표준 입력은 키보드이고 표준 출력은 커맨드라인이다. 표준 입력의 스트림은 멈춰져 있는 상태가 기본 동작인데, process.stdin.resume()을 실행하면 표준 입력에서 입력을 읽어 들일 수 있다. 입력의 인코딩을 UTF-8로 지정하고 process.stdin에 data 이벤트와 end 이벤트를 등록했다. 두 이벤트는 예약된 이벤트로 표준 입력에서 새로운 입력이 들어오면 data 이벤트가 발생하고, 애플리케이션이 종료되면서 표준 입력이 종료될 때 end 이벤트가 발생한다. 리스트 3.4를 실행하면 다음과 같다.

```
$ node stdin.js
hi
data: hi
hello
data: hello
end
```

입력한 내용을 다시 출력해주고 **Ctrl + D**를 입력하면 end 이벤트가 발생한다. **Ctrl + C**는 프로세스를 종료시키므로 end 이벤트가 발생하지 않는다. 윈도우에서는 process.stdin에서 **Ctrl + D**로 종료 이벤트가 발생하지 않는다.

리스트 3.5   argv.js

```
process.argv.forEach(function(val, index, array) {
  console.log(index + ': ' + val);
});
```

노드를 실행할 때 전달한 파라미터는 모두 `process.argv`에 배열로 저장된다. 리스트 3.5는 `process.argv` 배열을 차례대로 출력한다. 다음 실행 결과에서 볼 수 있듯 node 명령어부터 공백으로 구분된 모든 명령어가 `process.argv`에 저장된다.

```
$ node argv.js one two=three four
0: node
1: /Users/outsider/chapter-03/3.1/argv.js
2: one
3: two=three
4: four
```

노드는 직접 작성한 코드는 모두 동기로 실행하기 때문에 연산이 많은 작업을 하거나 아주 긴 반복문을 도는 중이라면 다른 이벤트가 발생하더라도 처리하지 못한다. 이처럼 CPU 연산이 많이 필요한 작업을 비동기로 실행할 수 있게 `process.nextTick()` 함수를 제공한다. 리스트 3.6을 살펴보자.

리스트 3.6   nextTick.js

```
process.nextTick(function() {
  console.log('nextTick으로 호출됐습니다.');
});
console.log('이 메시지가 먼저 출력됩니다.');
```

`process.nextTick()`에 등록된 콜백 함수는 바로 실행하지 않고 이벤트 큐에 등록한다. 싱글 스레드가 현재 작업을 완료하고 다음 이벤트를 처리할 수 있는 때가 되면 `process.nextTick()`으로 등록한 콜백 함수를 차례대로 실행한다. 코드를

비동기로 실행하기 위해 `setTimeout(function(){}, 0)`와 같은 방법을 사용하기도 한다. 하지만 `process.nextTick()`은 `setTimeout()`을 사용한 방법보다 효율적이고 더 빠르게 동작한다. 그리고 `process.nextTick()`으로 등록한 콜백 함수는 우선순위가 높아 다른 I/O의 콜백 함수보다 먼저 실행된다. 리스트 3.6을 실행하면 `process.nextTick()`을 사용한 부분이 다음처럼 나중에 출력된다.

```
$ node nextTick.js
이 메시지가 먼저 출력됩니다.
nextTick으로 호출됐습니다.
```

3.2 유틸리티

노드는 유틸리티성 함수가 포함된 유틸리티 기본 모듈을 제공한다. 유틸리티 모듈은 `require('util')`로 불러온다.

```
$ node
> var util = require('util');
undefined
> util.format('%s의 최신 버전은 %d이다.', 'node', 0.6);
'node의 최신 버전은 0.6이다.'
```

`util.format()` 함수는 문자열을 포매팅한다. 첫 파라미터로 전달한 문자열에 `%`로 플레이스홀더를 사용하면 이어서 전달하는 파라미터를 조합해 문자열을 만든다. 플레이스홀더에서 `%s`는 문자열이고, `%d`는 숫자, `%j`는 JSON이다. `%`를 출력하려면 `%%`를 사용한다. 그 외에도 객체의 타입을 검사하는 다음과 같은 함수를 제공한다.

```
> util.isArray([]);
true
> util.isArray({});
false
```

```
> util.isRegExp(/정규식/);
true
> util.isDate(new Date());
true
> util.isDate('2011.11.01');
false
> util.isError(new Error());
true
```

3.3 이벤트

노드는 이벤트 루프 기반이므로 많은 객체가 이벤트를 발생시킬 수 있다. 이벤트 기본 모듈은 이벤트와 관련된 함수와 클래스를 제공하며 require('events')로 불러온다. 2장에서 살펴본 예제에서 웹 서버에 새로운 요청이 들어오거나 파일 읽기가 완료됐을 때 모두 이벤트가 발생하는데, 발생한 이벤트는 모두 events.EventEmitter의 객체이고 require('events').EventEmitter로 접근한다. 노드에서 이벤트의 발생은 이밋emit이라는 단어를 사용하고 이벤트가 발생했을 때 실행되는 함수를 리스너listener라고 부른다. EventEmitter 객체에서 에러가 발생하면 error 이벤트가 발생한다. error 이벤트에 리스너가 등록돼 있으면 리스너를 실행하고, 리스너가 없다면 스택 트레이스를 출력하고 애플리케이션을 종료한다.

```
server.on('connection', function(stream) {
  console.log('서버에 연결됐습니다.');
})
```

객체에 이벤트를 추가하려면 emitter.addListener(event, listener)나 emitter.on(event, listener)를 사용한다. emitter는 이벤트가 발생하는 객체로 EventEmitter의 객체여야 한다. event는 문자열로 된 이벤트명으로 관례상 카멜케이스의 문자열을 사용하지만 제한은 없으므로 문자열이면 모두 가능하고 listener는 이벤트가 발생했을 때 실행할 함수다. 일반적으로 addListener()보다는 on() 함수를 더 많이 사용한다. emitter.addListener()나 emitter.on()

은 지정된 이벤트의 리스너 배열에 새로운 리스너를 추가한다. 새로운 리스너가 추가될 때마다 `newListener` 이벤트가 발생한다. `newListener` 이벤트의 리스너는 `function (event, listener) { }`로 추가된 이벤트명과 리스너 함수를 파라미터로 돌려준다.

```
server.once('connection', function(stream) {
  console.log('첫 번째 접속입니다.')
})
```

한 번만 실행해야 하는 리스너는 `emitter.once(event, listener)`를 사용한다. `emitter.once(event, listener)`로 등록한 리스너는 최초 한 번만 실행되고 리스너 배열에서 제거된다.

```
var callback = function(stream) {
  console.log('연결됐습니다.');
};
server.on('connection', callback);
server.removeListener('connection', callback);
```

`emitter.removeListener(event, listener)`를 사용하면 지정한 이벤트에서 전달한 리스너를 제거한다. 이벤트의 연결된 모든 리스너를 제거하려면 `emitter.removeAllListeners([event])`를 사용하는데, 파라미터를 전달하지 않으면 모든 리스너를 제거한다. `EventEmitter`는 한 이벤트에 등록된 리스너가 10개 이상이면 메모리 누수를 찾는 데 도움을 주기 위해 경고 메시지를 출력한다. 리스너 개수 제한을 늘리고 싶으면 `emitter.setMaxListeners(n)`을 사용한다. 0을 지정하면 무한대로 등록할 수 있다. `emitter.listeners(event)`를 사용하면 이벤트에 등록된 리스너 배열을 얻을 수 있고, 이벤트를 발생시키려면 `emitter.emit(event, [arg1], [arg2], ..)`를 사용한다.

3.4 버퍼

자바스크립트는 유니코드에는 적합하지만, 바이너리 데이터는 잘 다루지 못한다. TCP 스트림이나 파일 스트림을 사용하려면 옥텟 스트림octet stream을 다룰 수 있어야 한다. 옥텟은 8비트로 이뤄진 단위를 의미한다. 모든 컴퓨터가 8비트를 1바이트로 사용하지 않으므로 8비트로 이루어진 데이터임을 분명히 하기 위해 옥텟이라는 단위를 사용한다. 노드는 옥텟 스트림을 다루는 함수를 전역 객체인 Buffer 클래스로 제공한다. 로우raw 데이터는 모두 Buffer 클래스의 객체에 저장된다. Buffer는 정수의 배열인데, 각 정수는 V8 힙 메모리 밖의 로우 메모리에 할당된 주소를 가리킨다. 자바스크립트 문자열과 버퍼 사이에 변환을 하려면 인코딩을 지정해야 하고, 다음과 같은 인코딩 방법을 사용할 수 있다.

- ascii   7비트 ASCII 데이터로 아주 빠르다. 7비트보다 높은 비트가 설정돼 있으면 제거한다. null 문자인 '\0'이나 '\u0000'을 공백 문자인 0x20으로 변환한다. null 문자인 0x00으로 변환하고 싶다면 utf8 인코딩을 사용해야 한다.
- utf8   멀티바이트로 인코딩된 유니코드 문자다.
- ucs2   2바이트 리틀 엔디언little endian으로 인코딩된 유니코드 문자다.
- base64   Base64 문자열 인코딩이다.
- hex   각 바이트를 2개의 16진수로 인코딩한다.
- binary   각 글자의 첫 8비트만 사용해 로우 데이터를 문자열로 인코딩하는 방법이지만, 이 인코딩은 폐기됐으므로 가능하면 사용하지 않는 것이 좋다. 현재는 존재하지만 차후 노드 버전에서는 제거될 수 있다.

```
$ node
> new Buffer(10)
<Buffer 00 00 c8 b2 05 74 f6 7f 00 00>
> new Buffer([1,2,3])
<Buffer 01 02 03>
> new Buffer('string', encoding='utf8')
```

```
<Buffer 73 74 72 69 6e 67>
```

버퍼를 생성하려면 new Buffer를 사용한다. Buffer가 전역 객체이므로 require 없이 바로 사용할 수 있다. 이처럼 버퍼의 크기로 생성하거나 배열을 통해 생성할 수 있다. 문자열로 버퍼를 생성할 때는 반드시 인코딩 방법을 지정해야 한다.

```
$node
> var buf = new Buffer(256)
undefined
> var len = buf.write('\u00bd + \u00bc = \u00be', 0);
undefined
> console.log(len + " bytes: " + buf.toString('utf8', 0, len));
12 bytes: ½ + ¼ = ¾
```

버퍼의 내용을 작성하려면 buffer.write(string, offset=0, length=buffer.length-offset, encoding='utf8')을 사용한다. write 함수는 버퍼의 offset 위치에 string을 작성한다. length는 작성할 문자열의 길이로, 쓰인 옥텟의 수를 돌려준다. 버퍼의 공간이 충분하지 않으면 문자열 일부만 작성한다. 버퍼를 문자열로 변환하려면 buffer.toString(encoding, start=0, end=buffer.length)를 사용한다. start부터 end까지의 버퍼를 문자열로 변환한다.

```
$ node
> var str = "node.js"
undefined
> var buf = new Buffer(str.length);
undefined
> for (var i = 0; i < str.length; i++) {
... buf[i] = str.charCodeAt(i);
... }
115
> buf.toString()
'node.js'
> Buffer.isBuffer(buf);
```

```
true
> buf.length
7
```

buffer[index]를 사용하면 index 위치의 옥텟을 가져오거나 설정할 수 있다. index는 바이트를 참조하므로 0부터 255의 범위다. Buffer.isBuffer()를 사용하면 객체가 버퍼 타입인지 검사할 수 있고, buffer.length는 버퍼의 크기를 알려준다. buffer.length는 버퍼 객체에 할당된 메모리의 크기이므로 버퍼의 저장된 내용의 길이와는 다르다. 이 밖에도 Buffer 클래스는 버퍼를 복사하는 buffer.copy나 버퍼를 잘라내는 buffer.slice() 함수를 제공하며, 버퍼에서 데이터를 읽는 다양한 읽기 함수를 제공한다.

3.5 스트림

스트림 모듈은 스트림을 다루는 모든 객체의 추상 인터페이스다. 예를 들어 HTTP 서버의 요청은 스트림이다. 스트림은 읽을 수 있거나 쓸 수 있거나 둘 다 가능할 수도 있다. 모든 스트림은 이벤트를 사용하기 위해 EventEmitter의 객체다. 스트림은 Readable Stream과 Writable Stream이 있다.

Readable Stream에는 다음과 같은 예약된 이벤트와 멤버 변수, 함수가 있다.

- **data 이벤트** 스트림에 새로운 데이터가 들어왔을 때 발생하고, 기본적으로 Buffer를 사용하지만 setEncoding()이 사용됐으면 문자열을 사용한다. 콜백 함수는 function(data) { }다.
- **end 이벤트** 스트림이 EOF나 FIN을 받았을 때 발생한다. end 이벤트가 발생하면 더 이상 data 이벤트가 발생하지 않음을 의미하지만, 스크림이 쓰기도 가능하다면 쓰기는 여전히 가능하다. 콜백 함수는 function() { }다.
- **error 이벤트** 데이터를 받는 동안 에러가 있을 때 발생한다. 콜백 함수는 function(exception) { }다.
- **close 이벤트** 사용하는 파일 디스크립터가 닫혔을 때 발생한다. 모든 스트림이 이 이벤트를 사용하지는 않는다. 예를 들어 HTTP 요청은 종료 시점을

알 수 없으므로 close를 발생시키지 않는다.

- **stream.readable** 스트림이 읽을 수 있는 상태인지 알려준다. 기본적으로 `true`이지만 `error` 이벤트가 발생하거나 `end` 이벤트가 발생하면 `false`로 바뀐다.
- **stream.setEncoding(encoding)** `data` 이벤트가 `Buffer` 대신 문자열을 사용하게 만든다. `encoding`에는 `utf8`, `ascii`, `base64`를 사용할 수 있다.
- **stream.pause()** 들어오는 `data` 이벤트를 멈춘다.
- **stream.resume()** `pause()`로 멈춘 `data` 이벤트를 다시 받기 시작한다.
- **stream.destroy()** 사용하는 파일 디스크립터를 닫는다. `destroy()`를 사용하면 스트림은 더 이상 어떤 이벤트도 발생시키지 않는다.
- **stream.destroySoon()** 큐에 있는 내용을 모두 소비한 후 파일 디스크립터를 닫는다.
- **stream.pipe(destination, [options])** 스트림에서 읽어 들인 내용을 `destination`에 지정된 쓰기 스트림에 연결한다. `pipe` 함수는 `destination` 스트림을 돌려주고, `destination` 스트림에서 `end()`가 호출돼 쓸 수 없는 상태가 되면 소스 스트림에서도 `end` 이벤트가 발생한다. `options`에 `{ end: false }`를 전달하면 `destination` 스트림을 열린 상태로 유지한다.

`Writable Stream`에는 다음과 같은 예약된 이벤트와 멤버 변수, 함수가 있다.

- **drain 이벤트** `write()` 메소드가 `false`를 돌려준 후 스트림이 다시 쓸 수 있는 상태가 됐음을 알리기 위한 이벤트로, 콜백 함수는 `function() { }`다.
- **error 이벤트** 스트림에서 에러가 생기면 발생하는 이벤트다. 콜백 함수는 `function(exception) { }`다.
- **close 이벤트** 사용하는 파일 디스크립터가 닫히면 발생한다. 콜백 함수는 `function() { }`다.
- **pipe 이벤트** `Readable Stream`의 `pipe()` 함수로 스트림이 전달됐을 때 발생한다.
- **stream.writable** 스트림이 쓰기가 가능한 상태인지 나타낸다. 기본 값은 `true`지만 `error` 이벤트가 발생하거나 `end()`, `destroy()`가 호출되면 `false`

로 바뀐다.

- **stream.write(string, encoding='utf8', [fd])** `string` 문자열을 `encoding` 으로 인코딩해 스트림에 쓴다. 문자열이 커널 버퍼로 플러시되면 `true`를 돌려주고, 커널 버퍼가 꽉 찼으면 `false`를 돌려준다. 커널 버퍼가 다시 비워졌을 때 `drain` 이벤트가 발생한다. 옵션 파라미터인 `fd`는 파일 디스크립터를 의미한다. 문자열 대신 버퍼를 쓰려면 `stream.write(buffer)`를 사용한다.
- **stream.end()** EOF나 FIN으로 스트림을 종료한다. 큐에 추가된 데이터가 있으면 종료하기 전에 모두 보낸다. `end()`는 종료하면서 데이터를 쓰기 위한 `end(string, encoding)`과 `end(buffer)`도 사용할 수 있다.
- **stream.destroy()** 사용 중인 파일 디스크립터를 닫는다. `destroy()`를 사용하면 스트림은 더 이상 이벤트를 발생시키지 않으며, 큐에 쌓인 데이터도 보내지 않는다.
- **stream.destroySoon()** 큐에 쌓인 데이터를 모두 소비한 후에 파일 디스크립터를 닫는다.

3.6 파일시스템

2장에서 사용했듯 파일시스템 모듈은 fs라는 이름으로 제공하고 `require('fs')`로 접근한다. 파일시스템은 상당히 많은 함수를 제공하는데, 사용법이 비슷하므로 모두 볼 수는 없고 몇 가지 함수만 살펴보자. 대부분 함수는 동기로 동작하는 함수를 같이 제공하고, 동기 함수는 `Sync`라는 접미사가 붙어 있다. 동기 함수는 노드의 성능에 큰 영향을 미치기 때문에 주의해서 사용해야 한다.

리스트 3.7 rename.js
```
var fs = require('fs');

fs.rename('./test.txt', './demo.txt', function(err) {
  if (err) throw err;
  console.log('수정됐습니다.');
});
```

파일명을 바꾸려면 `fs.rename(path1, path2, [callback])`을 사용한다. path1은 변경할 파일이고, path2는 새로운 파일명이다. 콜백 함수는 옵션인데, 파일명 변경이 제대로 수행됐는지 확인할 수 있다. 리스트 3.7을 실행하면 test.txt 파일이 demo.txt로 변경되고, test.txt 파일이 존재하지 않으면 에러가 발생한다.

리스트 3.8 stat.js

```
var fs = require('fs');

fs.stat('./stat.js', function(err, stats) {
  if (err) throw err;
  console.log(stats);
  console.log('isFile: ' + stats.isFile());
});
```

`fs.stat(path, [callback])`은 파일의 정보를 확인하는 함수다. path는 대상 파일이고, 콜백 함수는 `function(err, stats) { }`다. 콜백이 받은 stats 파라미터는 fs.Stats 객체로, 파일에 대한 여러 가지 정보를 담고 있으며 isFile, isDirectory, isFIFO 같은 함수를 제공한다. 리스트 3.8을 실행하면 다음과 같이 출력된다.

```
$ node stat
{ dev: 234881029,
  ino: 8613893,
  mode: 33188,
  nlink: 1,
  uid: 501,
  gid: 20,
  rdev: 0,
  size: 161,
  blksize: 4096,
  blocks: 8,
  atime: Sun, 06 Nov 2011 19:04:11 GMT,
  mtime: Sun, 06 Nov 2011 19:04:10 GMT,
```

```
      ctime: Sun, 06 Nov 2011 19:04:10 GMT }
    isFile: true
```

2장에서 파일의 내용을 읽는 `fs.readFile()`을 사용해봤으므로 `fs.writeFile()`을 살펴보자.

리스트 3.9 writeFile.js

```
var fs = require('fs');

fs.writeFile('./example.txt', 'Hello World', encoding='utf-8',
function(err) {
  if (err) throw err;
  console.log('파일을 작성했습니다.');
});
```

파일의 내용을 작성하려면 `fs.writeFile(filename, data, encoding='utf8', [callback])`을 사용한다. `filename`은 내용을 작성할 파일로 존재하지 않으면 새로 생성하고, 이미 존재하는 파일은 덮어쓴다. 파일에 작성할 문자열을 `data`에 전달한다.

리스트 3.10 watchFile.js

```
var fs = require('fs');

fs.watchFile('./example.txt'
  , {persistent: true, interval: 0}
  , function(curr, prev) {
      console.log('현재 파일의 수정시간: ' + curr.mtime);
      console.log('이전 파일의 수정시간: ' + prev.mtime);
    }
);
```

`fs.watchFile(filename, [options], listener)`를 사용하면 파일의 변경사항을 감시할 수 있다. `filename`은 감시할 파일이고, `options`는 생략 가능하다.

options에 사용할 수 있는 설정은 persistent와 interval 두 가지가 있다. persistent를 false로 지정할 경우(기본 값은 true다) 프로세스가 바로 종료된다. interval은 리눅스에서 파일을 모니터링하는 inotify를 이용할 수 없을 때 수정 여부를 확인할 간격을 밀리초 단위로 지정한다. 콜백 함수인 listener는 파라미터로 변경 이전의 파일과 이후 파일에 대한 fs.Stats 객체를 받는다. 현재 노드 6.6 버전은 윈도우에서 fs.watchFile을 지원하지 않기 때문에 리스트 3.10을 윈도우에서 실행하면 fs.watch를 사용하라는 메시지가 나타난다. 윈도우에서도 fs.watchFile이 지원될 예정이지만, 자세한 내용은 아직 정해지지 않았다. 리스트 3.10을 실행하고 example.txt를 수정하면 다음과 같이 출력된다.

```
$ node watchFile.js
현재 파일의 수정시간: Mon Nov 07 2011 21:16:09 GMT+0900 (KST)
이전 파일의 수정시간: Mon Nov 07 2011 21:15:27 GMT+0900 (KST)
```

파일시스템 모듈은 이 밖에도 파일을 삭제하는 fs.unlink()나 디렉토리를 삭제하는 fs.rmdir(), 파일의 절대 경로를 가져오는 fs.realpath() 등 다양한 함수를 제공한다.

3.7 경로

경로에 관련된 모듈은 path라는 이름으로 제공되고 require('path')로 불러온다.

```
$ node
> var path = require('path');
undefined
> path.normalize('/usr//local//bin/');
'/usr/local/bin/'
```

path.normalize(p)는 문자열로 전달받은 경로를 올바른 경로 문자열로 만든다. 예를 들어 경로에 슬래시(/)를 2개 지정하는 등의 실수를 고쳐준다.

```
> path.join('home', 'outsider/nodejs');
'home/outsider/nodejs'
```

path.join([path1], [path2], [...])은 파라미터로 전달받은 경로를 이어 붙여 하나의 경로로 만든다. 파라미터는 원하는 만큼 추가할 수 있으며, 모두 문자열이어야 한다.

```
> path.resolve('.');
'/Users/outsider/nodebook-examples/chapter-04'
> path.resolve('../../', 'nodebook-examples');
'/Users/outsider/nodebook-examples'
```

path.resolve([from ...], to)는 전달받은 경로의 절대 경로를 돌려준다. path.resolve('.')는 파라미터가 하나이므로 현재 위치의 절대 경로를 출력하고, path.resolve('../../', 'nodebook-examples')는 다음처럼 전달받은 파라미터 순서대로 위치를 이동한 뒤 절대 경로를 출력한 것과 같다.

```
cd ../../
cd nodebook-examples
```

다음으로 path.relative(from, to)를 살펴보자.

```
> path.relative('../../', '.');
'nodebook-examples/chapter-04'
```

path.relative는 from부터 to까지의 상대 경로를 출력한다.

```
> path.dirname('/home/outsider');
'/home'
```

path.dirname(p)는 유닉스의 dirname 명령어와 유사한 기능으로, 전달받은 경로의 디렉토리명을 돌려준다.

```
> path.basename('./watchFile.js');
'watchFile.js'
> path.basename('./watchFile.js', '.js');
'watchFile'
```

path.basename(p, [ext])는 전달받은 경로의 마지막 부분을 돌려준다. ext에 전달한 확장자를 제외하고 돌려준다.

```
> path.extname('watchFile.js');
'.js'
```

path.extname(p)는 전달받은 파일명의 확장자를 돌려준다.

```
> path.exists('./watchFile.js', function(exists) {
... console.log(exists);
... });
> true
> path.exists('./nonExistFile', function(exists) {
... console.log(exists);
... });
undefined
> false
```

path.exists(p, [callback])은 파일의 존재 여부를 확인하는 함수로, p에 지정한 파일 존재 여부가 콜백의 파라미터로 전달된다.

3.8 네트워크

net 모듈은 비동기 네트워크를 다루는 클래스다. require('net')으로 사용하고, 비동기 네트워크 서버와 클라이언트에 관련된 함수를 제공한다.

리스트 3.11   createServer.js

```
var net = require('net');

var server = net.createServer(function(socket) {
  console.log('서버에 연결됐습니다.');
  socket.on('end', function() {
    console.log('연결이 종료됐습니다.');
  });

  socket.write('Hello\r\n');
});

server.listen(8124, function() {
  console.log('서버가 %d포트로 연결됐습니다.', server.address().port);
});
```

리스트 3.11는 TCP 서버로 새로운 TCP 연결이 발생하면 'Hello'라는 메시지를 클라이언트에 보내주고 서버에 연결됐다는 로그를 남긴다.

net.createServer([options], [connectionListener])는 TCP 서버를 생성한다. connectionListener에 지정한 콜백 함수는 서버에 새로운 요청이 있을 때마다 발생하는 connection 이벤트에 자동으로 연결된다. options는 {allowHalfOpen: false}가 기본 값으로 allowHalfOpen을 true로 지정하면 소켓이 FIN 패킷을 받았을 때 FIN 패킷을 자동으로 보내지 않는다. FIN 패킷은 소켓을 더 이상 사용하지 않음을 알리기 위해 보내는 패킷이므로 allowHalfOpen은 한쪽에서 연결을 종료했을 때 반대쪽도 종료할 것인지를 결정한다. 리스트 3.11을 실행한 후 telnet 명령어를 사용해 다음처럼 접속할 수 있다(윈도우 7에서는 텔넷이 기본적으로 꺼져 있다. 텔넷을 사용하려면 설정에서 사용함으로 바꿔야 한다).

```
$ telnet localhost 8124
Trying ::1...
telnet: connect to address ::1: Connection refused
Trying 127.0.0.1...
Connected to localhost.
```

```
Escape character is '^]'.
Hello
```

클라이언트에 'Hello'가 출력됐다. 접속을 종료하고 서버 쪽을 보면 다음과 같이 출력된다.

```
$ node createServer.js
서버가 8124포트로 연결됐습니다.
서버에 연결됐습니다.
연결이 종료됐습니다.
```

생성된 TCP 서버는 `net.Server` 클래스의 객체이고, 새로운 연결을 받기 위해 `net.Socket`의 객체이기도 하다. TCP 서버는 `server.listen(port, [host], [listeningListener])`를 실행하면 특정 호스트와 포트로부터 연결을 받기 시작한다. host를 생략하면 IPv4에 맞는 모든 주소로부터 연결을 받고, port에 0을 설정하면 임의의 포트를 선택한다. `server.listen()` 함수는 비동기 함수이므로 port로 전달한 포트에 서버가 바인딩되면 listening 이벤트가 발생한다. listeningListener 파라미터에 콜백 함수를 지정하면 listening 이벤트 리스너에 추가한다. `server.address()`는 서버에 호스트와 포트에 대한 정보가 담겨 있으며 `{"port":8124,"family":2,"address":"0.0.0.0"}`와 같은 형식이다. `server.pause(msecs)`는 msecs 밀리초만큼 서버가 새로운 요청을 받지 않는다. `pause()` 함수는 DoS 공격처럼 서버에 부하가 심할 때 유용하다.

`server.close()`를 사용하면 더 이상 서버가 새로운 요청을 받지 않는다. `close()` 함수는 비동기로 실행되므로 완료되면 close 이벤트가 발생한다. `server.maxConnections`를 설정하면 서버가 최대로 받아들일 수 있는 연결 수를 지정할 수 있고, `server.connections`를 사용하면 현재 서버의 동시 연결 수를 알 수 있다.

`net.Server`는 EventEmitter의 인스턴스이므로, 다음과 같은 예약된 이벤트가 있다.

- **listening 이벤트** `server.listen()`가 호출됐을 때 발생하는 이벤트로, 콜

백 함수는 `function () { }`다.

- **connection 이벤트** 새로운 연결이 생겼을 때 발생하는 이벤트다. 콜백 함수는 `function (socket) { }`이고, 파라미터인 `socket`은 연결된 소켓으로 `net.Socket`의 객체다.
- **close 이벤트** 서버가 닫혔을 때 발생하고, 콜백 함수는 `function () { }`다.
- **error 이벤트** 서버에서 에러가 생겼을 때 발생하는 이벤트로, `error` 이벤트가 발생한 뒤 이어서 `close` 이벤트가 발생한다.

서버에서 `connection` 이벤트가 발생하면 콜백 함수로 소켓이 전달된다. 실제 서버의 로직은 대부분 이 소켓을 이용해 작성하며, `net.Socket`의 객체다. `net.Socket`은 TCP나 유닉스 소켓의 추상 객체로, 이중 통신 방식의 스트림 인터페이스를 구현했다.

`socket.setEncoding(encoding=null)`은 소켓으로 받는 데이터의 인코딩을 지정한다. `encoding`에는 `ascii`, `utf8`, `base64`를 쓸 수 있다.

소켓에 데이터를 보내려면 `socket.write(data, [encoding], [callback])`을 사용하고, `encoding`은 `data`가 문자열일 때 설정하며 기본 값은 UTF-8 인코딩이다. 커널 버퍼로 모든 데이터를 보내면 `true`를 돌려주고, 일부가 메모리에 큐로 쌓여 있을 때는 `false`를 돌려준다. 버퍼가 비워져 다시 사용할 수 있게 되면 `drain` 이벤트가 발생한다. `callback`에 지정된 콜백 함수는 데이터가 모두 쓰였을 때 호출된다.

소켓을 종료하려면 `socket.end([data], [encoding])`을 사용한다. `end()` 함수는 FIN 패킷을 보내 소켓을 닫기 때문에 서버 쪽에서는 여전히 데이터를 보낼 수 있다. `end()` 함수에 `data`와 `encoding` 파라미터를 전달하면 `socket.write()` 실행 후 `end()`를 실행한 것과 같다.

`socket.pause()`는 소켓에서 데이터를 읽는 것을 멈추기 때문에 더 이상 `data` 이벤트가 발생하지 않는다. 다시 데이터를 받으려면 `socket.resume()`을 실행한다. `socket.remoteAddress`는 접속한 클라이언트의 원격 IP를 돌려준다. 소켓으로 데이터를 보내는 `socket.write()`는 언제나 동작해야 하지만 네트워크가 느려지는 등의 이유로 소켓으로 보낼 데이터를 보관할 수 없을 때 데이터를 큐에 넣고

보낼 수 있는 상황이 되면 전송한다. `socket.bufferSize`를 사용하면 소켓에 쓰기 위해 현재 버퍼에 있는 캐릭터의 크기를 알 수 있다. 버퍼에 존재하는 문자열은 실제 데이터를 보낼 때 인코딩되기 때문에 `socket.bufferSize`가 알려주는 크기는 인코딩되기 전의 문자 크기다. 버퍼 값이 너무 커져 병목현상이 생길 때 `pause()`와 `resume()`으로 조절할 수 있다.

`net.Socket`도 EventEmitter의 인스턴스이므로 다음과 같은 이벤트를 사용할 수 있다.

- **connect 이벤트** 소켓 연결이 이뤄졌을 때 발생하고, 콜백 함수는 `function () { }`다.
- **data 이벤트** 소켓에서 데이터를 받았을 때 발생한다. 콜백 함수는 `function (data) { }`이고, `data`는 Buffer나 문자열이 된다.
- **end 이벤트** 소켓으로 FIN 패킷을 받았을 때 발생하고, 콜백 함수는 `function () { }`다.
- **drain 이벤트** 쓰기 버퍼가 비워졌을 때 발생하고, 콜백 함수는 `function () { }`다.
- **error 이벤트** 에러가 생겼을 때 발생하며, 콜백 함수는 `function (exception) { }`다. error 이벤트가 발생한 뒤 이어서 close 이벤트가 발생한다.
- **close 이벤트** 소켓이 완전히 닫혔을 때 발생한다. 콜백 함수는 `function (had_error) { }`이고, `had_error`는 소켓을 닫는 중 에러가 발생했는지를 나타내는 불리언 값이다.

3.9 HTTP와 HTTPS

HTTP 모듈은 `require('http')`로 사용하고 서버와 클라이언트를 모두 제공한다. HTTPS 모듈은 `require('https')`로 사용하고 내부적으로 TLS/SSL 모듈에 기반을 둔다는 점 외에는 HTTP 모듈과 사용법이 거의 같다. 사용법이 비슷하므로 HTTP 모듈 위주로 설명한다. `http.Server`는 EventEmitter의 객체로 다음과 같은 이벤트를 사용할 수 있다.

- **request 이벤트** 요청이 들어올 때마다 발생하며, 콜백 함수는 `function (request, response) { }`다. 콜백 함수의 `request`는 `http.ServerRequest`의 객체이고, `response`는 `http.ServerResponse`의 객체다.
- **connection 이벤트** 새로운 TCP 스트림이 생성되면 발생하는 이벤트로, 콜백 함수는 `function (socket) { }`다. `socket`은 `net.Socket`의 객체다.
- **close 이벤트** 서버가 닫힐 때 발생하며, 콜백 함수는 `function () { }`다.

HTTP 서버를 생성하려면 `http.createServer([requestListener])`를 실행한다. 파라미터로 전달한 `requestListener` 함수는 자동으로 `request` 이벤트에 등록된다. `createServer`로 생성한 서버 객체에서 `server.listen(port, [hostname], [callback])`을 실행하면 서버가 지정된 호스트와 포트로부터 연결을 받기 시작한다. `hostname`를 생략하면 모든 IPv4 주소의 요청을 받아들인다. `listen` 함수는 비동기 함수로, 바인딩이 완료되면 `callback`에 등록된 함수가 실행된다.

`server.close()`를 실행하면 서버는 더 이상 새로운 연결을 받지 않는다.

HTTP 요청의 객체인 `http.ServerRequest`도 `EventEmitter`의 객체로 다음과 같은 이벤트를 사용할 수 있다.

- **data 이벤트** 메시지 바디의 일부를 받으면 발생하는 이벤트로, 콜백 함수는 `function (chunk) { }`다.
- **end 이벤트** 요청이 종료될 때 요청당 딱 한번만 발생하는 이벤트로, end 이벤트 후에는 더 이상 `data` 이벤트가 발생하지 않는다. 콜백 함수는 `function () { }`다.

`http.ServerRequest`에는 요청의 정보를 알 수 있는 멤버 변수가 있다. `request.method`는 GET이나 POST 같은 HTTP 메소드를 돌려주고, `request.url`은 요청의 URL을 나타낸다. `request.headers`로 헤더 정보를 알 수 있으며, `request.httpVersion`은 HTTP 요청의 버전을 나타낸다. 요청 바디의 인코딩은 `request.setEncoding(encoding=null)`로 설정한다. `encoding`은 utf8이나 binary를 사용할 수 있으며, 기본 값인 null일 때 Buffer 객체를 사용한다. `request.pause()`와 `request.resume()`을 사용하면 요청에서 이벤트가 발생하

는 것을 멈추거나 재개할 수 있다.

HTTP 응답 객체인 `http.ServerResponse`는 Writable Stream이다. `response.writeHead(statusCode, [reasonPhrase], [headers])`를 사용해 응답 헤더를 지정한다. `statusCode`는 200이나 404 같은 HTTP 상태 코드이고, `headers`는 `{'Content-Length': body.length}`처럼 헤더 정보를 JSON으로 지정한다. `response.write(chunk, encoding='utf8')`을 사용하면 응답 바디의 청크chunk 데이터를 보낸다. 응답을 종료하려면 `response.end([data], [encoding])`을 사용하고, 모든 응답은 반드시 `end()` 함수가 실행해야 한다. `end()` 함수에 `data`를 지정하면 `write(data)`를 실행한 후 `end()`를 실행한 것과 같다.

3.10 URL과 쿼리 문자열

URL에 대한 모듈은 URL과 QueryString 두 가지가 있다. URL 기본 모듈은 `require('url')`로 사용한다.

```
$ node
> var url = require('url');
undefined
> url.parse('http://domain/tags/search?q=node.js&page=2&year=2011');
{ protocol: 'http:',
  slashes: true,
  host: 'domain',
  hostname: 'domain',
  href: 'http://domain/tags/search?q=node.js&page=2&year=2011',
  search: '?q=node.js&page=2&year=2011',
  query: 'q=node.js&page=2&year=2011',
  pathname: '/tags/search',
  path: '/tags/search?q=node.js&page=2&year=2011' }
```

`url.parse(urlStr, parseQueryString=false, slashesDenoteHost=false)`는 파라미터로 받은 URL 문자열을 호스트명이나 쿼리 문자열, 경로 등으로 파싱한

객체를 돌려준다. `parseQueryString`은 쿼리 문자열을 추가로 파싱할 것인지를 지정하고, 기본 값은 `false`다.

```
> url.parse('http://domain/tags/search?q=node.js&page=2&year=2011', true);
{ protocol: 'http:',
  slashes: true,
  host: 'domain',
  hostname: 'domain',
  href: 'http://domain/tags/search?q=node.js&page=2&year=2011',
  search: '?q=node.js&page=2&year=2011',
  query:
   { q: 'node.js',
     page: '2',
     year: '2011' },
  pathname: '/tags/search',
  path: '/tags/search?q=node.js&page=2&year=2011' }
```

`parseQueryString`에 `true`를 전달하면 쿼리 문자열을 키와 값으로 분리해 객체로 만든다. `slashesDenoteHost`에 대한 값으로 슬래시(/)가 호스트를 나타내는지 지정하며, 기본 값은 `false`이다. 이 옵션은 `http://`처럼 프로토콜이 붙은 경우는 알아서 파싱하므로 영향을 받지 않는다.

```
> url.parse('//domain/search', false);
{ pathname: '//domain/search',
  path: '//domain/search',
  href: '//domain/search' }
> url.parse('//domain/search', false, true);
{ slashes: true,
  host: 'domain',
  hostname: 'domain',
  href: '//domain/search',
  pathname: '/search',
  path: '/search' }
```

이처럼 `slashesDenoteHost`를 `true`로 지정하면 `path`를 호스트명과 경로로 구분한다.

```
> var obj = url.parse('http://domain/tags/search?q=node.js');
undefined
> url.format(obj);
'http://domain/tags/search?q=node.js'
```

`url.format(urlObj)`를 사용하면 이처럼 URL 객체를 다시 URL 문자열로 만든다.

```
$ node
> var qs = require('querystring');
undefined
> qs.stringify({q:'nodejs', year:2011});
'q=nodejs&year=2011'
> qs.stringify({q:'nodejs', year:2011}, ';');
'q=nodejs;year=2011'
> qs.stringify({q:'nodejs', year:2011}, ';', ':');
'q:nodejs;year:2011'
```

쿼리 문자열은 URL에서 ? 뒤에 붙는 값을 의미하며, 쿼리 문자열 모듈은 `require('querystring')`으로 사용한다. `querystring.stringify(obj, sep='&', eq='=')`는 JSON 객체의 키와 값을 이용해 쿼리 문자열로 만든다. `sep`는 구분자로, 기본 값은 URL에서 사용하는 &이다. `eq`는 키와 값을 연결하는 문자열로, 기본 값은 =이다. 이 두 값을 다른 값으로 지정하면 URL 형식 외에 원하는 대로 문자열로 만들 수 있다.

```
> qs.parse('q=nodejs&year=2011');
{ q: 'nodejs', year: '2011' }
> qs.parse('q=nodejs;year=2011', ';');
{ q: 'nodejs', year: '2011' }
> qs.parse('q:nodejs;year:2011', ';', ':');
```

```
{ q: 'nodejs', year: '2011' }
```

querystring.parse(str, sep='&', eq='=')는 stringify의 반대로, 쿼리 문자열을 다시 JSON 객체로 변환한다. stringify처럼 parse도 sep와 eq로 파싱할 문자열의 구분자를 지정한다.

```
> qs.stringify({q:'nodejs', some:'한글'});
'q=nodejs&some=%ED%95%9C%EA%B8%80'
> qs.stringify({q:'nodejs', some:'%%'});
'q=nodejs&some=%25%25'
```

querystring 모듈에서는 문자열의 특수기호나 한글의 처리를 위해 escape나 encode 같은 함수도 제공하지만, 이처럼 이미 querystring.stringify 내부에서 사용한다.

3.11 자식 프로세스

노드는 ChildProcess 모듈로 자식 프로세스에 대한 기능을 제공한다. require('child_process').spawn(command, args=[], [options])는 command를 사용하는 자식 프로세스를 생성한다. options 파라미터의 기본 값은 { cwd: undefined, env: process.env, setsid: false }인데, cwd는 생성된 프로세스가 실행되는 디렉토리를 지정하고, env는 새 프로세스가 접근할 수 있는 환경 변수를 지정한다. setsid가 true이면 서브프로세스를 새로운 세션으로 생성한다. 그리고 생성된 자식 프로세스는 child.stdin, child.stdout, child.stderr 세 가지 스트림을 사용한다.

리스트 3.12　spawn.js

```
var spawn = require('child_process').spawn
    , ls = spawn('ls', ['-l', './']);

ls.stdout.on('data', function (data) {
```

```
    console.log('stdout: ' + data);
  });

  ls.stderr.on('data', function (data) {
    console.log('stderr: ' + data);
  });

  ls.on('exit', function (code) {
    console.log('child process exited with code ' + code);
  });
```

리스트 3.12는 `child_process.spawn`으로 현재 디렉토리의 파일 목록을 출력하는 `ls` 명령어를 사용한다. 생성된 `ChildProcess`도 `EventEmitter`의 객체이므로 리스트 3.12처럼 각 스트림에 이벤트 리스너를 등록할 수 있다. 리스트 3.12를 실행하면 다음과 같이 출력된다(spawn에서 사용한 ls 명령어는 유닉스 명령어이므로 윈도우에서는 정상적으로 동작하지 않는다. spawn 부분을 윈도우에서 사용 가능한 명령어로 바꾸면 사용할 수 있다).

```
$ node spawn.js
stdout: total 8
-rw-r--r--  1 outsider  staff  332 12 18 05:36 spawn.js

child process exited with code 0
```

`child_process.exec(command, [options], callback)`을 사용하면 command를 실행하고 결과를 돌려준다. 콜백 함수는 `function (error, stdout, stderr) { }`다. `options` 파라미터의 기본 값은 다음과 같다.

```
{ encoding: 'utf8',
  timeout: 0,
  maxBuffer: 200*1024,
  killSignal: 'SIGTERM',
  cwd: null,
  env: null }
```

timeout이 0보다 크면 timeout 밀리초 후에 프로세스를 종료하는데, 종료할 때는 killSignal을 이용한다. child_process.exec는 리스트 3.13처럼 사용할 수 있다.

리스트 3.13 exec.js

```
var exec = require('child_process').exec;

exec('cat *.js bad_file | wc -l',
  function (error, stdout, stderr) {
    console.log('stdout: ' + stdout);
    console.log('stderr: ' + stderr);
    if (error !== null) {
      console.log('exec error: ' + error);
    }
});
```

리스트 3.13에서 사용한 명령어인 cat은 유닉스 명령어로 파일의 내용을 출력한다. 리스트 3.13에서는 모든 자바스크립트 파일과 존재하지 않는 bad_file의 내용을 출력하는 명령어를 사용했다. wc는 단어나 글자 수를 세어주는 유닉스 명령어인데, -l 옵션을 붙이면 라인의 수를 센다. 이 두 명령어를 파이프(|)로 연결했으므로 cat으로 출력한 내용의 라인 수를 세어주는 명령어다. 리스트 3.13을 실행한 결과는 다음과 같다(cat 명령어도 유닉스 명령어이므로 윈도우에서는 사용할 수 없다).

```
$ node exec.js
stdout:       24

stderr: cat: bad_file: No such file or directory
```

라인 수가 stdout으로 전달됐고 명령어 실행 중 bad_file이 존재하지 않아 발생한 에러는 stderr로 전달됐다. 이 밖에도 파일을 실행하는 child_process.execFile() 함수나 자식 프로세스를 종료하는 child.kill() 함수 등이 제공된다.

3.12 클러스터

노드는 싱글 스레드로 동작하기 때문에 멀티프로세스의 이점을 얻지 못한다. I/O에 대한 처리는 이벤트 루프를 통해 좋은 성능을 보여주지만, CPU 계산양이 많은 부분에서는 취약한 면이 있다. 이 부분을 클러스터링을 통해 해결할 수 있는데, 0.6.0부터는 다중 프로세스의 로드밸런싱을 통합해 클러스터 모듈로 제공한다. 클러스터 모듈은 require('cluster')로 사용한다.

리스트 3.14 cluster.js

```
var cluster = require('cluster');
var http = require('http');
var numCPUs = require('os').cpus().length;

if (cluster.isMaster) {
  // 워커 생성
  for (var i = 0; i < numCPUs; i++) {
    cluster.fork();
  }

  cluster.on('death', function(worker) {
    console.log('worker ' + worker.pid + ' died');
  });
} else {
  // 워커프로세스는 HTTP 서버를 생성한다.
  http.Server(function(req, res) {
    res.writeHead(200);
    res.end("hello world\n");
  }).listen(8000);
}
```

cluster.isMaster와 cluster.isWorker로 현재 프로세스가 마스터 프로세스인지 워커 프로세스인지 알 수 있다. 내부적으로 process.env.NODE_WORKER_ID의 값이 undefined이면 마스터 프로세스로 판단한다. 리스트 3.14에서 마스터 프로세스일 경우에는 워커 프로세스를 생성하고 워커 프로세스에서는 HTTP 서버를 생성했다. 기본 모듈 중 하나인 OS 모듈을 이용하면 `require('os').cpus().length`로 CPU의 개수를 알 수 있으므로 프로세스마다 하나의 워커 프로세스를 갖게 CPU 개수만큼 `cluster.fork()`로 워커 프로세스를 생성한다. `cluster.fork()`는 마스터 프로세스만 호출할 수 있는 함수다. 클러스터에는 프로세스가 종료할 때 발생하는 `death` 이벤트가 있다. 리스트 3.14에서는 `cluster.on('death')`로 리스너를 등록해 프로세스가 종료할 때 프로세스 아이디를 출력해 줬지만 `death` 이벤트를 통해 프로세스가 죽을 때 `cluster.fork()`를 호출해 다시 프로세서를 생성하는 등의 작업을 할 수 있다.

각 워커 프로세스는 8000 포트로 연결을 받는 HTTP 웹 서버를 생성한다. 클러스터 모듈은 디버그 환경 변수가 지정돼 있을 때만 로그 메시지를 출력하므로 다음처럼 NODE_DEBUG 환경 변수를 지정하고 실행하면 워커 프로세스가 생성되는 로그 메시지를 볼 수 있다. 노드 0.6.0 버전에서는 기본적으로 클러스터 로그 메시지가 출력됐지만 0.6.1 버전부터는 환경 변수에 따라 출력하게 변경됐다(윈도우에서 환경 변수를 지정하려면 `SET NODE_DEBUG=cluster`를 실행한 후 `node cluster.js`를 실행한다).

```
$ NODE_DEBUG=cluster node cluster.js
28329,Worker send {"cmd":"online"}
28330,Worker send {"cmd":"online"}
28330,Worker send
{"cmd":"queryServer","address":"0.0.0.0","port":8000,"addressType":4}
28329,Worker send
{"cmd":"queryServer","address":"0.0.0.0","port":8000,"addressType":4}
28328,Master recv {"cmd":"online","_queryId":1,"_workerId":2}
28328,Master Worker 28330 online
28328,Master recv
{"cmd":"queryServer","address":"0.0.0.0","port":8000,
    "addressType":4,"_queryId":2,"_workerId":2}
28328,Master create new server 0.0.0.0:8000:4
28328,Master recv {"cmd":"online","_queryId":1,"_workerId":1}
28328,Master Worker 28329 online
28328,Master recv
```

```
{"cmd":"queryServer","address":"0.0.0.0","port":8000,
 "addressType":4,"_queryId":2,"_workerId":1}
28330,Worker recv {"_queryId":2}
28329,Worker recv {"_queryId":2}
```

테스트한 PC가 2개의 코어를 사용하므로 워커가 2개 생성됐다(각 라인 앞에 있는 번호는 프로세스 아이디인데, 이는 사용자마다 다르게 출력된다). 웹 브라우저에서 http://localhost:8000으로 접속하면 2개의 워커 프로세스가 이 요청을 처리한다. 내부적으로 cluster.fork()는 child_process.fork()에 기반을 두고 구현됐는데, cluster.fork()가 child_process.fork()와 다른 점은 생성한 서버가 워커 프로세스 사이에서 공유된다는 점뿐이다. 그 외에는 child_process.fork와 같으므로 cluster.fork()로 생성된 프로세스 간에 메시지를 전달할 수 있다. 리스트 3.15는 워커 프로세스에서 마스터 프로세스로 메시지를 전달해 전체 요청 수를 기록하는 예제다.

리스트 3.15 message.js

```javascript
var cluster = require('cluster');
var http = require('http');
var numReqs = 0;

if (cluster.isMaster) {
  // 워커 생성
  for (var i = 0; i < 2; i++) {
    var worker = cluster.fork();

    worker.on('message', function(msg) {
      if (msg.cmd && msg.cmd == 'notifyRequest') {
        numReqs++;
      }
    });
  }

  setInterval(function() {
    console.log("numReqs =", numReqs);
```

```
    }, 1000);
  } else {
    // 워커 프로세스는 HTTP 서버를 생성한다.
    http.Server(function(req, res) {
      res.writeHead(200);
      res.end("hello world\n");
      // 마스터 프로세스로 메시지를 보낸다.
      process.send({ cmd: 'notifyRequest' });
    }).listen(8000);
  }
```

각 워커 프로세스의 웹 서버에서 `process.send()`로 메시지를 보내고 마스터 프로세스에서 `worker.on('message')`로 리스너를 등록했다. message 이벤트 리스너에 notifyRequest 메시지가 전달되면 요청 수를 증가시키고 클러스터의 전체 요청 수를 출력한다.

```
$ node message.js
numReqs = 0
numReqs = 0
numReqs = 1
numReqs = 2
```

리스트 3.15를 실행하고 웹 브라우저에서 접속을 하면 요청의 개수가 증가하는 것을 확인할 수 있다. 클러스터의 사용 방법을 알았으므로 클러스터로 분산했을 때의 성능을 간단히 테스트해보자.

리스트 3.16   plain-server.js

```
var http = require('http');

http.Server(function(req, res) {
  res.writeHead(200);
  for (var i = 0; i < 1000000000; i++) {
  }
```

```
    res.end("hello world\n");
}).listen(8000);
```

리스트 3.16는 간단한 웹 서버로 요청이 들어오면 반복문을 10억 번 수행하고 응답을 보낸다. 노드에서 I/O는 비동기로 동작하므로 큰 부하를 주기 어렵다. 성능 테스트를 하려면 응답 속도가 프로세스가 요청을 처리하는 시간이 오래 걸리게 부하를 줄 필요가 있으므로 CPU 연산이 많은 반복문을 추가한 것이다. 리스트 3.17은 리스트 3.16과 같은 웹 서버를 클러스터로 작성한 것이다.

리스트 3.17 cluster-server.js

```
var cluster = require('cluster')
  , http = require('http')
  , numCPUs = require('os').cpus().length;

if (cluster.isMaster) {
  for (var i = 0; i < numCPUs; i++) {
    var worker = cluster.fork();
  }
} else {
  http.Server(function(req, res) {
    res.writeHead(200);
    for (var i = 0; i < 1000000000; i++) {
    }

    res.end("hello world\n");
  }).listen(8000);
}
```

CPU의 개수만큼 워커 프로세스를 생성하고 워커 프로세스 간에 공유하는 웹 서버를 생성했다. 웹 서버는 리스트 3.16에서 생성했던 웹 서버와 같다. 리스트 3.15와 리스트 3.16을 비교한 테스트 결과는 표 3.2와 같다.

리스트 3.16의 일반 웹 서버	리스트 3.17의 클러스터 웹 서버
14.127초	8.939초

표 3.2 일반 웹 서버와 클러스터를 사용한 웹 서버의 응답 속도 비교

테스트는 아파치벤치로 ab -n 10 -c 2 http://127.0.0.1:8000/ 명령어를 사용했다. 이 명령어는 동시 접속 2개로 총 10개의 요청이 완료되는 속도를 측정한다. 즉, 동시에 2개의 요청을 총 5번 보낸다. 표 3.2는 5번의 테스트를 진행해 수행 시간의 평균값을 나타낸 것인데, 리스트 3.17은 2개의 워커 프로세스가 요청을 나눠 처리했기 때문에 전체 응답 시간이 줄어든 것을 확인할 수 있다. 테스트한 환경이 2 코어였으므로 코어 수가 늘어나면 응답 시간은 더욱 줄어들 것이다.

3.13 TCP를 이용한 채팅 예제

지금까지 기본 모듈의 사용 방법을 살펴봤다. 기본 모듈의 사용 방법을 점검해보는 차원에서 네트워크 모듈로 TCP 채팅 프로그램을 작성해보자. 네트워크 모듈의 사용 방법은 3.8절을 참고하면 된다. 채팅의 구조를 생각하면 서버에 접속된 클라이언트를 서버가 모두 알아야 하고, 어떤 클라이언트가 메시지를 보냈을 때 모든 클라이언트에 해당 메시지를 전송해야 한다.

리스트 3.18 tcp-chat.js

```
var net = require('net')
  , sockets = [];

var server = net.createServer(function(socket) {
  sockets.push(socket);
});

server.listen(8000);
console.log('TCP 채팅 서버가 시작됐습니다.');
```

네트워크 모듈로서 8000 포트로 연결을 받는 TCP 서버를 만들었다. 연결된 클라이언트를 저장하기 위해 sockets 배열을 생성하고 TCP 서버의 모든 리스너에서 접근해야 하므로 tcp-chat의 멤버 변수로 선언했다. 새로운 연결이 생길 때마다 호출되는 TCP 서버의 콜백 함수 내에서 연결된 소켓을 sockets 배열에 추가한다. 이제 새로운 요청이 들어올 때마다 sockets 배열에 저장된다. 다음은 클라이언트가 메시지를 보내면 다른 클라이언트에게 보내주게 추가한 예제다.

리스트 3.19 tcp-chat.js(일부)

```
...
var server = net.createServer(function(socket) {
  sockets.push(socket);

  socket.on('data', function(data) {
    for (var i = 0; i < sockets.length; i++) {
      if (sockets[i] !== socket) {
        sockets[i].write(socket.remoteAddress + '님의 말: ' + data);
      }
    }
  });
});
...
```

3.8장에서 설명한 것처럼 연결된 소켓에서 새로운 데이터를 받으면 data 이벤트가 발생한다. data 이벤트에 리스너를 등록해 sockets 배열의 모든 소켓을 통해 받은 메시지를 다른 클라이언트에 전달한다. 메시지를 보낸 클라이언트에는 다시 메시지를 보낼 필요가 없으므로 sockets에서 현재 소켓과 같지 않을 때에만 socket.write() 함수로 메시지를 전송한다.

> **클로저(Closure)**
>
> 자바스크립트에 익숙하지 않다면 리스트 3.19에서 이상하게 생각되는 부분이 보일 것이다. socket.on('data', function(data) {})에 등록한 리스너는 나중에 data 이벤트가 발생했을 때 실행된다. 리스너가 실행되는 시점에 리스너 함수에는 socket 변수가 존재하지 않지만, 리스트 3.19에서 socket 변수를 그대로 사용했다.
>
> 이를 클로저(Closure)라고 부르는데, 자바스크립트는 클로저를 지원하는 언어다. 클로저를 사용하면 함수가 등록되는 시점에 참조할 수 있는 변수를 기억해뒀다가 실행 시점에도 사용할 수 있다. 그래서 리스너 내의 socket 변수는 클라이언트가 접속한 소켓을 그대로 참조한다. 클로저는 매우 강력한 기능이므로 자바스크립트를 제대로 사용하려면 클로저에 대해 따로 공부할 필요가 있다(http://ajaxian.kr/2011/02/13/avascript-context-closure-this4/).

이제 거의 완성됐다. 남은 작업은 클라이언트가 접속을 종료했을 때 해당 소켓을 관리하는 소켓 배열에서 삭제하는 것뿐이다.

리스트 3.20   tcp-chat.js(일부)

```
...
var server = net.createServer(function(socket) {
  sockets.push(socket);

  socket.on('data', function(data) {
    for (var i = 0; i < sockets.length; i++) {
      if (sockets[i] !== socket) {
        sockets[i].write(socket.remoteAddress + '님의 말: ' + data);
      }
    }
  });

  socket.on('end', function() {
    var i = sockets.indexOf(socket);
    sockets.splice(i, 1);
  });
```

```
});
...
```

서버에 end 이벤트 리스너를 등록했고 클라이언트가 접속을 종료하면 소켓에서 end 이벤트가 발생한다. end 이벤트가 발생하면 sockets 배열에서 현재 소켓의 위치를 찾아 제거한다. splice 함수는 자바스크립트 Array 객체의 함수로, 배열의 엘리먼트를 변경한다. splice는 첫 파라미터로 엘리먼트의 위치를 받고 두 번째 파라미터로 개수를 받는다. 예를 들어 [1,2,3,4,5].splice(2, 2)는 배열의 2번째 엘리먼트부터 2개를 제거해 [1,2,5]가 된다. 리스트 3.20에서는 사용하지 않았지만 세 번째 파라미터로 배열을 전달하면 삭제한 위치에 추가한다. 이제 TCP 채팅 서버가 완성됐다. node tcp-chat으로 실행하고 명령어 창을 여러 개 실행해 접속하면 다음과 같이 채팅할 수 있다.

```
$ telnet localhost 8000
Trying ::1...
telnet: connect to address ::1: Connection refused
Trying 127.0.0.1...
Connected to localhost.
Escape character is '^]'.
Hi~~~
127.0.0.1님의 말: Hello
say something
127.0.0.1님의 말: What??
```

간단한 TCP 채팅 프로그램이기는 하지만 20줄도 되지 않는 코드로 채팅 프로그램을 작성했다.

3.14 정리

3장에서는 노드가 제공하는 기본 모듈을 살펴봤다. 모든 모듈을 살펴볼 수는 없으므로 주요 모듈과 함수 위주로 설명했다. 3장에서 설명하지 않았지만, 암호화와 관련된 Crypto 모듈이나 보안 통신을 위한 TLS/SSL 모듈, 압축과 관련된 ZLIB 모듈도 있다. 기본 모듈은 노드 프로그래밍의 근간이 되므로 기본 모듈이 제공하는 기능을 파악하는 게 중요하다. 더 자세한 모듈의 사용법은 API 문서(http://nodejs.org/docs/latest/api/index.html)를 참고하면 된다.

04장 npm을 이용한 의존성 확장 모듈 관리

노드의 기본 모듈은 대부분 로우레벨 수준의 API를 제공한다. 실제 노드 애플리케이션을 작성하려면 더 강력하고 사용하기 편한 기능이 필요하다. 기본 모듈만 사용해 직접 작성할 수도 있지만, 이미 다른 개발자가 만든 수많은 확장 모듈이 있다. 확장 모듈을 사용하면 필요한 기능을 훨씬 빠르게 개발할 수 있다. 4장에서는 npm이라는 도구를 이용해 확장 모듈을 설치하고 관리하는 방법을 살펴본다. npm은 노드 표준으로 자리 잡았으므로 노드 프로그래밍을 하려면 반드시 익혀둬야 할 도구다.

4.1 npm 소개

npm(http://npmjs.org/)은 아이작 슐레터Isaac Z. Schlueter가 만든 노드를 위한 패키지 매니저다.[1] 노드 생태계에서 많은 개발자가 확장 모듈을 만드는데 이러한 확장 모듈의 관리를 쉽게 하게 도와주는 것이 npm이다. 클라이언트 자바스크립트 개발을 할 때 직접 작성한 자바스크립트로만 개발하지 않고 제이쿼리나 프로토타입 등의 라이브러리를 사용하듯이 노드에서도 여러 가지 확장 모듈을 이용해서 개발한다. 확장 모듈은 많은 개발자가 검증했을 뿐만 아니라 이미 있는 기능을 굳이 새로 만들어 쓸 필요는 없으므로 이미 존재하는 모듈을 이용하면 생산성을 상당히 높일 수 있다.

서버 프로그래밍의 경우 서버에 배포하거나 협업하는 개발자가 개발 환경을 설정할 때 소스가 의존하는 확장 모듈도 같이 설치돼야 한다. 의존하는 확장 모듈은 새로 추가되거나 버전이 바뀌는 경우도 많으므로 의존 모듈에 대한 관리가 필요하고, npm이 이 역할을 한다. 자바 개발자라면 최근 많이 사용하는 메이븐Maven (http://maven.apache.org/)의 의존성 라이브러리 관리 기능을 생각하면 된다(자바스크립트는 빌드가 필요 없으므로 메이븐의 빌드 관련 기능은 제공하지 않는다). 물론 개발자들이 사용하는 서브버전 같은 소스 형상 관리 도구를 이용해 의존성 모듈들도 관리하면 된다고

---

1. npm은 Node Package Manager의 약자로 알려졌지만, npm의 FAQ에 나와 있는 대로 "npm은 두문자어가 아니다(npm is not an acronym)."의 약자다. 사실 Node Package Manager라고 해도 무방할 텐데 왜 굳이 강조하는지는 모르겠지만, npm 문서에 따르면 커맨드라인에서 오른손으로만 npm 명령어와 옵션을 위한 -를 입력할 수 있게 지어진 것이다

생각할 수 있겠지만, 확장 모듈은 변경 내역을 추적할 필요가 없으므로 관리할 소스의 용량만 불필요하게 커지게 된다.

    npm은 모든 사용자가 접근할 수 있는 중앙저장소를 제공하고 각 노드 개발자가 자신이 만든 모듈을 패키징해 npm의 중앙저장소로 배포한다. 그래서 npm으로 중앙저장소에서 원하는 모듈을 가져다가 쉽게 설치하고 업데이트할 수 있다. 또한, npm은 package.json이라는 파일에 프로젝트관련 정보를 담고 있다. package.json 파일이 의존성 확장 모듈에 대한 정보도 담고 있으므로 package.json만 공유하면 각 개발자가 자신의 로컬 환경에서 필요한 의존 모듈을 설치할 수 있다. 확장 모듈의 버전을 변경할 때도 package.json만 수정해 공유하면 된다.

4.2 npm 설치

노드 0.6.3 버전부터는 npm이 노드에 포함됐다. 그래서 0.6.3 이상의 버전을 사용한다면 2장의 노드 설치 과정에서 npm도 같이 설치됐다. 노드가 설치된 폴더를 보면 npm도 같이 설치됐음을 확인할 수 있고, 2장에서 했듯 npm에 대한 환경 변수만 추가해주면 어디서나 npm 명령어를 사용할 수 있다. 커맨드라인에서 다음과 같이 입력해 버전 정보가 출력되면 npm을 사용할 준비가 완료된 것이다. 노드 0.6.6에 포함된 npm은 1.1.0-beta-4 버전이다.

```
$ npm -v
1.1.0-beta-4
```

노드에 포함된 npm을 사용하지 않고 따로 설치해 사용할 수도 있다.

```
curl http://npmjs.org/install.sh | sh
```

curl로 이 명령어를 실행하면 npm이 설치된다(curl이 설치돼 있지 않다면 설치를 해야 한다. http://curl.haxx.se/download.html에서 설치할 수 있다). 노드에 내장된 npm을 사용하든 직접 설치하든 설치된 후에는 npm도 npm으로 업데이트한다.

```
~ $ curl http://npmjs.org/install.sh | sh
% Total    % Received % Xferd  Average Speed   Time    Time     Time  Current
                                 Dload  Upload   Total   Spent    Left  Speed
100  7184  100  7184    0     0   1397      0  0:00:05  0:00:05 --:--:--  1697
tar=/usr/bin/tar
version:
bsdtar 2.8.3 - libarchive 2.8.3
fetching: http://registry.npmjs.org/npm/-/npm-1.0.106.tgz
0.6.6
1.0.106
cleanup prefix=/usr/local
find: /usr/local/lib/node: No such file or directory
find: /usr/local/lib/node: No such file or directory

All clean!
/usr/local/bin/npm -> /usr/local/lib/node_modules/npm/bin/npm-cli.js
/usr/local/bin/npm_g -> /usr/local/lib/node_modules/npm/bin/npm-cli.js
/usr/local/bin/npm-g -> /usr/local/lib/node_modules/npm/bin/npm-cli.js
npm@1.0.106 /usr/local/lib/node_modules/npm
It worked
```

그림 4.1 npm 설치 화면

그림 4.1처럼 에러 없이 정상적으로 설치되면 마지막에 'It worked'라고 출력된다. 노드 0.6.6 버전에 포함된 npm은 1.1.0-beta-4이지만 직접 설치한 경우 알파나 베타 버전이 아닌 안정 버전으로 설치된다. 현재 최신 안정 버전은 1.0.106이다. 노드처럼 npm도 /usr/local 디렉터리의 하위에 설치되므로 권한이 없는 사용자 계정이면 권한 에러로 설치에 실패한다. 이는 권한 문제이므로 sudo 명령어를 이용해 슈퍼유저 권한으로 설치할 수도 있지만 npm을 슈퍼유저 권한으로 설치하는 것은 별로 좋은 생각이 아니다. 설치 시 권한 에러가 생기면 다음 명령어로 현재 계정에 /usr/local에 대한 접근 권한을 추가하면 이 설치 에러를 해결할 수 있다(윈도우는 sudo 명령어가 없다. sudo는 슈퍼유저의 권한으로 실행하는 명령어로 윈도우에서 관리자 권한으로 실행하는 기능과 같다. 그래서 권한을 주는 다음 명령어는 윈도우에서는 필요 없다).

```
sudo chown -R $USER /usr/local
```

> **npm 0.x 버전과 1.x 버전**
>
> npm은 1.x로 업데이트되면서 동작 방식이 크게 변경됐다. 새로 설치하는 경우 자동으로 최신 버전이 설치되므로 신경을 쓰지 않아도 되지만, 이전의 0.x 버전을 이미 설치해놨다면 새로 설치 시 기존 설치된 노드 모듈들을 전부 삭제하고 다시 설치해야 한다. 1.x의 방식이 훨씬 체계적이고 현재 노드도 1.x 방식에 맞춰져 있으므로 이전 버전을 사용한다면 1.x 버전으로 업그레이드하기를 권한다.

> 기존 버전을 이미 설치해 놨다면 http://blog.nodejs.org/2011/05/01/npm-1-0-released/에 나온 업그레이드 방법을 참고해 다시 설치하면 된다. npm의 사용법은 4장에서 계속 설명하겠지만, npm 0.x 버전에 맞춰 개발된 뒤 업데이트되지 않은 일부 확장 모듈은 사용할 때 에러가 발생할 수 있다.

파라미터 없이 npm만 입력하면 사용할 수 있는 명령어 리스트를 볼 수 있다.

```
~ $ npm

Usage: npm <command>

where <command> is one of:
  adduser, apihelp, author, bin, bugs, c, cache, completion,
  config, deprecate, docs, edit, explore, faq, find, get,
  help, help-search, home, i, info, init, install, la, link,
  list, ll, ln, ls, outdated, owner, pack, prefix, prune,
  publish, r, rb, rebuild, remove, restart, rm, root,
  run-script, s, se, search, set, show, star, start, stop,
  submodule, tag, test, un, uninstall, unlink, unpublish,
  unstar, up, update, version, view, whoami

npm <cmd> -h     quick help on <cmd>
npm -l           display full usage info
npm faq          commonly asked questions
npm help <term>  search for help on <term>
npm help npm     involved overview

Specify configs in the ini-formatted file:
  /Users/outsider/.npmrc
or on the command line via: npm <command> --key value
Config info can be viewed via: npm help config
```

4.3 npm을 이용한 확장 모듈 설치

npm은 중앙저장소에서 확장 모듈을 관리한다. 중앙저장소는 npm이 알아서 접근하기 때문에 별도 설정은 필요 없다. 직접 만든 모듈을 중앙저장소에 배포하거나 중앙저장소를 복사해 개인 npm 저장소를 만들 수 있지만, 이 책에서는 다루지 않는다. 이 글을 쓰는 시점에 5천여 개의 확장 모듈이 npm 중앙저장소에 등록돼 있고, 온라인에서 검색함으로써 알 수 있는 대부분 확장 모듈은 중앙저장소에 등록돼 있다.

npm은 확장 모듈의 설치를 글로벌 설치와 로컬 설치로 나눈다. 글로벌 설치와 로컬 설치를 구별하는 방법은 간단하다. 커맨드라인에서 명령어로 사용한다면(커맨드라인에서 npm이라고 입력하는 것처럼) 글로벌로 설치하고 소스에서 require('모듈명')으로 접근한다면 로컬로 설치한다. 글로벌 설치를 하면 /usr/local/lib/ 하위의 node_modules 디렉토리 아래에 설치되고, 로컬 설치를 하면 설치를 하는 현재 위치 기준으로 node_modules 디렉토리에 설치된다. 글로벌 설치의 경우에는 npm 설치 경로에 따라 달라질 수 있으며, 윈도우에서는 사용자 폴더\AppData/Roaming 아래 설치된다.

글로벌 설치

확장 모듈 중 커맨드라인에서 유틸리티 도구처럼 사용할 수 있는 모듈이 있다. 커맨드라인에서 사용하는 모듈은 노드로 작성한 소스와는 의존성을 갖지 않는 도구로 개발 단계의 편의성 등을 위해 사용한다. 예를 들어 테스트 케이스를 실행하는 테스트 도구나 디버깅 도구가 여기에 속한다. 이런 확장 모듈은 다음과 같이 글로벌로 설치한다.

```
$ npm install nodemon -g
```

이 명령어는 `nodemon`이라는 모듈을 글로벌로 설치하는 명령어다. npm의 사용법은 npm [명령어] [타겟 모듈 이름] [옵션]과 같은 형식으로, 옵션의 위치는 마지막에 붙이지 않아도 된다. 이 명령어를 실행한 결과를 그림 4.2에서 확인할 수 있다.

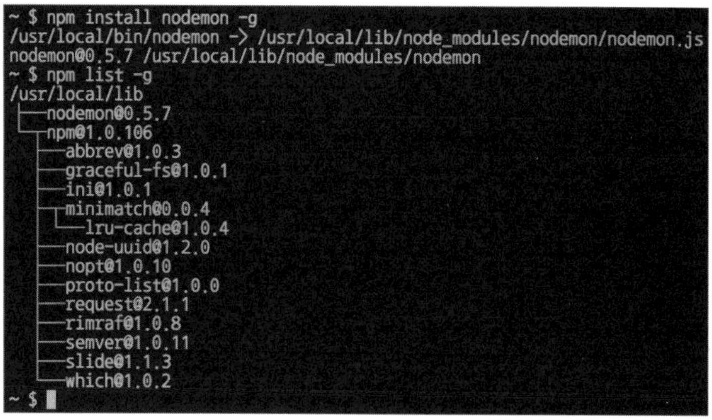

그림 4.2 nodemon을 글로벌로 설치하는 화면

　그림 4.2를 보면 nodemon 설치 후 `npm list -g`를 입력해 글로벌에 설치된 모듈의 리스트를 확인했다. nodemon과 npm이 설치돼 있고 트리 구조로 출력되기 때문에 각 모듈이 의존하는 모듈 구조까지 한눈에 파악할 수 있다. `npm list -g`는 `npm ls -g`와 같은 명령어다. 더 자세한 정보로 리스트를 출력하고 싶으면 `npm la -g`나 `npm ll -g`를 사용한다.

> **nodemon이란?**
>
> 글로벌 설치를 설명하기 위해 nodemon(https://github.com/remy/nodemon)을 설치했는데, 어떤 모듈이길래 글로벌로 설치했는지 궁금할 것이다. 3장까지의 예제에서 봤듯 node 명령어로 노드 애플리케이션을 실행하면 소스가 메모리에 올라가기 때문에 소스를 수정해도 애플리케이션이 실행되는 중에는 적용되지 않는다. 예를 들어 node example로 실행을 하면 example.js 파일을 수정하더라도 실행된 노드 애플리케이션은 수정 전의 example.js로 동작한다. 수정된 소스를 적용하려면 실행된 애플리케이션을 종료하고 다시 실행해야 한다.
>
> 　소스를 수정하고 적용된 결과를 확인하기 위해 매번 재시작하는 것은 간단한 명령어임에도 귀찮은 작업이다. nodemon은 매번 재시작해야 하는 반복 작업을 자동화하는 도구다. node example로 실행하는 대신 nodemon example로 실행하면 현재 폴더 하위에 있는 자바스크립트 파일을 감시하다가 파일이 수정되면 자동으로 재시작한다. 소스를 핫디플로이하는 방식은 아니지만, 노드 애플리케이션은 실행되는 데 시간이 거의

> 걸리지 않으므로 nodemon을 이용하면 상당한 생산성을 얻을 수 있다. nodemon은 커맨드라인에서 명령어로 실행하기 때문에 로컬에 설치하지 않고 글로벌로 설치했다. 글로벌로 설치하면 어디에서든지 커맨드라인으로 nodemon 명령어를 사용할 수 있다.

로컬 설치

로컬 설치는 소스에서 사용해야 하는 확장 모듈일 경우 사용한다. 로컬에 설치되는 확장 모듈은 애플리케이션 소스코드와 의존성이 있기 때문에 애플리케이션과 함께 관리돼야 한다. 그래서 각 애플리케이션의 로컬에 설치한다는 의미다. 확장 모듈을 로컬 설치하려면 작성하는 애플리케이션의 루트 디렉토리에서 다음과 같이 실행한다.

```
$ npm install request
request@2.2.9 ./node_modules/request
```

request 모듈을 로컬에 설치했다. 글로벌 설치와 다른 점은 -g 옵션이 없다는 점뿐이다. npm에서 로컬과 글로벌의 구분이 필요한 대부분의 명령어는 옵션 없이 사용하면 로컬로 동작하고, -g 옵션을 붙이면 글로벌로 동작한다. 앞에서 글로벌에 설치된 모듈을 확인하기 위해서 npm list -g를 사용했는데 글로벌 옵션 없이 npm list를 사용하면 로컬에 설치된 모듈을 확인할 수 있다.

```
$ npm list
/Users/outsider/projects/example
└── request@2.2.9
```

설치된 모듈은 '모듈명@버전' 형식으로 출력되고 프로젝트의 루트 디렉토리가 나타난다. 로컬에 설치된 모듈은 프로젝트의 루트 디렉토리에(여기서는 example 디렉토리) node_modules 디렉토리가 생기고 그 아래 설치된다. npm은 자동으로 프로젝트의 루트 디렉토리를 찾아주는데, 이미 example에 로컬 설치를 했기 때문에 example 하위의 디렉토리에서 로컬 설치를 해도 자동으로 example/node_modules 디렉토리에 설치한다. 현재 위치에 node_modules 디렉토리가 없으면 조상 디렉토리 중 node_modules가 있는 위치를 찾는다. node_modules가 있는 디렉토리를 찾지 못하면 현재 위치에 node_modules를 만들어 설치하고, node_modules를 찾으면 그 아래에 설치한다. 예를 들어 A라는 디렉토리가 프로젝트의 루트이면 최초의 모듈 설치는 A 디렉토리에서 해야 하지만, 그 이후부터는 A/B나 A/B/C에서 설치해도 A/node_modules에 설치된다. 참고로 한 번에 여러 모듈을 설치할 때는 다음처럼 설치할 모듈을 연속으로 써준다.

```
npm install module1 module2 module3
```

모듈 중에는 글로벌 설치와 로컬 설치가 둘 다 필요한 때도 있다. 해당 모듈을 소스에서 사용하지만 추가로 커맨드라인에서 어떤 편의 기능을 제공하는 경우가 이에 속한다. 이런 모듈은 글로벌 설치와 로컬 설치를 따로 해주는 것이 좋다. `npm link`라는 명령어로 이중 설치를 해결할 수 있지만, 의존성은 모듈의 버전과도 연관되므로 같은 모듈이라도 소스가 의존하는 모듈과 커맨드라인에서 사용하는 모듈을 따로 관리하는 것이 더 좋다.

4.4 확장 모듈 검색

확장 모듈을 설치하려면 어떤 기능의 확장 모듈이 있는지 알아야 하고 npm 중앙저장소에 존재하는지도 알아야 한다. 구글 같은 검색엔진으로 'node.js' 키워드와 함께 필요한 기능을 검색하면 원하는 모듈을 찾을 수 있다. 확장 모듈의 웹페이지에 보통 npm을 이용한 설치 방법이 안내돼 있으므로 쉽게 모듈명을 알 수 있다. npm에서도 중앙저장소에 등록된 모듈을 검색할 수 있는 npm registry (http://search.npmjs.org/) 사이트를 제공한다.

```
              npm registry                    3485 total packages
Find packages...
                                              or browse packages.

         Latest Updates                Most Depended On
  quickcheck       just now          underscore          179
  ups_node         23 minutes ago    coffee-script       151
  snortjs          24 minutes ago    express             123
  pusher-wsapi     38 minutes ago    connect             123
  ast-transformer  57 minutes ago    request             120
  bufferjs         1 hour ago        optimist            105
  tilemill         1 hour ago        socket.io            78
  FileReader       1 hour ago        uglify-js            73
  trundle          1 hour ago        colors               71
  remedial         1 hour ago        redis                65
  mongoose         1 hour ago        vows                 60
  marked           1 hour ago        jsdom                58
  coffeedoc        1 hour ago        jade                 55
```

그림 4.3 npm registry 사이트

npm에 등록된 확장 모듈은 유일한 모듈명과 함께 간단한 설명을 포함하고 있으므로 필요한 기능의 키워드를 이용해 원하는 모듈을 검색할 수 있다. 원하는 모듈을 찾으면 모듈의 자세한 내용과 버전 정보를 그림 4.4처럼 확인할 수 있다.

```
                        npm registry

request      github
Last updated: 2 weeks ago
by: Mikeal Rogers

latest (2.2.9)    Description        Simplified HTTP request client.
2.2.9             Version                                     2.2.9
2.2.6             Tags                   [ http, simple, util, utility ]
2.2.5             Dependencies
2.2.0             Repository     git: git://github.com/mikeal/request.git
2.1.1             Bugs           url: http://github.com/mikeal/request/issues
2.1.0             Engines                              0 (node >= 0.3.6)
2.0.5
2.0.4
2.0.3
```

그림 4.4 npm registry에서 request 모듈의 상세 화면

npm registry 사이트에서 검색할 수도 있지만 커맨드라인에서 `npm search` 명령어로 검색할 수 있다. 트위터 관련 구현을 위해 트위터와 관련된 모듈을 찾을 경우 `npm search twitter`를 입력하면 그림 4.5처럼 twitter라는 단어가 포함된 모듈의 리스트가 출력된다.

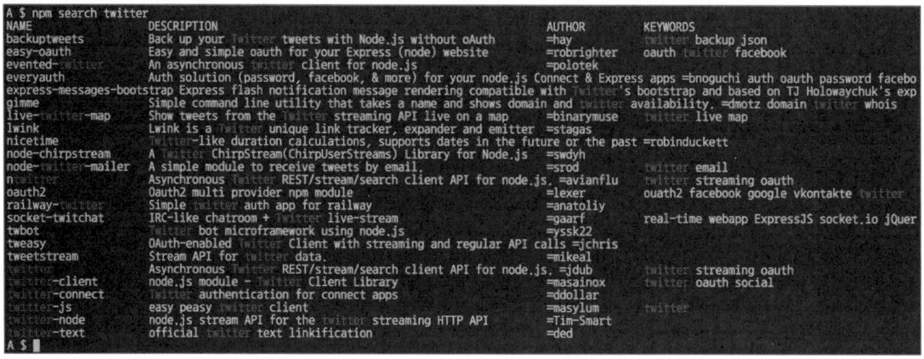

그림 4.5 npm search twitter

모듈명이나 설명, 키워드에 검색한 단어가 들어있는 모든 모듈을 찾아 출력한다. npm search는 검색 속도를 빠르게 하려고 최초 npm search 실행 시 확장 모듈에 대한 인덱스를 로컬에 저장한다. 그래서 최초 실행 시에는 인덱스 구성 중이라는 메시지와 함께 약간 시간이 걸리지만, 그 뒤부터는 빠르게 검색할 수 있다. npm search로 필요한 모듈을 찾았으면 npm info 모듈명 명령어로 모듈의 자세한 정보를 확인할 수 있다.

그림 4.6 npm info twitter-client의 결과

그림 4.6은 `npm info twitter-client`를 실행한 결과다. 모듈 작성자의 설명과 각 버전의 릴리즈 정보, 의존성, 라이선스 등 다양한 정보를 확인할 수 있고, 확장 모듈의 홈페이지 정보도 같이 표시하기 때문에 더 자세한 정보는 확장 모듈의 홈페이지에서 알 수 있다. 노드 프로젝트의 위키 페이지(https://github.com/joyent/node/wiki/modules)에도 확장 모듈의 리스트가 정리돼 있다.

4.5 설치된 확장 모듈 관리

모듈을 설치한 후 최신 버전에 대한 업데이트나 필요 없는 모듈 삭제 등의 관리가 필요하다.

```
$ npm update 모듈명
```

확장 모듈은 `npm update`로 업데이트한다. 지정한 모듈의 새 버전이 있을 때는 새 버전으로 업데이트하고, 새로운 버전이 없으면 아무 일도 하지 않는다. 글로벌로 설치된 모듈은 `npm update 모듈명 -g`처럼 -g 옵션을 붙인다. 특별히 모듈을 지정하지 않고 로컬에 설치된 모듈을 모두 업데이트하려면 모듈명 없이 `npm update`를 실행하고, 글로벌로 설치한 모듈을 모두 업데이트하려면 -g 옵션을 붙인다. 특별한 이유가 없다면 대부분 모듈을 최신 버전으로 유지하겠지만 때로는 특정 버전을 사용하고 싶을 때가 있다. 호환성을 테스트하거나 최신 버전에 어떤 에러가 있어 최신 버전이 아닌 특정 버전을 사용해야 할 때가 그런 때다. 버전을 지정해 설치하고 싶다면 다음처럼 모듈명 뒤에 @를 붙이고 버전을 명시한다.

```
$ npm install 모듈명@버전
```

예를 들어 `npm install request@2.9.0`처럼 사용한다. 버전 명시는 업데이트 명령어에서는 동작하지 않는다. 물론 버전을 명시해 설치했을 때도 `npm update`를 실행하면 최신 버전으로 다시 업데이트된다. 모듈의 이전 버전 정보를 알고 싶다면 `npm info 모듈명` 명령어로 알 수 있다. 모듈이 더 이상 필요치 않아 설치된 모듈을 삭제하려면 `uninstall` 명령어를 사용한다.

```
$ npm uninstall 모듈명
```

uninstall 명령어를 사용하는 대신 node_modules에 있는 모듈의 디렉토리를 삭제해도 똑같다.

4.6 package.json을 이용한 프로젝트 관리

노드로 확장 모듈을 작성하면 npm을 이용해 중앙저장소로 배포할 수 있다. 배포할 때 모듈에 대한 정보를 package.json 파일에 저장한다. 앞에서 npm search나 npm info로 확인한 정보는 각 모듈의 package.json에 저장된 정보다. package.json 파일은 배포되는 모듈의 정보를 담기 위해 만들어졌지만, 노드로 작성하는 애플리케이션도 package.json 파일을 사용해 관리할 수 있다. package.json은 npm이 마음대로 정한 것이 아니라 CommonJS의 Package/1.0(http://wiki.commonjs.org/wiki/Packages/1.0) 명세다. 이제 package.json을 자세히 살펴보자. 다음은 간단한 package.json 파일의 내용이다.

```
{
  "name": "application-name"
  , "version": "0.0.1"
  , "private": true
  , "dependencies": {
    "express": "2.4.6"
    , "jade": ">= 0.0.1"
  }
}
```

확장자가 .json임을 보고 예상했겠지만 JSON으로 프로젝트에 대한 정보를 저장한다. 그리고 package.json은 반드시 프로젝트의 루트 위치에 있어야 한다. package.json에서 사용할 수 있는 속성이 많이 있지만 알아둬야 할 속성 위주로 살펴보자. 더 자세한 정보는 npm의 레퍼런스 문서(https://github.com/isaacs/npm/blob/master/doc/cli/json.md)를 참고하라.

name

프로젝트 이름이다. npm 중앙저장소에 배포한다면 version과 함께 필수 항목이다. 배포할 때 모듈의 유일한 키 값으로 쓰인다. URL로 사용되고 설치 시 디렉토리명이 되기 때문에 URL이나 디렉토리에서 쓸 수 없는 이름은 사용하지 않는다. 또한 js나 node 같은 문자를 포함하지 않기를 권하지만 npm 중앙저장소에 배포하지 않는다면 이런 제한은 따르지 않아도 된다.

version

프로젝트의 버전을 표시한다. 배포될 모듈일 경우 필수 항목이며, 버전을 기반으로 설치되기 때문에 프로젝트 내에서 유일한 값이어야 한다. v로 시작할 수 있으며 3단계의 버전을 사용하는데, 뒤에 하이픈(-)으로 태그명을 적을 수 있다. 예를 들어 '0.1.2', '0.1.2-beta' 등이 가능하다. name과 마찬가지로 배포할 목적이 아니라면 이 규칙에 제약을 받지 않아도 된다.

description

프로젝트의 설명이며, npm search를 사용할 때 검색에 포함된다.

keywords

프로젝트의 키워드를 문자열의 배열로 작성하고 npm search를 할 때 keywords에 적은 문자열도 같이 찾아준다. 예를 들어 ['twitter', 'streaming', 'oauth']처럼 작성한다.

homepage

프로젝트의 홈페이지 주소를 작성한다.

author

작성자 정보로, Outsider<outsideris+nodejs@gmail.com>(http://blog.outsider.ne.kr) 과 같이 한 줄로 작성하거나 다음과 같이 JSON 형식으로 작성한다. email과 url은 옵션 필드다.

```
    { "name": "Outsider"
      , "email": "outsideris+nodejs@gmail.com"
      , "url": "http://blog.outsider.ne.kr"
    }
```

contributors

프로젝트에 참여한 공헌자 정보다. 보통 노드 확장 모듈이 오픈소스로 개발되기 때문에 공헌자의 항목이 따로 있다. `author`에서 사용한 형식을 배열로 적는다.

repository

소스를 확인할 수 있는 저장소의 주소를 다음과 같은 형식으로 작성한다.

```
"repository" :
{ "type" : "git"
  , "url" : "http://git-repository-url"
}
"repository" :
{ "type" : "svn"
  , "url" : "http://subversion-repository-url"
}
```

scripts

프로젝트에서 자주 실행해야 하는 명령어를 `scripts`에 작성하면 `npm` 명령어로 실행할 수 있다.

```
{ "scripts" :
  { "start" : "node app.js"
    , "install" : "make & make install"
    , "test" : "node ./test/*"
  }
}
```

이처럼 작성하면 프로젝트를 실행할 때 `node app.js`를 입력하는 대신 `npm start`라고 입력해 프로젝트를 실행할 수 있다. 명령어는 예약된 명령어가 있는데, `prestart`, `start`, `poststart`는 `npm start` 명령어에 의해 차례대로 실행되며, `pretest`, `test`, `posttest`는 `npm test` 명령어에 의해 `prestop`, `stop`, `poststop`은 `npm stop` 명령어에 의해 차례대로 실행된다. `npm restart` 명령어는 `prerestart`, `restart`, `postrestart`가 정의돼 있으면 사용하고, 정의돼 있지 않으면 `stop`과 `start`를 차례대로 수행한다. 더 자세한 사용 방법은 `npm help scripts`로 확인할 수 있다.

config

앞서 설명한 `scripts`를 사용해 `npm start` 등으로 실행하면 소스에서 `config` 필드에 있는 값을 환경 변수처럼 접근할 수 있다.

```
{ "config" : { "port" : "8080" } }
```

이처럼 `config` 필드를 작성하면 소스에서 `process.env.npm_package_config_port`로 접근해 8080의 값을 가져올 수 있다. 사실 `config`뿐만 아니라 모든 **package.json**의 값에 접근할 수 있는데, `npm_package_` 접두사가 붙고 그 뒤에 필드명을 차례대로 적는다. 예를 들어 `name`을 사용하고 싶다면 `npm_package_name`으로 접근한다. `config`에 설정된 값은 `scripts`에 정의된 **npm** 명령어로 실행했을 때만 가능하고, 직접 `node app.js`로 실행하면 없는 값이므로 `undefined`가 된다.

private

`private`을 `true`로 지정하면 이 프로젝트를 **npm** 중앙저장소로 배포하지 않는다. 배포할 목적이 아니라면 실수로 배포되는 것을 방지하기 위해 `true`로 설정하는 편이 좋다.

dependencies

배포할 목적이 아니라면 지금까지 설명한 필드들은 대부분 정보성이므로 그다지 유용하지 않다. 하지만 `dependencies` 필드를 설정하면 의존성 모듈의 관리를 할 수 있기 때문에 유용하다. npm으로 프로젝트에 필요한 확장 모듈을 설치했으면 프로젝트 소스가 확장 모듈에 의존성을 갖기 때문에 확장 모듈의 관리가 중요하다. 혼자서 개발하는 경우라면 그나마 낫지만, 공동으로 개발하면 함께 개발하는 모든 개발자가 같은 환경에서 개발해야 한다. 확장 모듈에 대한 관리가 없다면 의존성으로 말미암은 에러를 방지하기 위해 어떤 확장 모듈을 어떤 버전으로 사용해야 하는지 별도로 알려줘야 한다. 이는 꽤 번거로운 일이고 실수하기도 쉽다.

npm은 `dependencies` 필드로 의존 확장 모듈을 관리한다. 그래서 package.json만 공유한다면 누구나 의존성 모듈을 제대로 설치할 수 있다. 또한 package.json으로 확장 모듈을 관리할 수 있으므로 확장 모듈이 설치되는 `node_modules` 디렉터리는 소스 형상 관리 대상에서 제외시켜서 필요한 소스만 관리할 수 있다. `node_modules` 같은 디렉터리가 형상 관리에 포함되면 버전 업그레이드를 할 때 오히려 문제를 일으킬 소지가 다분하다.

```
{ "dependencies": {
    "express": "2.4.6"
    , "jade": ">= 0.0.1"
  }
}
```

`dependencies` 필드는 이와 같은 형식으로 작성한다. `express`와 `jade`가 모듈 이름이고, 뒤에 나오는 것이 버전 정보다(익스프레스와 제이드를 모르더라도 그냥 모듈의 이름이라는 것만 알면 된다. 이 두 모듈은 6장에서 자세히 다룬다). `dependencies` 필드에 의존성 확장 모듈을 명시한다. 버전을 표시하는 형식은 다음과 같다.

- **version** version과 일치하는 버전을 설치한다.
- **=version** 위와 같으며 version과 일치하는 버전을 설치한다.
- **>version** version보다 큰 최신 버전을 설치한다.

- `>=version` version보다 크거나 같은 최신 버전을 설치한다.
- `<version` version보다 작은 최신 버전을 설치한다.
- `<=version` version보다 작거나 같은 최신 버전을 설치한다.
- `~version` npm의 버전은 3단계 버전 번호 형식을 사용하는데, ~를 사용하면 최소한 version보다는 크거나 같으면서 상위 단계의 메이저 버전보다는 작은 범위 내의 최신 버전을 설치한다. 예를 들어 '~1'은 1.0.0보다 크거나 같고 2.0.0보다 작은 버전을 의미하고, '~1.2'는 1.2.0보다 크거나 같고 2.0.0보다 작은 버전을 의미한다. '~1.2.3'은 1.2.3보다 크거나 같고 1.3.0보다 작은 버전을 의미한다.
- `1.2.x` 1.2.x 형식에 맞는 최신 버전을 설치한다.
- `*` 별도의 버전을 명시하지 않고 최신 버전을 설치한다.
- `""` *와 같다.
- `version1 - version2` version1보다 크거나 같고 version2보다 작거나 같은 최신 버전을 설치한다.
- `range1 || range2` 위에서 설명한 버전 범위를 OR 조건으로 이어 붙인다. 예를 들어 >=1.0 || <1.2.2와 같이 작성한다.
- `http://....` tar 압축 파일의 URL을 작성하면 다운로드해 로컬에 설치한다.

dependencies를 명시하면 모듈 설치 시 모듈명을 지정하지 않고 프로젝트의 루트에서 npm install만 입력하면 dependencies에 있는 모듈을 버전 규칙에 맞게 설치한다. npm update를 실행했을 때 최신 버전이 있더라도 dependencies의 규칙에 맞는 범위 내에서만 업데이트되기 때문에 의존성 확장 모듈의 버전으로 인한 문제를 최소화할 수 있다.

devDependencies

dependencies와 같지만 이름에서 알 수 있듯 개발할 때만 필요한 모듈은 여기에 명시한다. 여기에 명시된 모듈은 config에 production이 true로 돼 있을 때는 설치하지 않는다. production의 기본 값은 false다. config 값은 npm config list -l 명령어로 확인할 수 있으며, 값을 바꾸려면 다음 명령어로 값을 설정한다.

```
npm config set production true
```

engine

CommonJS의 Pacakges/1.0에 따르면 엔진에 대한 정보를 배열로 작성하게 돼 있지만, 버전에 대한 정보는 따로 명시돼 있지 않다. `npm`에서는 `dependencies`에서 사용한 버전 표시 방식을 이용해 다음과 같이 작성한다.

```
{ "engines" : { "node" : ">=0.4.0 <0.4.11" } }
```

기반이 되는 엔진 버전을 표시하는 데 `npm`은 당연히 노드 기반이므로 노드의 버전을 적어주며, 노드의 호환 버전을 표시하는 정보성 필드다.

package.json 자동 생성

JSON은 간단한 포맷이지만 프로젝트를 만들 때마다 package.json을 만드는 것은 번거로운 일이고, 필드명을 기억하기도 쉽지 않다. `npm init` 명령어를 사용하면 기본적인 package.json을 만들 수 있다. 그림 4.7은 그 과정을 보여준다.

그림 4.7처럼 프로젝트 루트에서 `npm init`을 입력하면 기본적인 사항을 물어보고 적절한 값을 입력하면 그에 맞는 package.json을 생성한다. 추가로 다음처럼 `npm install`로 모듈 설치 시 `--save` 옵션을 사용하면 존재하는 package.json의 `dependencies` 필드에 자동으로 모듈에 대한 정보를 추가한다. `--save`로 추가하면 버전 정보는 '~현재 버전명' 방식으로 추가된다. 필요하다면 버전 범위 표시만 변경한다.

```
npm install 모듈명 --save
```

```
demo $ npm init
Package name: (demo) example
Description: example project for demo
Package version: (0.0.0) 0.0.1
Project homepage: (none) http://blog.outsider.ne.kr
Project git repository: (none) git://blahblah/
Author name: Outsider
Author email: (none) outsideris@gmail.com
Author url: (none) htp://blog.outsider.ne.kr
Main module/entry point: (none)
Test command: (none)
What versions of node does it run on? (~v0.4.10)
About to write to /Users/outsider/projects/nodejs/temp/demo/package.json

{
  "author": "Outsider <outsideris@gmail.com> (htp://blog.outsider.ne.kr)",
  "name": "example",
  "description": "example project for demo",
  "version": "0.0.1",
  "homepage": "http://blog.outsider.ne.kr",
  "repository": {
    "type": "git",
    "url": "git://blahblah/"
  },
  "engines": {
    "node": "~v0.4.10"
  },
  "dependencies": {},
  "devDependencies": {}
}

Is this ok? (yes) yes
demo $
```

그림 4.7 npm init으로 package.json을 생성하는 과정

4.7 정리

4장에서는 노드 프로그래밍에 필수 도구인 **npm**을 설명했다. npm을 이용하면 필요한 모듈을 쉽게 설치하거나 업데이트할 수 있으며, 프로젝트에서 필요한 의존성 모듈에 대한 관리도 쉽게 할 수 있다. 이후에 나오는 예제에서도 모두 **npm**을 이용해 모듈을 설치한다. 5장부터는 모듈 설치 시 간단히 설치 명령어만 언급할 것이므로 자세한 내용이 기억나지 않는다면 4장을 다시 참고하면 된다. 4장에서 설명한 주요 내용은 다음과 같다.

- npm은 노드의 확장 모듈을 관리한다.
- npm은 확장 모듈을 글로벌과 로컬로 나눠 설치한다.
- 커맨드라인에서 명령어로 사용하는 확장 모듈은 글로벌로 설치하고, `npm install 모듈명 -g` 명령어를 사용한다.
- 소스에서 `require()`로 사용하는 확장 모듈은 로컬로 설치하고 `npm install 모듈명` 명령어를 사용한다.

- `npm list`나 `npm list -g`를 사용하면 설치된 확장 모듈을 확인할 수 있다.
- **npm** 중앙저장소에 등록된 확장 모듈은 **npm registry** 사이트에서 검색할 수 있다.
- `npm search` 명령어로 원하는 모듈을 검색하고, `npm info` 명령어로 확장 모듈의 상세 정보를 확인할 수 있다.
- 설치한 확장 모듈을 업데이트하려면 `npm update`를 사용한다. 특정 모듈만 업데이트하려면 `npm update 모듈명`을 사용한다.
- 확장 모듈을 삭제하려면 `npm uninstall 모듈명`을 사용한다.
- 프로젝트 루트 디렉토리에 package.json 파일을 두어 프로젝트에 대한 정보를 저장할 수 있다.
- package.json 파일의 `dependencies` 필드에 확장 모듈 정보를 저장하면 `npm install`이나 `npm update` 명령어만으로 의존 모듈을 모두 설치하고 업데이트할 수 있다.

05장 트위터 백업 애플리케이션 예제

4장에서 npm을 배웠으므로 확장 모듈을 이용해 예제를 작성해보자. 트위터는 최근 6일간의 트윗만 보여주기 때문에 이전 트윗을 검색하기 어렵다. 트위터를 백업하는 서비스가 없거나(실제로는 여러 가지가 있다) 맘에 드는 것이 없다면 필요한 기능으로 직접 작성할 수 있다. 많이 사용하는 SNS 서비스 중 하나인 트위터에서는 보통 해시 태그라고 부르는 샵(#)으로 주제 단어를 작성한다. 원하는 해시 태그의 글을 정기적으로 로컬에 백업하는 애플리케이션을 작성해보자.

5.1 restler를 이용한 트위터 REST API 사용

트위터의 글을 가져오기 위해 트위터에서 제공하는 Open API를 이용한다. 트위터는 다양한 REST API를 제공하며, 검색에 대한 API는 https://dev.twitter.com/docs/api/1/get/search에서 확인할 수 있다. 검색 API는 다음과 같은 URL로 요청을 보내 트위터에 올라온 글을 가져온다.

```
http://search.twitter.com/search.json?q=text&result_type=recent&
 rpp=100&since_id=1
```

데이터는 JSON으로 받는 것이 편하므로 search.json이라고 지정하면 결과를 JSON으로 돌려준다. 쿼리 문자열에 검색어, 개수 등을 지정하는데, rpp는 요청 개수이고, q는 검색하고자 하는 문자열이며, since_id는 특정 아이디 이후의 트윗만 가져오는 부분이다. 트위터 검색 API는 인증 없이도 사용할 수 있으므로 예제의 간결함을 위해 이 API를 선택했다. 앞의 URL로 요청을 보내면 다음과 같은 결과를 받는다.

```
{ completed_in: 0.222,
  max_id: 124518852515213310,
  max_id_str: '124518852515213312',
  next_page: '?page=2&max_id=124518852515213312&q=text&rpp=100',
  page: 1,
  query: 'text',
  refresh_url: '?since_id=124518852515213312&q=text',
```

```
results:
  [ { created_at: 'Thu, 13 Oct 2011 16:16:22 +0000',
      from_user: 'twitpiclvr',
      ...
  } ],
results_per_page: 100,
since_id: 1,
since_id_str: '1' }
```

요청에 대한 아이디의 최댓값, 다음 페이지의 URL, 새로 고침 URL 등이 있고 results 키에 트위터의 글이 배열로 들어 있다. 트위터의 API 구조를 파악했으므로 트위터의 글을 가져오는 애플리케이션을 작성해보자. 노드도 HTTP에 대한 기본 모듈을 제공하지만, 좀 더 쓰기 편하게 만들어진 REST 관련 라이브러리를 쓰는 것이 좋을 것 같다. 검색을 통해 REST 클라이언트 라이브러리인 restler (https://github.com/danwrong/restler)를 찾았고 사용법도 간단하고 괜찮아 보인다. restler를 사용하기 위해 애플리케이션의 루트 디렉터리에서 npm으로 설치한다. 예제에서는 restler 0.2.3 버전을 사용했다.

```
$ npm install restler
```

restler의 사용법은 간단하다.

```
get(url, options)
post(url, options)
```

이와 같은 형식으로 GET과 POST로 요청을 보내고, 콜백을 통해 응답을 받고 restler가 content-type에 따라 응답을 자동으로 JSON이나 XML로 파싱한다. 이 함수는 다음처럼 사용한다.

```
rest.get('http://google.com').on('complete', function(data) {
});
```

```
rest.post('http://example.com/dosomething', {
  data: { key: value },
}).on('complete', function(data, response) {
});
```

restler의 사용법을 알았으므로 앞에서 살펴본 트위터 API를 사용해 트위터 글을 가져오기 위해 다음과 같이 작성했다.

리스트 5.1 app.js

```
var rest = require('restler');

var Tweet = {
  sinceId: '1'
  , getTweets: function(search, callback) {
    search = encodeURIComponent(search);

    rest.get(
      'http://search.twitter.com/search.json?q=' + search +
        '&result_type=recent' +
        '&rpp=100' +
        '&since_id=' + this.sinceId
    ).on('complete', function(data) {
      console.log(data);
    });
  }
}

Tweet.getTweets('#nodejs');
```

restler를 로컬에 설치했으므로 require로 restler 모듈을 불러와 rest 변수에 저장했다. require()에 상대 경로가 아닌 모듈명만 작성하면 npm이 모듈을 설치하는 node_modules 디렉토리에서 맞는 이름을 찾고, 없으면 기본 모듈에서 찾는다. 기본 모듈에서도 찾지 못하면 에러가 발생한다. 그리고 트위터와 관련된 부분을 담당하기 위한 Tweet이라는 객체를 생성했다. 만들려는 애플리케이션은 트위터에 올라온 글을 정기적으로 백업하는 것이므로 최근에 백업한 이후의 트윗들만 가져와야 한다. 그래서 특정 아이디 이후의 트윗들을 가져오기 위해 가장 최근에 백업한 아이디를 저장해둬야 한다. 최근에 백업한 아이디를 저장하기 위해 `sinceid` 멤버 변수를 만들었다. 그다음 실제로 트위터 API에 요청을 보내 데이터를 가져오는 `getTweets()` 함수를 만들어 검색을 요청할 파라미터를 받는다.

`getTweets()` 함수 내부에서 검색어인 `search` 파라미터를 URL에서 사용하기 위해 자바스크립트의 `encodeURIComponent`로 문자열을 인코딩했다. 생성한 URL로 트위터 검색 API에 요청을 보냈다. 검색어 부분인 q와 since_id는 파라미터와 멤버 변수에서 가져오고, 응답을 받았을 때 콜백으로 데이터를 넘겨줬다. 작성한 코드가 제대로 동작하는지 확인하기 위해 마지막 라인에 `#nodejs`라는 검색어로 `Tweet.getTweets`을 호출하고 API 요청의 결과를 출력했다. 이제 node app을 실행하면 JSON 결과가 화면에 출력된다. 트위터 API 서버가 정상적으로 동작한다면 100개를 요청했으므로 앞에서 본 형태의 JSON이 출력된다.

5.2 파일시스템 기본 모듈을 이용한 파일 저장

원하는 트위터의 글을 가져오는 부분을 작성했으므로 이제 가져온 내용을 저장하는 부분을 작성해야 한다. 데이터는 데이터베이스에 저장하는 것은 가장 일반적이지만 여기서는 복잡한 내용의 데이터가 아니므로 파일에 저장할 것이다. 가져온 내용을 파일에 저장하는 코드를 추가한 리스트 5.2를 살펴보자.

리스트 5.2 app.js

```
var rest = require('restler')
  , fs = require('fs');

var Tweet = {
  sinceId: '1'
  , getTweets: function(search, callback) {
    search = encodeURIComponent(search);

    rest.get(
```

```
      ...
    ).on('complete', function(data) {
      var text = "";
      data.results.forEach(function(elem, index, array) {
        text += elem.from_user + ': ' +
          elem.text + ' at' + elem.created_at + '\n';
      });

      fs.open('./tweets.txt', 'a', 0666, function(err, fd) {
        if(err) { throw err; }
        var buffer = new Buffer(text);
        fs.write(fd, buffer, 0, buffer.length, null
          , function(err) {
            fs.close(fd, function() {});
        });
      });
    });
  }
}

Tweet.getTweets('#nodejs');
```

파일시스템 모듈을 `fs` 변수에 저장하고 트위터 API 요청이 완료되는 `rest.get()`의 콜백 함수에서 `console.log()`로 출력하는 부분을 제거하고 전달받은 데이터를 파일에 저장한다. 조회한 JSON 데이터를 모두 저장할 필요는 없으므로 트위터 글을 갖는 `data.results` 배열을 순회하면서 '사용자 아이디 : 내용 at 등록일'의 형식으로 문자열을 만들어 `text` 변수에 저장했다.

`fs.open()` 부분이 실제로 데이터를 파일에 기록하는 부분이다. 3장에서 `fs.writeFile()` 함수를 살펴봤는데, 이번에는 3장에서 살펴보지 않았던 `fs.write()`를 사용한다. `fs.write()`를 사용하려면 먼저 파일을 열어야 하므로 `fs.open (path, flags, [mode], [callback])` 함수로 tweets.txt 파일을 열었다. `fs.open()` 함수의 `flags`는 파일의 기록 모드다. 기존 내용을 지우지 않고 내용을 추가해야 하므로 추가append를 의미하는 a로 지정했다. a 모드에서는 파일이 존재

하지 않으면 생성한다. 세 번째 파라미터인 `mode`는 유닉스의 파일 모드로 0666을 지정했는데, 이는 파일 소유자와 그룹과 그 외의 사용자가 모두 읽기와 쓰기가 가능하다는 의미다. 마지막 파라미터는 파일을 연 뒤에 호출될 콜백으로 에러와 파일 디스크립터인 `fd` 파라미터가 전달된다.

`fs.open()`의 콜백에서 파일에 내용을 작성하고 닫는다. `fs.write()`는 `fs.write(fd, buffer, offset, length, position, [callback])`으로 정의돼 있다. `fd`는 `fs.open()`에서 전달받은 파일 디스크립터를 전달한다. `buffer`는 기록할 내용인데, 버퍼 형식으로 전달하려고 `new Buffer(text)`를 사용해 앞에서 만든 `text` 변수의 내용을 버퍼로 만든다. `offset`, `length`는 버퍼에서 작성에 사용할 위치와 길이인데, 모두 기록할 것이므로 0과 버퍼의 길이로 지정했다. `position`은 파일에서 기록할 위치를 지정하는 부분으로 파일의 마지막에 계속 추가할 것이므로(기존에 백업한 내용은 지워지지 말아야 한다) `null`을 지정했다. 그리고 파일을 다 쓴 후에 호출되는 콜백 내부에서 `fs.close()`를 이용해 열었던 파일을 닫았다. 다시 노드 애플리케이션을 실행하면 tweets.txt 파일이 생성되고 트위터의 글이 저장된다.

> **fs.write의 파라미터 형식**

fs.write는 다음과 같이 정의돼 있다.

fs.write(fd, buffer, offset, length, position, [callback])

노드 API 문서에도 이렇게만 나와 있지만, 이것은 현재 버전의 정의이고 낮은 버전의 노드에서는 다음과 같이 정의됐다.

fs.write(fd, data, position, encoding, callback)

파라미터 개수도 다르지만 가장 큰 차이점은 두 번째 파라미터인 buffer와 data다. 과거 버전의 fs.write는 문자열로 data를 받았지만, 현재 버전은 버퍼 타입으로 buffer를 받는다. 하위 호환성을 위해 노드는 과거 버전의 fs.write도 지원하므로 두 번째 파라미터를 버퍼 타입이 아닌 문자열로 전달하면 자동으로 이전 버전의 fs.write로 동작한다. 하위 버전으로 동작하면 다섯 번째 파라미터를 콜백으로 사용하므로 주의해서 사용해야 한다.

API 요청 결과를 파일에 저장했지만, 아직 문제가 남아 있다. 백업하려면 기존의 백업된 내용 이후부터 백업해야 하는데 sinceId가 1로 고정돼 있다. 최근에 백업한 글의 최댓값 아이디를 저장해 두었다가 sinceId를 사용해 백업한 이후의 글만 가져오게 수정해야 한다. 다행히도 트위터 API는 결과에 max_id라는 키를 통해 가져온 트윗 중 가장 최신 아이디를 알려준다. 이 값을 파일에 저장했다가 다음 요청 시에 사용하면 된다. 또한 노드는 파일을 비동기로 다루기 때문에 백업 주기가 짧으면 기존에 쓰고 있는 파일에 쓰기를 시도할 수 있으므로 이에 대한 처리도 추가한다.

리스트 5.3   app.js(일부)

```
var rest = require('restler')
  , fs = require('fs');

var Tweet = {
  sinceId: '1'
  , isOpened: false
  , getTweets: function(search, callback) {
    search = encodeURIComponent(search);

    fs.readFile('./maxid.txt', function(err, maxId) {
      if (err) { Tweet.sinceId = 1; }
      else { Tweet.sinceId = maxId; }

      rest.get(
        ...
      ).on('complete', function(data) {
        ...

        if (!Tweet.isOpened) {
          fs.open('./tweets.txt', 'a', 0666, function(err, fd) {
            if(err) { throw err; }

            isOpened = true;
            var buffer = new Buffer(text);
            fs.write(fd, buffer, 0, buffer.length, null
```

```
                    , function(err) {
                        fs.close(fd, function() {
                            Tweet.isOpened = false;
                            fs.writeFile('./maxid.txt'
                                , data.max_id.toString()
                                , function(err) {}
                            );
                        });
                    });
                }
            });
        });
    }
}

Tweet.getTweets('#nodejs');
```

현재 파일을 쓰는 중인지 확인하는 `isOpened` 플래그를 `Tweet` 객체에 추가했다. 그리고 `getTweets()` 함수에서 트위터 API를 요청하기 전 maxid.txt 파일에서 최근에 백업한 아이디의 최댓값을 읽어왔다. maxid.txt는 백업한 아이디의 최댓값을 저장할 파일이다. 최초 실행 시에는 maxid.txt 파일이 존재하지 않으므로 파일이 존재하지 않는다는 에러가 발생한다. `fs.readFile()`의 콜백에서 에러가 있을 때는 `sinceId`의 값을 1로 할당하고, 에러가 없으면 파일에서 읽은 `maxId`를 `sinceId`에 할당했다. 파일에 백업할 때 `isOpened`가 `false`인 경우에만 파일을 쓰고, `isOpened`는 `fs.open()`에서 `true`로 바꾸고 `fs.close()`에서 다시 `false`로 지정했다. 마지막으로 트윗을 파일에 모두 백업한 뒤 `fs.writeFile()`을 사용해 maxid.txt에 `data.max_id`를 저장했다. maxid.txt는 추가 기록하지 않고 항상 새로 교체할 것이므로 `fs.write()`보다 간편한 `fs.writeFile()`을 사용했다.

5.3 백업 스케줄링

트윗을 백업하는 로직은 모두 작성했으므로 이 로직을 주기적으로 실행해야 한다. 물론 윈도우의 예약된 작업이나 유닉스의 크론탭crontab으로 노드 애플리케이션을 반복적으로 실행할 수 있지만, 여기서는 스케줄링도 노드로 작성하겠다. 검색을 해 보니 스케줄링 관리를 하는 node-schedule(https://github.com/mattpat/node-schedule)이 적당해 보인다. 다음처럼 npm을 이용해 설치하고 node-schedule 0.1.4 버전을 사용했다.

```
$npm install node-schedule
```

node-schedule 문서에 따르면 스케줄링을 세 가지 방법으로 할 수 있다. new Date로 지정한 날짜와 시간에 작동하거나 RecurrenceRule 함수로 동작할 시간의 규칙을 정해 동작하거나 크론 스타일의 반복 주기를 사용할 수 있다. 이 방법 중 RecurrenceRule을 이용한 방법으로 트위터의 글을 10분마다 백업하게 작성해보자.

리스트 5.4 app.js(일부)

```
var rest = require('restler')
  , fs = require('fs')
  , schedule = require('node-schedule');

var Tweet = {
  ...
}

var rule = new schedule.RecurrenceRule();
rule.hour = new schedule.Range(0, 23);
rule.minute = [0, 10, 20, 30, 40, 50];

var j = schedule.scheduleJob(rule, function(){
  Tweet.getTweets('#nodejs');
  console.log('Backup is completed at ' + new Date());
});
```

node-schedule의 객체를 schedule 변수에 저장하고 new schedule.RecurrenceRule()로 스케줄링 규칙을 갖는 객체를 생성했다. RecurrenceRule 객체로 스케줄링에 대한 반복 패턴을 설정할 수 있는데, rule.dayOfWeek로 요일을, rule.hour로 시간을, rule.minute로 분을 설정한다. 각 값은 단일 값으로 지정하거나 배열로 여러 값을 지정할 수 있다. 또한 schedule.Range를 사용하면 범위로 설정할 수 있다. 매시간 10분 간격으로 동작하게 시간과 분만 지정했다. 날짜는 지정하지 않았기 때문에 매일 동작한다. 24시간 동안 정해진 시각마다 동작하게 시간은 new schedule.Range(0, 23)으로 0시부터 23시까지를 설정하고, 정각, 10분, 20분, .., 50분에 동작하게 [0, 10, 20, 30, 40, 50] 배열을 minute에 지정했다.

이제 schedule.scheduleJob를 통해 스케줄링 잡을 생성한다. 앞에서 작성한 rule을 첫 번째 파라미터로 전달해 규칙을 지정하고, 실행할 함수를 두 번째 파라미터로 전달했다. 콜백 함수에서 "#nodejs"에 대한 트윗을 백업하려고 Tweet.getTweets 함수를 호출하고 백업이 정상적으로 동작한다는 것은 확인할 수 있게 로그 메시지를 출력했다. 리스트 5.4를 다시 실행하자.

```
$ node app.js
Backup is completed at Sun Dec 18 2011 20:30:00 GMT+0900 (KST)
Backup is completed at Sun Dec 18 2011 20:40:00 GMT+0900 (KST)
Backup is completed at Sun Dec 18 2011 20:50:00 GMT+0900 (KST)
```

로그가 10분마다 출력되면서 정상적으로 동작한다. 물론 예제를 위해 간단히 작성한 것이므로 추가해야 할 기능은 많이 있다. 한 번에 100개 이상의 글이 올라오면 API 결과를 확인해 다음 페이지가 있으면 추가로 가져와야 한다. 여러 가지 검색어에 대해 다른 파일로 백업하는 기능도 추가할 수 있다. 하지만 5장의 예제는 npm과 확장 모듈을 사용해 원하는 애플리케이션을 작성하는 과정을 보여주기 위함이었다.

5.4 서비스를 위한 노드 애플리케이션 실행

간단한 애플리케이션을 작성해봤는데 작성한 애플리케이션을 실제 서버에서 서비스해야 한다. 지금까지 노드 애플리케이션을 실행하면서 "node 파일명"과 같은 명령어를 사용했다.

```
$ node test.js
test application is launched
```

console.log() 등으로 로그 메시지를 출력하면 이처럼 로그 메시지를 출력한 상태로 멈춰 있거나 계속 로그 메시지를 출력한다. 실행된 애플리케이션은 Ctrl + C를 눌러 프로세스를 중단시키고 커맨드라인에 복귀할 수 있는데, 개발하는 중에는 이렇게 사용하는 데 아무런 문제없다. 하지만 서버에서 서비스하면 단순히 이렇게 실행해서는 서버에 접속한 커맨드라인을 닫아버리는 순간 노드 애플리케이션도 같이 종료된다. SSH로 서버에 접속할 때에도 SSH를 닫고 나오면서 같이 종료되므로 서비스할 때는 이 방법을 사용할 수 없다.

nohup을 이용한 실행

터미널을 닫으면서 애플리케이션이 종료되는 이유는 노드 애플리케이션이 세션에 연결돼 있기 때문이다. "node test.js &"처럼 백그라운드로 실행하면 커맨드라인은 정상적으로 사용할 수 있지만, 마찬가지로 세션에 연결돼 있으므로 사용자가 로그아웃하면 같이 종료된다. 서버에서 계속 동작하려면 노드 애플리케이션을 데몬 형태로 실행해야 한다(백그라운드 실행과 지금 살펴볼 nohup은 유닉스계열에서 제공하는 명령어로 윈도우에서는 사용할 수 없다).

```
nohup node test.js &
[2] 4892
appending output to nohup.out
```

이처럼 nohup 명령어로 실행하면 노드 애플리케이션이 데몬으로 실행된다. 사용자가 로그아웃해도 계속 동작한다(윈도우에서 서비스로 실행한 것과 유사하다).

```
$ ps -ef | grep node
501   4892   1131   0 11:21PM ttys001    0:11.58 node test.js
```

nohup으로 실행한 노드 애플리케이션의 프로세스는 ps 명령어로 확인할 수 있다. ps 명령어는 동작하는 프로세스의 리스트를 출력하는 명령어다. 파이프(|)로 grep 명령어와 연결해 프로세스 리스트 중 node라는 문자를 포함하는 프로세스만 출력했다. 이 프로세스는 kill -9 4892로 종료할 수 있다(4892는 프로세스 아이디로 사용자에 따라 달라진다). SSH로 접속해 nohup으로 애플리케이션을 실행했더라도 SSH를 종료한 뒤 애플리케이션이 console.log() 등으로 메시지를 출력하면 에러가 나면서 종료된다. 이는 SSH가 종료되면서 표준 출력이 함께 사라졌기 때문에 메시지를 출력할 곳이 없어 에러가 난 것이다. 이 문제를 해결하려면 표준 출력으로 출력되는 메시지를 다른 곳에 출력되게 해줘야 한다. 다양한 방법이 있지만 nohup node test.js > temp.log &처럼 >를 이용해 표준 출력을 파일에 저장되게 실행하면 된다. 이 명령어로 실행하면 test.js가 출력하는 메시지는 모두 temp.log에 저장된다.

포에버 확장 모듈을 이용한 실행

nohup을 이용해 데몬으로 실행하는 방법을 살펴봤는데, 애플리케이션마다 출력하는 메시지를 지정하는 일은 꽤나 번거롭고 여러 애플리케이션을 실행하면 관리도 쉽지 않다. 포에버forever(https://github.com/nodejitsu/forever)라는 확장 모듈을 사용하면 노드 프로세스를 쉽게 관리할 수 있다. 포에버도 npm으로 설치하고 현재 최신 버전은 0.7.5다(최신 버전의 포에버는 아직 윈도우에는 설치할 수 없다).

```
$ npm install forever -g
```

포에버는 커맨드라인에서 사용하는 명령형 도구이므로 글로벌로 설치한다. 포에버를 사용하려고 firstapp.js와 secondapp.js 두 개의 노드 애플리케이션을 만들었다.

```
$ forever start firstapp.js
info:    Running action: start
info:    Forever processing file: firstapp.js
$ forever start secondapp.js
info:    Running action: start
info:    Forever processing file: secondapp.js
```

forever start 실행할 파일 명령어로 노드 애플리케이션을 실행한다. 포에버에서는 파일 확장자인 .js까지 적어야 하고, 두 애플리케이션이 모두 정상적으로 실행됐다는 메시지를 볼 수 있다. 별도로 nohup 명령어를 사용할 필요 없이 포에버가 데몬으로 실행시킨다.

```
$ forever list
info:    Running action: list
info:     Forever processes running
data: uid command script forever pid logfile uptime
data: [0] YdTC node firstapp.js 5602 5604
/Users/outsider/.forever/YdTC.log 0:0:3:53.985
data: [1] YoFe node secondapp.js 5616 5617
/Users/outsider/.forever/YoFe.log 0:0:3:45.946
```

forever list를 실행하면 현재 포에버로 실행 중인 프로세스 리스트를 확인할 수 있다. 실행된 프로세스의 명령어와 프로세스 아이디, 로그 파일의 위치, 수행 시간이 출력된다. 추가적인 처리를 하지 않았지만 프로세스마다 자동으로 로그 파일이 지정돼 있다. console.log()로 출력하는 로그를 forever가 로그 파일로 저장하기 때문에 로그를 저장하기 위해 다른 작업을 할 필요가 없다. 실행된 프로세스는 forever stop 프로세스 번호나 forever restart 프로세스번호로 멈추거나 재시작한다. 프로세스 번호는 forever list로 출력했을 때 맨 앞에 대괄호() 안에 있는 번호를 의미한다. 예를 들어 firstapp.js를 멈추려면 forever stop 0처럼 사용한다.

추가로 에러가 발생해 애플리케이션이 종료돼 버리는 경우가 종종 있다. 개발 중에는 에러를 확인하고 수정한 뒤 다시 실행하면 되지만, 서비스 중에 종료된다면 큰 문제이므로 장애를 극복해야 한다. 포에버로 실행하면 애플리케이션이 종료됐을 때 자동으로 다시 실행한다. 물론 이는 재시작을 해주었을 뿐이므로 에러를 소스에서 처리할 수 있게 수정해야 한다. 포에버의 추가 명령어는 `forever --help`로 자세히 확인할 수 있다.

5.5 정리

5장에서는 실제로 npm으로 필요한 기능이 있는 확장 모듈을 설치해 간단한 애플리케이션을 작성했다. 이 예제는 트위터나 restler나 node-schedule을 살펴보려는 목적이라기보다는 원하는 애플리케이션을 작성하기 위해 어떻게 확장 모듈을 사용하는지 보여주고자 한 것이다. 사실 트위터만 사용한다고 하면 restler 같은 모듈보다는 트위터 클라이언트 모듈을 이용하는 것이 훨씬 편하고 이런 모듈은 인증 부분까지 지원한다. 하지만 여기서는 범용적인 REST API를 사용하는 방법을 보여주기 위해 restler를 사용했다.

    5장에서 보았듯이 필요한 기능은 대부분 이미 확장 모듈로 존재한다. 더 복잡한 요구사항에서는 만족스럽지 못한 모듈일 수도 있고 모듈에 버그가 존재할 수도 있다. 하지만 확장 모듈도 노드로 작성됐기 때문에 자바스크립트파일을 열어 소스를 수정해 사용할 수 있고 대부분 오픈소스로 개발되므로 발견한 버그를 리포팅하거나 수정한 소스를 개발자에게 보내면 더욱 좋을 것이다. 마지막으로 개발 단계가 아닌 실제 서비스할 때 노드 애플리케이션을 데몬 형태로 실행할 수 있는 `nohup`과 포에버 확장 모듈의 사용 방법을 살펴봤다.

06장 경량 웹 프레임워크 익스프레스

2장에서 HTTP 기본 모듈로 웹 서버를 작성했지만, HTTP 모듈은 로우레벨 API만 제공하므로 사용하기가 편리하지 않다. 요청이나 응답을 직접 처리해야 하므로 웹 사이트나 웹 애플리케이션을 작성하려면 번거로운 작업이 많이 필요하다. 다른 프로그래밍 언어가 그렇듯 노드에도 웹 프레임워크가 있다. 그중에서 가장 대표적인 익스프레스express(http://expressjs.com/)는 TJ 할로웨이척TJ Holowaychuk이 만든 오픈소스 경량 웹 프레임워크다. 간편하게 사용할 수 있으면서도 기능이 강력해 노드 모듈에서 인기 있는 모듈 중 하나다. 6장에서는 익스프레스의 사용법을 살펴본다.

6.1 익스프레스 프로젝트 구성

앞에서 이야기했듯이 익스프레스는 웹 프레임워크이므로 소스에서 사용하지만, 프로젝트 템플릿을 만드는 커맨드라인 명령어를 함께 제공한다. 익스프레스 커맨드라인 사용법부터 살펴보자. 커맨드라인 명령어를 사용하려면 다음과 같이 글로벌로 설치한다(4장에서 얘기했던 글로벌과 로컬 설치가 둘 다 필요한 모듈 중 하나가 익스프레스다). 익스프레스 2.5.2 버전을 사용했다.

```
$ npm install express -g
```

설치를 완료하면 커맨드라인에서 express 명령어를 사용할 수 있다. simpleweb이라는 웹프로젝트를 만들려면 다음과 같이 입력한다.

```
$ express simpleweb
   create : simpleweb
   create : simpleweb/package.json
   create : simpleweb/app.js
   create : simpleweb/public
   create : simpleweb/routes
   create : simpleweb/routes/index.js
   create : simpleweb/views
   create : simpleweb/views/layout.jade
   create : simpleweb/views/index.jade
```

```
            create : simpleweb/public/javascripts
            create : simpleweb/public/images
            create : simpleweb/public/stylesheets
            create : simpleweb/public/stylesheets/style.css

            dont forget to install dependencies:
            $ cd simpleweb && npm install
```

simpleweb 디렉토리에 익스프레스 프로젝트의 템플릿 파일이 생성됐다. 커맨드 라인에서 express 명령어는 다음 형식으로 사용한다.

```
express [옵션] [경로]
```

경로로 지정하지 않고 폴더명만 적으면 현재 위치에 생성한다. 옵션은 익스프레스 프로젝트 템플릿에 대한 설정으로 뷰 템플릿 엔진이나 CSS 템플릿 엔진 등을 지정한다. 사용할 수 있는 옵션은 다음과 같고 express -h를 실행하면 옵션 내용을 확인할 수 있다.

- -s, --sessions   세션을 사용하는 설정을 추가한다.
- -t, --template <engine>   뷰 템플릿 엔진을 선택한다. <engine>에는 Jade 나 EJS, HAML, jQuery Template 등을 사용할 수 있다. 기본 값은 Jade다.
- -c, --css <engine>   CSS 엔진을 선택한다. <engine>에는 CSS 메타 언어인 Less, Sass, Stylus 중에서 선택할 수 있다. 기본 값은 CSS다.

앞에서 생성된 simpleweb 디렉토리가 프로젝트의 루트 디렉토리다. express 명령어로 템플릿을 생성하면 소스만 생성되고 확장 모듈은 설치되지 않으므로 simpleweb 디렉토리에 확장 모듈을 설치해야 한다. 이번에는 프로젝트 소스의 의존성을 해결하기 위한 것이니 로컬에 설치한다.

```
simpleweb$ npm install express jade
express@2.5.2 ./node_modules/express
├── mkdirp@0.0.7
├── mime@1.2.4
```

```
├── qs@0.4.0
└── connect@1.8.3
jade@0.19.0 ./node_modules/jade
├── mkdirp@0.2.1
└── commander@0.2.1
```

익스프레스와 기본 뷰 템플릿 엔진인 제이드jade를 설치했다. 사용한 버전은 익스프레스 2.5.2 버전과 제이드 0.19.0 버전이다. 설명을 위해 확장 모듈명을 명시적으로 지정해 설치했다. 하지만 익스프레스 템플릿은 package.json 파일에 확장 모듈의 의존성이 작성돼 있으므로 npm install만 입력해도 익스프레스와 제이드가 설치된다. 프로젝트의 루트 위치에 있는 app.js가 시작 파일이다. 소스를 보기 전에 먼저 템플릿을 실행해보자.

```
simpleweb$ node app.js
Express server listening on port 3000 in development mode
```

익스프레스 웹 서버가 3000 포트로 시작됐다. 웹 브라우저에서 http://localhost:3000 으로 접속하면 그림 6.1과 같은 화면을 볼 수 있다.

그림 6.1 익스프레스 웹 서버의 인덱스 페이지 접속 화면

익스프레스 템플릿은 그림 6.1과 같은 인덱스 페이지와 설정이 들어 있으므로 수정 없이 바로 실행할 수 있다. 방금 실행한 익스프레스 템플릿 소스의 구조는 그림 6.2와 같다.

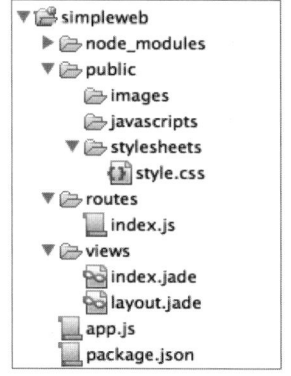

그림 6.2 express의 템플릿 구조

- **app.js** 익스프레스의 메인 파일로 웹 서버 생성, 라우팅 등을 모두 app.js에서 한다.
- **package.json** 프로젝트의 정보를 담고 있는 npm의 설정 파일이다.
- **routes/** 라우팅 관련 함수, 즉 URL에 따라 호출될 함수를 모아두는 디렉토리다. 라우팅에 있는 파일들을 app.js에서 불러와 웹 서버에 라우팅을 연결한다.
- **public/** css, 자바스크립트, 이미지 등의 정적 파일을 모아두는 디렉토리다. 기본적으로 style.css를 생성돼 있다.
- **views/** 뷰 파일이 위치하는 디렉토리다. 자바라면 JSP 파일이 위치하는 디렉토리와 같고 예제에서는 제이드 템플릿을 사용하므로 .jade 파일이 위치한다.

6.2 app.js 소스 살펴보기

메인 파일인 app.js의 소스를 살펴보자. 리스트 6.1은 기본 생성된 app.js다.

리스트 6.1 app.js

```
/**
 * Module dependencies.
 */

var express = require('express')
```

```
  , routes = require('./routes')

var app = module.exports = express.createServer();

// configuration

app.configure(function(){
  app.set('views', __dirname + '/views');
  app.set('view engine', 'jade');
  app.use(express.bodyParser());
  app.use(express.methodOverride());
  app.use(app.router);
  app.use(express.static(__dirname + '/public'));
});

app.configure('development', function(){
  app.use(express.errorHandler({ dumpExceptions: true
    , showStack: true }));
});

app.configure('production', function(){
  app.use(express.errorHandler());
});

// Routes

app.get('/', routes.index);

app.listen(3000);
console.log("Express server listening on port %d in %s mode"
  , app.address().port, app.settings.env);
```

전체를 한 번에 보기에는 소스의 양이 많으므로 위에서부터 차례대로 살펴보자.

```
var express = require('express')
  , routes = require('./routes')

var app = module.exports = express.createServer();
```

로컬에 설치한 익스프레스 확장 모듈을 express 변수에 할당하고 routes 변수에는 routes 디렉토리를 할당했다. require()로 디렉토리를 지정했으므로 routes 디렉토리에서 자동으로 index.js를 불러온다. 라우팅 설정을 추가하려면 index.js에 추가하거나 용도별로 새로운 자바스크립트 파일을 만들어 require() 해야 한다. express.createServer()를 실행하면 익스프레스 웹 서버의 객체를 생성해 돌려준다. 웹 서버 객체를 module.exports에 할당한 이유는 유닛 테스트에서 웹 서버를 테스트하기 위함이다(웹 서버에 대한 유닛 테스트는 10장에서 다룬다).

```
app.configure(function(){
  app.set('views', __dirname + '/views');
  app.set('view engine', 'jade');
  app.use(express.bodyParser());
  app.use(express.methodOverride());
  app.use(app.router);
  app.use(express.static(__dirname + '/public'));
});
```

웹 서버의 설정 부분으로 app.configure()의 콜백 함수에서 설정 값을 지정한다. 설정 함수에는 app.set()과 app.use() 두 가지가 있다. app.set()은 특정 키에 값을 설정할 때 사용하고, app.use()는 익스프레스에서 사용할 미들웨어를 결정한다. 두 함수로 템플릿 엔진을 바꾸거나 세션의 사용 여부 등을 설정할 수 있다. express 명령어로 템플릿을 생성할 때 옵션을 지정하면 이 설정 내용이 달라진다.

설정을 차례대로 살펴보자. app.set()으로 views 키에 뷰 파일의 디렉토리를 지정한다. __dirname은 3장에서 설명했듯 현재 파일의 절대 경로를 나타내는 전역 변수다. 뷰 파일의 위치를 현 디렉토리 하위의 /views 디렉토리로 지정하고, view engine은 jade를 사용한다. 미들웨어는 총 4가지를 사용했다. 익스프레스는 기본적으로 요청의 바디를 처리하지 않으므로 express.bodyParser()를 사용하면 application/x-www-form-urlencoded나 application/json의 바디를 파싱해 req.body 변수에 할당한다. REST스러운 웹사이트를 구축하려면 HTTP의 GET, POST 메소드 외에 PUT과 DELETE 메소드도 사용해야 한다. 하지만 대부분

웹 브라우저는 `GET`과 `POST`만 지원한다. 그래서 REST스러운 웹사이트를 만들려면 관례대로 `<form>` 태그에 다음과 같은 `<input>` 태그를 두어 `PUT`이나 `DELETE` 같은 HTTP 메소드를 지정한다.

```
<input type="hidden" name="_method" value="PUT">
```

`express.methodOverride()`는 `_method` 입력을 받아 `PUT` 메소드처럼 처리한다. `methodOverride`는 요청의 바디를 이용해 처리하기 때문에 반드시 `bodyParser` 아래에 설정해야 한다. `app.router`는 요청 URL을 라우팅하는 미들웨어로 URL에 지정된 함수를 찾아준다. 보통 `app.router`는 가장 하단에 설정한다. `express.static()`은 CSS나 자바스크립트 같은 정적 파일이 있는 위치를 지정한다. 여기서는 /public 디렉토리를 지정했으므로 HTML 파일에서 /stylesheets/style.css와 같이 사용하면 /public/stylesheets/style.css 파일을 참조한다. 이 밖에도 미들웨어에는 세션을 사용하기 위한 `express.session`이나 로깅을 위한 `express.logger` 등이 있다. 설정 값에는 `res.redirect`를 할 때 사용하는 기본 경로인 `basepath`나 서비스할 때 성능 향상을 위해 뷰를 캐싱하는 `view cache`, URL을 라우팅할 때 대소문자를 구분하는 `case sensitive routes` 등이 있다. app.js를 계속 살펴보자.

```
app.configure('development', function(){
  app.use(express.errorHandler({ dumpExceptions: true
    , showStack: true }));
});

app.configure('production', function(){
  app.use(express.errorHandler());
});
```

`app.configure()`이므로 웹 서버에 대한 설정이다. 앞부분과 다른 점이라면 파라미터가 하나 더 있다는 점이다. 앞에서 본 설정이 공통 설정이었다면 이 부분은 서버 환경마다 다른 설정을 사용할 때 사용한다. `express.errorHandler()`는

웹 서버에서 에러가 발생했을 때 처리를 담당하는 미들웨어다. 개발 중에는 에러의 내용을 확인해야 하므로 뷰 파일에서 에러의 스택 트레이스를 출력하지만, 서비스에서 사용자에게 에러의 스택 트레이스를 보여주면 보안상 문제가 된다. `app.configure()`의 첫 번째 파라미터로 문자열을 전달하면 NODE_ENV 환경 변수에 따라 설정을 적용한다. development 환경에서는 에러를 처리하는 핸들러가 스택 트레이스를 보여주고, production 환경에서는 별도의 처리를 하지 않는다. PC의 환경 변수에 NODE_ENV를 설정하면 되지만 임시로 바꿔주려면 다음과 같이 환경 변수를 지정하면서 노드 애플리케이션을 실행한다(윈도우에서 환경 변수를 지정하려면 SET NODE_ENV=production을 실행한 후 node app.js를 실행한다).

```
$ NODE_ENV=production node app.js
```

다음은 각 요청의 URL에 따라 어떤 함수를 실행할지 지정하는 라우팅이다.

```
app.get('/', routes.index);
```

라우팅은 `app.get()`, `app.post()`, `app.put()` 등의 함수를 사용한다. 함수 이름에서 알 수 있듯 HTTP 메소드에 따라 자동으로 라우팅된다. 같은 URL에 대한 설정이라도 POST 메소드는 `app.post()`가 처리하고, GET 메소드는 `app.get()`이 처리한다. 라우팅 함수는 첫 파라미터로 URL을 받고 '/' 같은 문자열뿐 아니라 정규표현식으로 작성할 수도 있다. 변경되는 값이 URL에 있으면 :id 같은 요청 변수를 사용한다. 즉 `/url/:id`는 `/url/1`이나 `/url/2` 같은 URL과 연결되고 소스에서는 `req.params.id`로 접근한다. 두 번째 파라미터는 요청이 들어왔을 때 실행할 콜백 함수다. 여기서는 `routes.index`를 콜백 함수로 지정했는데, routes 변수는 `require('./routes')`가 할당돼 있으므로 ./routes 디렉터리의 index.js 파일에서 `module.exports`로 지정한 객체를 참조한다. routes/index.js 파일을 살펴보자.

리스트 6.2 routes/index.js

```
exports.index = function(req, res){
  res.render('index', { title: 'Express' })
};
```

exports.index로 함수를 지정했으므로 app.js에서 routes.index가 이 함수를 참조한다. routes.index() 함수는 요청에 대한 콜백 함수로, 두 개의 파라미터를 받는데 요청에 대한 객체와 응답에 대한 객체다. 템플릿 소스는 단순히 메시지만 출력하는 페이지이므로 요청에 대한 처리 없이 res.render()로 바로 응답을 생성했다. res.render()의 첫 파라미터는 뷰 파일의 이름이다. 리스트 6.2에서는 index를 지정했으므로 뷰 파일의 위치로 지정된 views 디렉토리의 index.jade 파일을 뷰 파일로 사용한다. 설정에서 제이드를 뷰 템플릿 엔진으로 설정했으므로 자동으로 .jade 파일을 찾는다. index 대신에 index.jade라고 적어도 같다. 두 번째 파라미터는 뷰 페이지에서 사용할 값을 JSON으로 전달한다.

```
app.listen(3000);
console.log("Express server listening on port %d in %s mode"
  , app.address().port, app.settings.env);
```

app.js의 마지막 부분이다. app.listen([port[, host]]) 함수로 웹 서버를 3000 포트에 바인딩한다. host는 생략했으므로 3000 포트로 들어오는 모든 요청을 받아들이고, host에 IP를 지정하면 지정된 IP의 요청만 받아들인다. 익스프레스의 기본 포트는 3000이므로 app.listen(3000)은 app.listen()과 같다. 마지막 줄은 웹 서버를 실행했을 때 커맨드라인에서 확인할 수 있게 시작 메시지를 출력해준 것이다. 여기서 설명하지 않은 익스프레스의 다양한 기능은 가이드 문서인 http://expressjs.com/guide.html에 자세히 나와 있다. 다행히 파이어준 님(http://firejune.com/)이 한국어로 번역한 가이드(http://firejune.io/express/guide)를 공개했다.

6.3 Jade 뷰 템플릿 엔진

사용자가 웹 브라우저로 보는 페이지는 HTML이지만 서버에서는 HTML을 그대로 사용하는 경우는 흔치 않다. 대부분 작성의 편리함을 위해 뷰 템플릿 엔진을 사용하고, 뷰 템플릿 엔진이 코드를 렌더링해 HTML을 생성한다. 뷰 템플릿 엔진은 웹페이지의 헤더나 푸터처럼 공통으로 사용되는 부분을 재사용하는 기능을 제공하고, 조건문이나 반복문으로 서버의 상태에 따라 동적으로 HTML을 생성한다. 많은 서버 프로그래밍 언어에는 이런 기능을 할 수 있는 스크립트 언어가 있지만 뷰 템플릿 엔진은 좀 더 강력하고 편리한 기능을 제공한다. 대표적인 뷰 템플릿 엔진은 자바의 프리마커freemaker나 사이트메시sitemash가 있다.

제이드(http://jade-lang.com/)도 뷰 템플릿 엔진의 일종으로 익스프레스처럼 TJ 할로웨이척이 만들었다. 익스프레스는 제이드 외에도 뷰 템플릿 엔진으로 Haml(http://haml-lang.com/), ejs(https://github.com/visionmedia/ejs), 제이쿼리 템플릿을 지원하지만, 이 책에서는 익스프레스의 기본 설정인 제이드만 설명한다. 다른 뷰 템플릿 엔진을 사용하려면 익스프레스의 뷰 템플릿 엔진 설정을 바꾸면 된다. 뷰 파일이 있는 views 디렉토리에는 layout.jade와 index.jade 파일이 있는데, 기본으로 모든 뷰 파일을 layout.jade가 감싸는 형태가 된다. 리스트 6.2에서 뷰 파일로 index를 지정했는데, layout.jade의 바디 부분에 index.jade의 코드가 포함돼 전체 HTML이 완성된다. 공통 부분은 layout.jade에 작성하고 페이지별로 변경되는 부분만 index.jade에 작성한다. 리스트 6.3은 layout.jade의 소스다.

리스트 6.3   views/layout.jade

```
!!!
html
  head
    title= title
    link(rel='stylesheet', href='/stylesheets/style.css')
  body!= body
```

제이드의 방식을 모르면 당황스러울 정도로 간결한 코드다. 제이드는 HTML

태그를 일일이 작성하지 않고 축약형으로 작성하면 HTML로 컴파일되는 특징이 있다. !!!는 HTML의 `Doctype`을 나타내고 XHTML 1.0 Transitional `Doctype`으로 변환된다. HTML5 `Doctype`을 사용하려면 !!! 5라고 작성한다. 변환하는 HTML도 `Doctype`에 맞게 변환되므로 쉽게 `Doctype`을 변경할 수 있다. HTML에서 태그의 포함 관계는 여는 태그와 닫는 태그로 지정하지만, 제이드는 여는 태그의 이름만 작성하고 들여쓰기로 포함 관계를 나타낸다.

리스트 6.3은 최상위에 `<html>` 태그가 있고 그 안에 `<head>`와 `<body>` 태그가 있음을 나타낸다. `<head>` 태그 안에는 `<title>`과 `<link>` 태그가 있고 `title=title`처럼 태그명 뒤에 =를 사용하고 변수명을 적으면 변수의 내용이 태그 안에 들어간다. 여기서 `title` 변수는 라우팅 함수에서 JSON으로 전달한 변수로 Express라는 문자열이다. 태그의 속성은 `link(rel='stylesheet', href='/stylesheets/style.css')`처럼 태그명 뒤에 괄호로 '키=값'의 형식으로 작성한다. 리스트 6.3은 리스트 6.4와 같은 HTML로 변환된다. body 부분은 이어서 설명할 것이므로 생략했다.

리스트 6.4 views/layout.jade가 변환된 HTML

```
<!DOCTYPE html PUBLIC "-//W3C//DTD XHTML 1.0 Transitional//EN"
  "http://www.w3.org/TR/xhtml1/DTD/xhtml1-transitional.dtd">
<html>
  <head>
    <title>Express</title>
    <link rel="stylesheet" href="/stylesheets/style.css"/>
  </head>
  <body>
  </body>
</html>
```

layout.jade에서는 `body!= body` 부분을 주의해 봐야 한다. 이 문법은 레이아웃 파일에서만 사용하는데, `<body>` 태그 안에 뷰 파일로 지정한 파일의 내용이 들어간다는 의미다. 여기서는 뷰 파일인 index.jade의 내용이 `<body>` 태그 안에 들어간다. index.jade 파일을 살펴보자.

리스트 6.5   views/index.jade

```
h1= title
p Welcome to #{title}
```

index.jade는 `<h1>` 태그 안에 title 변수를 넣고 그 아래 `<p>` 태그를 뒀다. `<p>` 태그에서 보듯 태그 안에 문자열은 한 칸 띄고 작성한다. 그리고 변수는 문자열 가운데 #{변수명}처럼 표현 언어Expression Language 방식으로 사용할 수 있다. 리스트 6.5는 리스트 6.6의 HTML로 변환된다.

리스트 6.6   views/index.jade가 변환된 HTML

```
<h1>Express</h1>
<p>Welcome to Express</p>
```

제이드 문법을 자세히 살펴보자. 제이드에서는 태그명만 작성한다고 했는데, 더 정확히 말하면 CSS 셀렉터와 유사한 문법으로 HTML을 작성한다. HTML 태그의 id는 태그명 뒤에 #으로 작성하고, class는 점(.)으로 작성한다. HTML 태그명을 생략하면 `<div>`로 만든다. 표 6.1은 제이드 문법과 변환된 HTML을 비교해 보여 준다.

제이드	HTML
div#contents	`<div id="contents"></div>`
span.box	`<span class="box"></span>`
div#contents.box	`<div id="contents" class="box"></div>`
div.box.red	`<div class="box red"></div>`
#footer	`<div id="footer"></div>`

표 6.1 제이드와 HTML의 비교

리스트 6.5에서 태그 안에 들어가는 문자열을 p Welcome to #{title}처럼 태그명 옆에 작성했는데, 여러 줄의 내용을 넣을 때는 다음처럼 작성한다.

```
p p 태그에 들어가는 내용
  | 이 내용도 p 태그에 들어갑니다.
  | 계속 이어서 쓸 수 있습니다.
```

파이프(|)와 들여쓰기로 여러 줄에 내용을 이어서 작성한다. 이는 다음과 같이 변환된다.

```
<p>p 태그에 들어가는 내용 이 내용도 p 태그에 들어갑니다.
계속 이어서 쓸 수 있습니다.
</p>
```

제이드에서는 조건문도 사용할 수 있다.

```
- if (isTrue)
    div
- else
    span
```

반복문은 다음과 같은 문법으로 사용한다.

```
each VAL[, KEY] in OBJ
```

OBJ의 각 요소에서 VAL은 요소의 값이 되고, KEY는 OBJ가 객체일 때는 키 이름이 되고 배열일 때는 인덱스 번호가 된다. 다음 코드를 살펴보자.

```
each item, i in items
  li #{i} : #{item}
```

items가 ['리스트1', '리스트2', '리스트3']과 같은 배열이면 다음처럼 변환된다.

```
<li>0 : 리스트1</li>
<li>1 : 리스트2</li>
<li>2 : 리스트3</li>
```

제이드는 뷰의 재사용을 위해 인클루드include 기능을 지원한다.

```
// head.jade
head
  title= title
  link(rel='stylesheet', href='/style.css')

// layout.jade
html
  include head
  body
```

재사용이 필요한 부분을 별도의 제이드 파일로 만들고 include 키워드로 불러온다. 이 예제에서 layout.jade의 include 부분에 haed.jade의 내용이 들어간다. 그리고 레이아웃 파일은 페이지마다 레이아웃이 약간 다르면 사용하기 어려운데, 이런 레이아웃의 변경을 위해 제이드는 템플릿 상속을 지원한다.

```
// layout.jade
html
  head
    block scripts
      script(src='/jquery.js')
  body
    block contents
      h3 Common Title

// index.jade
extends layout
```

```
block scripts
  script(src='/prototype.js')

block contents
  h3 Specific Title
```

layout.jade에서 변경이 필요한 부분을 block으로 정의하고 블록의 내용을 작성한다. 블록의 이름은 원하는 대로 사용할 수 있다. index.jade에서 extends 키워드로 상속받는 템플릿을 지정하고 블록을 재정의한다. 유의할 점은 기존 블록에 추가되는 것이 아니고 재정의된 블록으로 교체된다는 점이다. 재정의하지 않은 블록은 기존 블록을 그대로 사용한다. 마지막으로 제이드는 믹스인mixin도 지원한다.

```
mixin textInput(name, label)
  input(type='text', name='#{name}')
  label(for='#{name}')= label

mixin textInput('name', '이름')
mixin textInput('email', '이메일')
```

믹스인은 반복되는 HTML을 간단히 템플릿화하기에 유용한데, mixin 키워드를 쓰고 이름과 파라미터를 지정해 믹스인을 만든다. 함수를 호출하듯 파라미터를 전달해 사용한다. 이 코드는 다음 HTML로 변환된다.

```
<input type="text" name="name"/>
<label for="name">이름</label>
<input type="text" name="email"/>
<label for="email">이메일</label>
```

이 외에도 제이드가 제공하는 기능이 있지만, 이 정도만으로도 대부분의 HTML을 작성할 수 있다. 들여쓰기로 작성하는 규칙으로 인해 처음에 익숙치 않을 수 있는데, 원리만 파악하면 쉽고 빠르게 작성할 수 있다. 특히 HTML에서 여는 태그와 닫는 태그의 쌍을 맞춰주면서 발생하는 실수를 줄여준다. 더 자세한 내용에 대해서는 제이드 프로젝트의 가이드 문서(https://github.com/visionmedia/jade)에 자세히 나와 있고 번역 문서는 http://blog.doortts.com/223에서 확인할 수 있다.

6.4 폼 전송 웹사이트 예제

익스프레스 템플릿 소스를 어떻게 사용하는지 살펴봤으니 간단한 웹페이지를 만들어보자. 작성할 예제는 별도의 로직 없이 회원가입 폼을 보여주고 폼을 제출하면 다음 페이지에서 입력한 정보를 다시 출력하는 웹페이지다. 새로운 익스프레스 프로젝트를 joinin이라는 이름으로 다음과 같이 생성한다.

```
$ express joinin
   create : joinin
   create : joinin/package.json
   create : joinin/app.js
   create : joinin/public
   create : joinin/routes
   create : joinin/routes/index.js
   create : joinin/views
   create : joinin/views/layout.jade
   create : joinin/views/index.jade
   create : joinin/public/javascripts
   create : joinin/public/images
   create : joinin/public/stylesheets
   create : joinin/public/stylesheets/style.css

   dont forget to install dependencies:
   $ cd joinin && npm install
```

소스를 생성한 후 익스프레스와 제이드 확장 모듈을 설치한다. 생성된 템플릿 소스는 앞에서 살펴봤으므로 변경하는 소스만 살펴보자.

리스트 6.7 routes/index.js

```
exports.index = function(req, res){
  res.render('index', { title: 'Express' })
```

```
  };

  exports.form = function(req, res) {
    res.render('join-form', { title: 'Express' });
  };
```

새로운 화면을 보여주기 위해 라우팅 함수를 추가했다. 추가한 라우팅 함수는 사용자에게 회원가입 폼을 보여주는 페이지로, `join-form`이라는 뷰 파일을 사용한다. `title` 변수를 넘겨준 것은 `layout`에서 사용하기 때문이다. 리스트 6.8처럼 app.js에서 URL과 추가한 라우팅 함수를 연결한다.

리스트 6.8 app.js(일부)

```
....
app.get('/', routes.index);
app.get('/join', routes.form);
....
```

회원가입 폼은 GET 요청이므로 `app.get()`을 사용했다. 회원가입 폼의 뷰 페이지인 `join-form`을 보기 전에 레이아웃 파일을 수정한다.

리스트 6.9 views/layout.jade(일부)

```
...
head
  title= title
  link(rel='stylesheet', href='/stylesheets/style.css')
  script(type='text/javascript'
    , src='http://code.jquery.com/jquery-1.7.0.min.js')
body!= body
```

회원가입 폼에서 입력 값에 대한 유효성 검사를 위해 많이 사용하는 제이쿼리를 불러왔다. 설명의 간단함을 위해 제이쿼리 CDN에서 직접 불러왔지만, 인터넷 연결이 되지 않는 곳에서 사용한다면 제이쿼리 파일을 다운받아 style.css처럼

public/javascript/ 아래에 두고 불러와야 한다. 이제 회원가입 폼을 위한 뷰 파일을 살펴보자.

리스트 6.10   views/join-form.jade

```jade
h3 회원가입
p 회원에 가입해주세요.
form(id='joinForm', method='POST', action='/join')
  label(for='name') 이름 :
  input(type='text', name='name', id='name')
  label(for='email') 이메일 :
  input(type='text', name='email', id='email')
  input(type='submit', value='전송')

script(type='text/javascript')
  $(document).ready(function() {
    $('#joinForm').submit(function(e) {
      if ($.trim($('#name').val()) === '' ||
        $.trim($('#email').val()) === '') {
        alert('이름과 이메일을 입력해 주세요.');
        return false;
      }
    });
  });
```

앞서 설명했듯 모든 뷰는 layout.jade로 감싸지므로 바디 부분만 작성했다. 상단에 폼을 만들어 이름과 이메일을 입력받고 유효성 체크를 위한 스크립트를 작성했다. 리스트 6.10처럼 스크립트 태그 아래 들여쓰기를 한 뒤 자바스크립트를 작성한다. 이 페이지는 제이드에서 자바스크립트의 사용을 보여주기 위함이므로 제이쿼리를 잘 몰라도 큰 문제는 없다. 작성한 자바스크립트는 폼을 제출할 때 이름과 이메일을 모두 입력했는지 검사하고, 입력되지 않았으면 경고 메시지를 출력하고 폼 제출을 취소한다. 유효성 체크가 성공하면 폼이 제출된다. 노드 애플리케이션을 실행하고 http://localhost:3000/join으로 접속하면 그림 6.3 같은 회원가입 폼을 볼 수 있다.

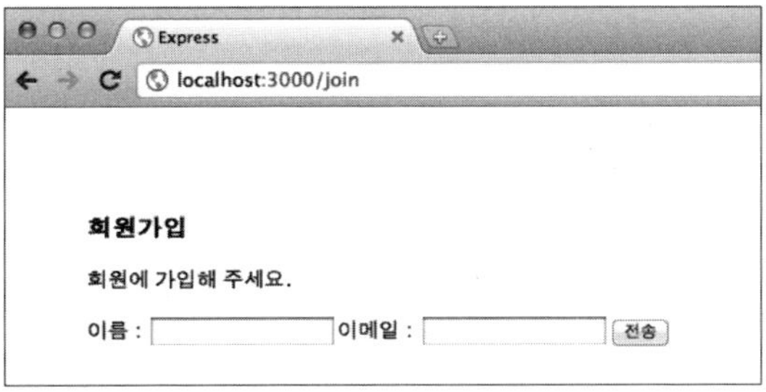

그림 6.3 웹 브라우저로 본 회원가입 폼

노드의 자바스크립트 파일을 수정하면 노드 애플리케이션을 껐다 켜야 하지만 뷰 파일인 제이드를 수정했을 때는 새로 고침만으로도 변경된 내용을 확인할 수 있다. 리스트 6.10에서 /join으로 POST 전송하게 작성했으므로 이에 대한 처리를 추가해야 한다.

리스트 6.11 routes/index.js

```
...
exports.form = function(req, res) {
  res.render('join-form', { title: 'Express' });
};

exports.join = function(req, res) {
  res.render('join-result', {
    username: req.body.name
      , useremail: req.body.email
      , title: 'Express'
  });
};
```

join이라는 새로운 라우팅 함수를 추가했다. 이 함수는 join-result 뷰를 사용하고 요청으로 넘어온 이름과 이메일을 뷰에 전달했다. 이제 app.js에서 라우팅을 연결한다.

리스트 6.12 app.js(일부)

```
....
app.get('/', routes.index);
app.get('/join', routes.form);
app.post('/join', routes.join);
....
```

POST로 전송되는 폼을 받기 위해 post() 함수를 사용했다. 앞에서 사용한 것과 같은 /join URL을 사용하지만, HTTP 메소드가 달라 문제없다.

리스트 6.13 views/join-result.jade

```
h3 회원가입완료
p 가입한 회원 정보는 아래와 같습니다.
div
  ul
    li 이름 : #{username}
    li 이메일 : #{useremail}
```

전송받은 정보를 출력하기 위한 화면이고 전달받은 이름과 이메일을 출력했다. 다시 웹 브라우저로 폼을 전송하면 그림 6.4와 같이 입력받은 이름과 이메일이 출력된다.

그림 6.4 웹 브라우저로 본 회원가입 결과

실제로 저장하지 않았으므로 회원가입이라고 할 수는 없지만 간단한 예제를 통해 익스프레스 웹사이트를 어떻게 작성하는지 살펴봤다.

6.5 데이터베이스 연동

6.4절의 예제는 전달받은 메시지를 바로 출력했을 뿐 데이터베이스 등에 저장하지 않았다. 실제로 웹사이트를 구축할 때 데이터베이스 없이 구축하는 일은 거의 없다. 6.4장에서 작성한 예제를 데이터베이스에 저장하면서 데이터베이스의 사용방법을 살펴보자. 각 데이터베이스는 특성이 다르므로 사용하는 데이터베이스에 맞는 확장 모듈을 사용해야 한다. 많은 모듈이 있지만 잘 개발되는 모듈도 있고 그렇지 않은 모듈도 있기 때문에 개발 진행 사항이나 많이 사용하는 모듈 위주로 선택하면 된다. 각 모듈은 데이터베이스 드라이버부터 라이브러리 API까지 포함하기 때문에 사용 방법은 모듈에 따라 크게 달라진다. 따라서 구체적인 사용 방법은 모듈의 사용 가이드를 참고 해야 한다. 이 절에서는 대표적인 관계형 데이터베이스RDBMS인 MySQL과 NoSQL 중 하나인 몽고디비MongoDB를 살펴본다.

MySQL 확장 모듈: node-mysql

MySQL에 대한 설명은 이 책의 범위를 넘기 때문에 따로 설명하지 않는다. 기본적인 데이터베이스에 대한 지식이 있고 접근할 수 있는 MySQL이 있다는 가정하에 설명한다. MySQL을 `localhost:3306`으로 접근하고, 계정은 `node`라는 아이디에 `pass`라는 비밀번호로 사용하고, 이 계정은 `node_test`라는 데이터베이스에 사용권한이 있다. 사용하는 `members` 테이블의 스키마는 다음과 같다(MySQL 5.5.15를 사용했다).

```
CREATE TABLE members (name VARCHAR(20), email VARCHAR(30));
```

MySQL은 많이 사용되는 오픈소스 관계형 데이터베이스로 MySQL에 대한 확장 모듈도 많다. 단순히 검색해도 10여 개가 있는데, 이 중에서 선택하기도 쉽지 않은 일이다. MySQL을 사용하기 위해 펠릭스 게이슨도퍼Felix Geisendörfer가 만든 node-mysql(https://github.com/felixge/node-mysql)을 사용한다. 펠릭스는 노드의 메인 커미터 중 한 명이므로 믿을 수 있고, 모듈도 최근까지 업데이트되면서 지속적으로 개발되기 때문에 사용하기 무리가 없어 보인다. 예제는 6.4절에서 작성한 소스 프로젝트를 기반으로 작성한다. 6.4절에서 작성한 joinin 프로젝트에 node-mysql을 설치한다.

```
joinin$ npm install mysql
```

node-mysql 확장 모듈은 npm 중앙저장소에 mysql이라는 이름으로 등록돼 있고 0.9.5 버전을 사용했다. 설치가 완료됐으면 node-mysql을 이용해 MySQL을 사용하는 코드를 추가한다. 코드의 분리를 위해 데이터베이스를 담당하는 부분을 따로 두는 것이 좋으므로 리스트 6.14처럼 repository.js 파일을 만들었다.

리스트 6.14 repository.js

```
var mysql = require('mysql')
  , DATABASE = 'node_test'
  , TABLE = 'members'
  , client = mysql.createClient({
    user: 'node'
    , password: 'pass'
  });

client.query('USE ' + DATABASE);

var mysqlUtil = module.exports = {
  insertUser: function(user, res) {
    client.query(
      'INSERT INTO ' + TABLE + ' SET name = ?, email = ?'
      , [user.name, user.email]
      , function(err) {
        client.query(
          'SELECT * FROM ' + TABLE + ' WHERE name = ?'
          , [user.name]
          , function(err, results, fields) {
            if (err) {
```

```
            throw err;
          }
          res.render('join-result', {
            username: results[0].name
              , useremail: results[0].email
              , title: 'Express'
              , joinSuccess: true
          });
        });
      }
    );
  }
};
```

node-mysql은 사용 방법이 간단하다. `require('mysql')`로 모듈을 불러오고 `mysql.createClient`로 클라이언트 객체를 생성하고 데이터베이스에 대한 접근은 client 객체를 이용한다. 쿼리는 `client.query(SQL, [params, callback])`으로 실행한다. SQL에는 실행할 쿼리를 문자열로 전달하고 쿼리에 ?로 지정한 플레이스홀더에 바인딩할 변수 배열을 params에 전달하다. callback은 쿼리 실행 완료 후 호출할 콜백 함수다. 테이블을 사용하기 전에 데이터베이스를 먼저 선택해야 하므로 `client.query('USE ' + DATABASE)`를 실행해 데이터베이스를 선택한다. 다른 파일에서 **repository.js**를 `require()`하는 순간 모든 코드가 실행되므로 이 부분도 역시 실행이 된다. 그다음 데이터베이스를 사용하는 mysqlUtil 객체를 정의하고 외부에서 접근할 수 있게 `module.exports`로 지정했다.

mysqlUtil에는 회원가입으로 전달받은 이름과 이메일을 테이블에 저장하고 저장한 결과를 보여줄 `insertUser()` 함수를 추가했다. `insertUser()` 함수는 파라미터로 받은 회원정보를 테이블에 추가하고 콜백 함수에서 다시 회원정보를 조회했다. 조회 부분을 콜백 함수에서 실행한 이유는 쿼리가 비동기로 실행되므로 추가가 완료된 순간이 콜백 함수가 호출된 때이기 때문이다. 조회의 콜백 함수에서 회원가입 결과를 보여주는 join-result 뷰를 렌더링했다. `insertUser()` 함수를 /join에 대한 POST 요청이 들어왔을 때 실행할 것이므로 뷰 렌더링도 콜백 함수에서 사용해야 한다. 그래서 insertUser() 함수는 뷰 렌더링을 위한 응답 객체 res도 파라미터로 받는다. 리스트 6.14의 repository.js를 사용하는 index.js를 살펴보자.

리스트 6.15 routes/index.js(일부)

```javascript
var repo = require('../repository');

exports.index = function(req, res){
...

exports.join = function(req, res) {
  repo.insertUser(req.body, res);
};
```

app.post('/join')에 연결된 join 함수에서 뷰를 렌더링하는 대신 repository.js의 insertUser()를 호출했다. 호출하면서 입력받은 이름과 이메일이 담겨 있는 req.body와 응답에 대한 객체인 res를 전달했다. 노드 애플리케이션을 실행하고 다시 회원가입을 진행하면 보기에는 차이가 없지만, 데이터베이스에 입력받은 데이터가 저장된다. 현재는 같은 이름과 이메일을 사용해 계속 가입할 수 있다. 데이터베이스를 사용했으므로 예제를 수정해 중복 가입을 막아보자. 리스트 6.16에서 repository.js에 중복 여부를 확인하는 함수를 추가했다.

리스트 6.16 repository.js(일부)

```javascript
    insertUser: function(user, res) {
      ...
    }
  , hasNameAndEmail: function(user, res) {
    client.query(
      'SELECT * FROM ' + TABLE + ' WHERE name = ? OR email = ?'
        , [user.name, user.email]
        , function(err, results, fields) {
          if (err) {
            throw err;
          }
```

```
      if (results.length > 0) {
        res.render('join-fail', {
          title: 'Express'
        });
      } else {
        mysqlUtil.insertUser(user, res);
      }
    });
  }
```

hasNameAndEmail()은 이름과 이메일이 사용된 적이 있는지 확인한다. 이름이나 이메일로 테이블을 조회하고 조회된 내역이 있으면 실패 화면인 join-fail 뷰로 렌더링하고, 조회된 내역이 없으면 insertUser()를 호출해 가입을 진행한다.

리스트 6.17   routes/index.js(일부)

```
...
exports.join = function(req, res) {
  repo.hasNameAndEmail(req.body, res);
};
```

기존에는 insertUser()를 호출했지만 이제 hasNameAndEmail()로 통합됐으므로 hasNameAndEmail()를 호출하게 수정했다. 가입 성공 페이지는 앞에서 작성했으므로 가입 실패 페이지만 추가한다.

리스트 6.18   views/join-fail.jade

```
h3 회원가입 오류
p 이미 가입된 이름 또는 이메일입니다.
a(href='/join') 회원가입 페이지로 돌아가기
```

단순히 중복된 내용이 있다는 안내 메시지를 보여주는 페이지다. 노드 애플리케이션을 다시 실행해 중복된 이름이나 이메일로 가입을 시도하면 그림 6.5처럼 중복

가입에 대한 안내 메시지가 나온다.

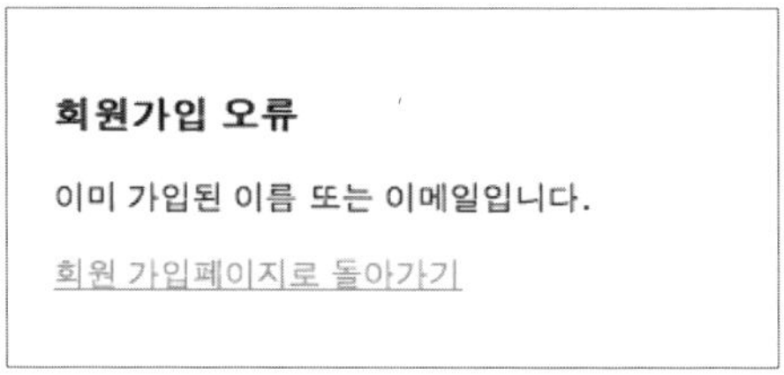

> **회원가입 오류**
>
> 이미 가입된 이름 또는 이메일입니다.
>
> 회원 가입페이지로 돌아가기

그림 6.5 웹 브라우저로 본 회원가입 실패 결과

지금까지 어떻게 MySQL을 사용하는지 살펴봤다. node-mysql은 세련된 방식은 아니지만 사용하기 쉽다. 데이터베이스를 다루는 일 자체가 꽤 반복적이기 때문에 추상 계층이 필요하다면 직접 구현하거나 다른 확장 모듈을 사용하면 된다.

몽고디비 확장 모듈: 몽고리안

노드가 새로운 플랫폼이다보니 참여하는 개발자들의 성향상 데이터베이스 관련 확장 모듈도 관계형 데이터베이스보다는 새로 관심을 받는 NoSQL[1] 관련 확장 모듈의 개발이 더 적극적으로 이뤄진다. NoSQL에는 많은 종류의 데이터베이스가 있는데, 관계형 데이터베이스와 많이 다르지 않은 문서 기반의 NoSQL인 몽고디비MongoDB를 사용한다. 예제는 MySQL과 같이 6.4절의 예제를 수정해 몽고디비와 연결한다. 몽고디비는 이미 설치돼 있다고 가정하고 `localhost:27017`로 접근한다. 몽고디비는 데이터베이스와 컬렉션이 없으면 자동으로 생성한다. 인증 없이 접근할 수 있는 몽고디비 서버가 동작 중이면 코드를 테스트하는 데 문제가 없다. 몽고디비는 2.0 버전을 사용했다.

몽고디비 관련 모듈도 여러 가지가 있지만, 그중에서 몽고리안mongolian (https://github.com/marcello3d/node-mongolian)을 사용한다. 몽고디비 모듈로는 몽구스 (https://github.com/LearnBoost/mongoose)가 가장 유명하지만, 몽구스는 ORM이라서 다른

---

1. 보통 NoSQL을 하나의 범주로 다루지만 NoSQL이라고 얘기하는 데이터베이스의 특징은 각각 달라 사실 하나로 특징짓기 어렵다. NoSQL은 기존 RDBMS를 대체하기보다는 RDBMS가 취약했던 확장성이나 고정된 스키마의 제약을 해결하기 위해 등장한 데이터베이스로 레디스(Redis), 카우치디비(CouchDB), 빅테이블(Big Table) 등이 있다.

모듈과는 약간 다른 특성이 있다. 몽고리안은 몽고디비 셸과 사용법이 유사해 사용하기 쉽다. 몽고리안을 다음과 같이 설치한다. 몽고리안은 0.1.14 버전을 사용했다.

```
joinin-mongodb $ npm install mongolian
> mongodb@0.9.7-2-2 install
/Users/outsider/joinin/node_modules/mongolian/node_modules/mongodb
> node install.js

=================================================================
=                                                               =
=  To install with C++ bson parser do <npm install mongodb      =
=    --mongodb:native>                                          =
=                                                               =
=================================================================
mongolian@0.1.14 ./node_modules/mongolian
├── waiter@0.1.1
├── taxman@0.1.1
└── mongodb@0.9.7-2-2
```

몽고리안을 설치하면 다른 모듈을 설치할 때와 다르게 안내 메시지가 나온다. 몽고리안은 내부적으로 node-mongodb-native(https://github.com/christkv/node-mongodb-native)라는 몽고디비 드라이버를 사용하는데, 설치 화면에서 mongodb@0.9.7-2-2라고 표시된 모듈이 node-mongodb-native다(예제는 0.1.14를 사용했지만 몽고리안 0.1.15부터는 내부 몽고디비 드라이버를 node-mongodb-native에서 node-buffalo(http://github.com/marcello3d/node-buffalo)로 변경했다. API 사용 방법은 동일하다). 몽고디비는 BSON이라고 하는 바이너리 JSON을 사용하는데, C++로 작성된 BSON 파서를 설치하려면 --mongodb:native를 옵션으로 사용하라고 node-mongodb-native가 출력한 메시지다. C++ BSON 파서를 설치하면 더 좋은 성능을 낼 수 있지만 BSON은 이 책의 내용과는 상관없으므로 무시해도 좋다. 다른 부분은 MySQL을 사용한 예제와 같으므로 repository.js만 몽고리안을 사용하는 코드로 변경한다.

리스트 6.19 repository.js

```js
var Mongolian = require('mongolian')
  , server = new Mongolian
  , db = server.db('node_test')
  , users = db.collection('members');

var mysqlUtil = module.exports = {
  insertUser: function(user, res) {
    users.insert({
      name: user.name
      , email: user.email
    }, function(err, result) {
      if (err) {
        throw err;
      }
      res.render('join-result', {
        username: result.name
        , useremail: result.email
        , title: 'Express'
      });
    });
  }
  , hasNameAndEmail: function(user, res) {
    users.findOne({'$or': [{'name':user.name}
    , {'email':user.email}]}, function(err, result) {
      if (err) {
        throw err;
      }
      if (result) {
        res.render('join-fail', {
          title: 'Express'
        });
      } else {
        mysqlUtil.insertUser(user, res);
      }
```

            });
          }
        };

　　리스트 6.19는 몽고리안을 사용한 repository.js로 수행하는 일을 MySQL에서 작성한 예제와 같다. `new Mongolian`으로 새로운 몽고리안 서버 객체를 생성한다. `new Mongolian`에 파라미터를 넘기지 않았으므로 기본 값인 `new Mongolian ("localhost:27017")`과 같다. 몽고디비 접속 경로가 다르면 파라미터로 접속 경로를 전달해야 한다. `server.db('node_test')`로 데이터베이스를 선택하고, `db.collection('members')`로 컬렉션을 선택한다. 선택한 컬렉션 객체인 `users`를 사용해 쿼리를 수행한다. 몽고디비는 스키마가 없으므로 존재하지 않는 데이터베이스나 컬렉션에 접근하면 자동으로 생성한다. 컬렉션은 관계형 데이터베이스의 테이블 정도로 이해하면 된다.

　　`insertUser()`의 `users.insert()`에서 보듯 컬렉션에 추가할 내용을 JSON으로 만들어 전달하면 그대로 컬렉션에 추가된다. 콜백 함수로 추가한 내용의 객체를 받으므로 바로 결과 값을 사용해 뷰를 생성했다. `hasNameAndEmail()`의 `users.findOne()`은 한 행만 조회할 때 사용한다. 조회 조건은 JSON 형태로 $or 키에 배열을 전달한다. 조회된 결과가 있으면 실패 뷰를 생성하고 조회된 결과가 없으면 가입 처리를 한다. 이 애플리케이션을 실행하면(나머지 소스는 같다) MySQL로 작성한 예제와 똑같이 동작한다. 데이터베이스 관련 모듈은 그 내용이 많은데, 여기서는 극히 일부분만 다뤘다. 데이터베이스에 대한 이해가 있다면 다른 확장 모듈의 사용 방법도 많이 다르지 않으므로 해당 확장 모듈의 가이드 문서를 참고하면 쉽게 사용할 수 있다.

6.6 비동기 패턴의 의존성 문제

　　6.5절에서 살펴본 MySQL와 몽고디비 예제를 보면 거슬리는 부분이 있다. 웹 서버에 대한 코드와 데이터베이스를 사용하는 코드를 분리하기 위해 repository.js를 만들었지만, 노드의 특징인 비동기로 인해 뷰 파일을 렌더링하는 코드가 repository.js

의 콜백 함수 안으로 들어갔다. 의존성을 갖지 않기 위해 파일을 분리했지만, 데이터베이스 사용 결과가 콜백 함수로 전달되기 때문에 뷰를 렌더링하는 부분도 콜백 함수 안으로 이동했고, 결과적으로 깊은 의존성이 생겼다. 이는 좋은 모듈화라고 할 수 없다. 이렇게 깊은 의존성이 생긴 이유를 정리하기 위해 1장에서 보았던 코드를 다시 살펴보자.

```
var result = db.query('SELECT ...');
// result를 사용한다.
```

이 예제처럼 I/O를 동기로 사용하면 데이터베이스에 쿼리를 실행한 결과를 그다음 줄에서 사용한다. 그래서 db.query() 부분만 분리하면 쉽게 모듈화할 수 있고 db.query()를 사용하는 인터페이스만 유지하면 분리한 모듈 내부의 변경은 신경 쓰지 않아도 된다. 하지만 노드는 I/O를 비동기로 사용하기 때문에 데이터베이스에 쿼리를 실행한 결과를 콜백 함수의 파라미터로 전달한다.

```
db.query('SELECT ...', function(err, result) {
    // result를 사용한다.
});
```

비동기 방식 때문에 db.query()를 다른 모듈로 분리하려면 쿼리 결과를 사용하는 로직도 함께 이동한다. 그래서 의도한 대로 의존성은 낮아지지 않고 쿼리 결과의 사용만 다를 경우에도 재사용이 쉽지 않다. 6.5절에서 MySQL로 작성한 예제를 몽고디비로 교체하면서 repository.js만 바꿨지만 사실 몽고디비 사용과는 관계없는 뷰 렌더링 부분도 다시 작성했다. 6장에서 본 예제는 간단하므로 큰 문제가 없지만, 애플리케이션이 커지면 의존성 문제도 커진다. 또한 뷰 렌더링을 위해 repository.js의 함수에 응답 객체인 res를 전달했듯 콜백 함수에서만 사용하는 불필요한 파라미터가 추가된 것도 문제다. 비동기 패턴의 의존성을 해결하는 방법은 두 가지가 있다. 해결하는 방법을 설명하기 위해 비동기로 의존성 문제를 갖는 다음 코드를 살펴보자.

```
// a.js
var b = require('./b');
b.funcA();

// b.js
var B = module.exports = {
  funcA: function() {
    db.query('SELECT ...', function(err, result) {
      B.funcB(result);
    });
  },
  funcB: function(data) {
    db.query('SELECT ...' , function(err, result) {
      // result를 사용하는 코드
    });
  }
}
```

a.js와 b.js 두 파일이 있고, a.js에서 b.js의 funcA()를 호출하면 디비에 쿼리를 실행하고, 콜백 함수에서 funcB()를 호출했다. funcB()는 다시 디비에 쿼리를 실행하고 콜백 함수에서 결과를 사용하는 예제다. 데이터베이스 관련 작업을 b.js에 모으려는 의도였지만 funcB() 내에서 a.js가 담당해야 하는 '// result를 사용하는 코드' 부분까지 b.js로 이동했다. 이 부분은 b.js와 관계 없는 코드고, 다른 곳에서 funcB()를 사용하고 싶어도 result를 사용하는 부분이 다르면 재사용할 수 없다. 또한 result를 처리할 때 a.js의 어떤 변수를 사용해야 한다면 funcA()부터 funcB()까지 파라미터를 전달해야 한다. 이 의존성 문제는 노드에서 비동기 코드를 작성하면 흔하게 겪는 문제다.

콜백 함수를 사용한 의존성 제거

콜백 함수를 이용하는 방법은 다른 함수를 호출할 때 추가적인 파라미터로 콜백 함수를 같이 전달한다. 지금까지 노드 기본 모듈의 I/O를 사용하면서 계속 사용했던 방법이기도 하다. 이를 의존성을 분리하기 위해 사용할 수 있다. 사용된 모듈에서(여기서는 b.js) 결과를 처리하는 대신 콜백 함수를 호출하면서 파라미터로 결과를 전달한다. 앞의 예제에 콜백 함수를 적용하면 다음과 같이 작성할 수 있다.

```
// a.js
var b = require('./b');
b.funcA(function(err, result1) {
  b.funcB(result1, function(err, result2) {
    // result를 사용하는 코드
  });
});

// b.js
var B = module.exports = {
  funcA: function(callback) {
    db.query('SELECT ...', callback);
  },
  funcB: function(data, callback) {
    db.query('SELECT ...' , callback);
  }
}
```

b.funcA()를 호출할 때 콜백 함수를 등록하고 각 함수에서는 db.query()의 콜백 함수에 전달받은 콜백 함수를 등록한다. 수정한 코드를 보면 result에 대한 코드가 a.js에 남아 있고, b.js는 필요한 데이터베이스와 관련된 로직만 가지면서 의존성이 분리된다. 이 방법은 클라이언트 자바스크립트에서 에이잭스나 이벤트 리스너를 사용할 때 자주 사용하는 방법으로, 이해하기 쉬우면서 가장 쉽게 의존성 문제를 해결할 수 있다. 참고로 노드의 초기 버전을 보면 Promise라는 방식을 이용해 비동기 패턴으로 발생하는 의존성 문제를 다뤘지만, 콜백 함수의 사용으로 결정이 바뀌어 현재는 제거됐다. 과거의 노드 문서를 보면 Promise에 대한 언급을 볼 수 있다.

이벤트를 사용한 의존성 해결

모듈 간의 의존성은 콜백 함수 대신 이벤트를 사용해 해결할 수 있다. 노드는 이벤트를 사용할 수 있게 이벤트 기본 모듈에서 EventEmitter 클래스를 제공한다(3.3절 참조). EventEmitter를 사용하면 모듈 간의 이벤트를 등록하고 발생시킬 수 있다. EventEmitter를 사용하는 방법을 보기 위해 b.js를 먼저 살펴보자.

```
// b.js
var EventEmitter = require('events').EventEmitter;

var B = module.exports = {
  funcA: function() {
    var evt = new EventEmitter();
    db.query('SELECT ...' , function(err, result) {
      evt.emit('end', err, result);
    });
    return evt;
  },
  funcB: function(data) {
    var evt = new EventEmitter();
    db.query('SELECT ...' , function(err, result) {
      evt.emit('end', err, result);
    });
    return evt;
  }
}
```

funcA()와 funcB() 함수에서 EventEmitter 객체를 생성해 돌려준다. 기존에는 비동기로 실행되므로 return문이 없었지만, 이벤트 방식에서는 EventEmitter 객체를 돌려줘야 한다. 그리고 디비에 쿼리를 실행한 후 콜백 함수에서 생성한 EventEmitter 객체에 end 이벤트를 발생시키고 결과를 파라미터로 전달한다. 즉 데이터베이스 쿼리가 완료되면 이벤트 객체에서 end 이벤트가 발생한다. 여기서 end는 마음대로 지은 이벤트명이다. 그럼 b.js를 사용하는 a.js를 살펴보자.

```
// a.js
var b = require('./b');
var resultA = b.funcA();

resultA.on('end', function(err, result) {
  var resultB = b.funcB(result);
  resultB.on('end', function(err, result) {
    // result를 사용하는 코드
  });
});
```

a.js도 코드가 많이 달라졌는데, B.funcA()를 실행하고 마치 동기 함수인 것처럼 결과를 돌려받아 resultA 변수에 저장한다. b.js에서 본 것처럼 resultA 변수는 funcA()가 돌려준 EventEmitter 객체다. 이 resultA 객체의 end 이벤트에 리스너를 등록한다. 리스너에서 다시 funcB()를 호출하고 resultB에 end 이벤트 리스너를 등록했다. b.js에서 이벤트가 발생하면 a.js의 이벤트 리스너가 실행된다.

반복문에서 비동기 작업

비동기 처리에서 의존성을 분리하는 방법을 살펴봤다. 게다가 노드로 코드를 작성하다 보면 반복문에서 비동기 요청을 사용하고 반복문이 끝난 후에 그 결과를 사용해야 하는 때가 있다. 다음 코드를 살펴보자.

```
var fs = require('fs');

var text = '';

for (var item in [1,2,3,4,5]) {
  fs.readFile('./test.txt'
    , encoding='utf-8'
    , function(err, data) {
      text += data;
    });
}
console.log(text);
```

for문을 돌면서 파일에서 데이터를 읽은 뒤 모든 파일의 내용을 출력하는 예제다. 이 예제를 실행하면 의도와는 다르게 아무것도 출력되지 않는다. `readFile()`의 콜백 함수는 비동기로 실행되므로 `console.log()`가 실행되는 순간에는 `text` 변수에는 값이 들어 있지 않다. for문에서 실행한 `fs.readFile()`이 모두 실행 완료된 시점에 `text`를 사용해야 하지만, 이 시점을 정확히 알기가 어렵다. 이 문제는 콜백 함수나 이벤트로는 해결하기가 쉽지 않은데, 가장 간단한 방법은 다음과 같다.

```javascript
var fs = require('fs');
var text = '';
var loopIndex = 0;

for (var item in [1,2,3,4,5]) {
  fs.readFile('./test.txt'
    , encoding='utf-8'
    , function(err, data) {
      text += data;
      loopIndex++;
      if (loopIndex === [1,2,3,4,5].length) {
        console.log(text);
      }
    });
}
```

`fs.readFile()`의 수행 횟수를 기록할 `loopIndex` 변수를 정의하고 `fs.readFile()`의 콜백 함수에서 `loopIndex`를 증가시킨다. `loopIndex`가 for문의 횟수와 같아지면 모든 `fs.readFile()`의 수행이 완료됐다고 판단하고 `text`를 출력한다. 간단한 코드지만 일종의 편법 같은 느낌을 지울 수 없다. 그리고 비동기 I/O는 요청한 순서대로 완료되지 않기 때문에 순서까지 지켜져야 한다면 이 방법으로는 해결할 수 없다. 이 문제는 재귀적인 호출을 통해 해결할 수 있다. 이제 설명할 방법은 리차드 로저가 작성한 「Node.js - How to Write a For Loop With Callbacks」(http://tech.richardrodger.com/2011/04/21/node-js-%E2%80%93-how-to-write-a-forloop-with-callbacks/)를 참고했다. 다음 코드를 살펴보자.

```
var fs = require('fs');

var text = '';

function repeater(i) {
  if (i < [1,2,3,4,5].length) {
    fs.readFile('./test.txt'
      , encoding='utf-8'
      , function(err, data) {
        text += data;
        repeater(i+1);
      });
  } else {
    console.log(text);
  }
}
repeater(0);
```

수행 횟수를 파라미터로 받는 `repeater()` 함수를 만들었다. `repeater()` 함수에서 `i`가 배열의 길이보다 작으면 `fs.readFile()`을 호출한다. `fs.readFile()`의 콜백 함수에서 `i`를 1만큼 증가시켜 다시 `repeater()`를 호출한다. `i`가 증가하면서 `repeater()`가 재귀적으로 호출되고 `i`가 배열의 길이와 같아지면 모든 비동기 작업이 완료됐으므로 `text`의 값을 출력한다. 맨 마지막 줄에서 재귀 호출를 시작하기 위해 `repeater(0)`를 호출했다. 이 방법을 사용하면 비동기 요청이 차례대로 진행되므로 결과의 순서도 보장된다. 이 방법을 패턴화하면 다음과 같다.

```
repeater(i) {
  if( i < length ) {
    asyncWork( function(){
      repeater( i + 1 )
    })
  }
```

```
}
repeater(0)
```

6.7 정리

6장에서는 웹사이트를 쉽게 구축할 수 있는 웹 프레임워크인 익스프레스와 뷰 템플 릿 엔진인 제이드를 살펴봤다. 익스프레스는 매우 강력한 경량 웹 프레임워크이기 때문에 익혀두면 쉽게 웹 애플리케이션을 구축할 수 있다. 그래서 웹 애플리케이션 에 관심이 있다면 노드에서 반드시 알아둬야 할 확장 모듈 중 하나다. 데이터베이스 와 관련해서는 데이터베이스의 종류도 많고 그에 대한 모듈도 많아 딱히 어느 하나 가 좋다고 말하기 어렵지만, 대표적인 것 위주로 살펴봤다. 그러므로 애플리케이션 의 특징이나 상황에 따라 적절한 모듈을 선택해 사용하는 것이 좋다. 마지막으로 노드에서 I/O를 사용할 때 겪게 되는 의존성 문제를 해결하는 방법을 살펴봤다. 6장에서 설명한 주요 내용은 다음과 같다.

- 익스프레스는 경량 웹 프레임워크다.
- 익스프레스를 글로벌로 설치하면 커맨드라인에서 express 명령어를 사용할 수 있다. express 프로젝트명을 실행하면 기본 템플릿 소스가 생성된다.
- 익스프레스 웹 서버는 express.createServer()로 생성한다.
- 익스프레스 웹 서버의 설정은 express.createServer().configure()의 콜백 함수에서 express.createServer().set()과 express.createServer(). use()를 사용한다.
- 웹 서버의 라우팅은 express.createServer().get()', express. createServer().post()' 등을 이용한다.
- express.createServer().listen(port[, host])로 웹 서버를 특정 IP 와 포트에 바인딩한다.
- 제이드는 익스프레스의 기본 뷰 템플릿 엔진이다.
- 제이드는 CSS 셀렉터 방식으로 HTML을 작성하고 조건문, 반복문뿐만 아니 라 템플릿 상속, 믹스인 등의 기능도 지원한다.

- 비동기 I/O 때문에 발생하는 의존성 문제는 콜백 함수나 이벤트를 이용해 해결할 수 있다.

07장

리얼타임 웹사이트를 위한 Socket.IO

Socket.IO는 리얼타임 웹을 쉽게 구현할 수 있게 도와주는 모듈로 노드의 대표적인 확장 모듈 중 하나다. 기능이 강력하고 사용이 쉬워서 Socket.IO 때문에 노드에 관심을 가질 정도다. 리얼타임 웹이 점점 중요해지고 있음에도 리얼타임 웹을 구현하기 쉽지 않았지만 Socket.IO를 사용하면 쉽게 구현할 수 있다. 리얼타임 웹을 구현하면 자연히 서버의 부하가 커지는데, 노드는 동시 접속을 처리하는 능력이 우수하기 때문에 리얼타임에 잘 어울린다. Socket.IO는 노드의 장점을 잘 보여주는 확장 모듈이라 할 수 있다.

7.1 리얼타임 웹사이트란?

Socket.IO를 살펴보기 전에 리얼타임 웹이라는 단어를 먼저 정의해야 할 것 같다. 웹에서 리얼타임 기술이라 하면 보통 서버 푸시와 관련된 기술을 이야기한다. 웹은 전통적으로 웹 브라우저가 서버에 요청을 보내면 서버가 응답을 돌려주는 방식으로 동작한다. 그래서 웹 브라우저가 서버의 변경 사항을 알려면 요청을 다시 보내야 한다. 사용자들이 웹사이트에서 새로운 정보를 보기 위해 계속 새로 고침을 하는 것은 이런 이유 때문이다.

시간이 지남에 따라 사용자가 화면을 갱신하지 않더라도 새로운 정보를 사용자에게 알려주고 싶은 요구 사항이 생겼다. 기술의 발전으로 일정 주기를 두고 서버에 요청을 보내 화면의 일부만 에이잭스로 갱신하는 방법이 만들어졌는데, 이를 폴링Polling이라고 부른다. 폴링은 이미 보편화돼 대부분의 웹사이트에서 사용 중이다. 폴링은 일정 간격으로 서버에 요청을 보내는 방식이므로 서버의 변경 사항을 즉각적으로 알 수 없고 다음 요청을 보냈을 때 알 수 있다. 요청을 보내는 간격만큼 시간차가 생기므로 리얼타임이라고 부르기에는 한계가 있다. 시간차를 줄이기 위해 요청 간격을 줄이면 서버에 부하가 커지고, 서버에 변경 사항이 없더라도 요청은 계속 발생하므로 트래픽 낭비가 생긴다.

폴링의 한계를 해결하기 위해 새로운 기술들이 많이 등장했다. 롱폴링Long Polling, **JSONP** 폴링, 스트리밍, 포에버 아이프레임forever iframe 등의 기술이 있는데, 이 기술을 합쳐 코멧Comet이라고 부른다. 코멧에 여러 가지 기술이 있는 이유는 하나의 기술로는 모든 브라우저에서 리얼타임을 구현할 수 없기 때문이다. 그리고 최근에 많이 거론되는 HTML5의 웹소켓Web Socket이 있다. 코멧이 현재 웹 브라우저의 기술로 리얼타임처럼 보이게 만든 기술이라면 웹소켓은 웹에서 소켓을 구현함으로써 진정한 서버 푸시라고 할 수 있다. 코멧에 비해 속도도 빠르기 때문에 리얼타임에서 앞으로 지향해야 할 모델이지만, 웹소켓을 지원하는 웹 브라우저는 현재 일부에 불과하다.

코멧과 웹소켓을 모두 사용해야 대부분의 웹 브라우저에서 리얼타임 웹을 구현할 수 있다. 각 기술의 구현 방식이 매우 다르므로 클라이언트와 서버를 기술별로 모두 개발해야 한다. 이런 이유로 지금까지 리얼타임 웹을 구현하기 쉽지 않았다. Socket.IO를 사용하면 코멧과 웹소켓을 포함한 리얼타임 웹 기술을 추상화해 한 가지 인터페이스로 리얼타임 웹을 구현할 수 있다. 제이쿼리나 프로토타입(prototype.js) 같은 라이브러리가 웹 브라우저마다 다르게 구현된 에이잭스를 추상화해 하나의 함수 호출로 쉽게 사용하게 한 것과 비슷하다.

Socket.IO는 코멧 구현을 위한 에이잭스 롱폴링Ajax Long Polling, JSONP 폴링JSONP Polling, 에이잭스 멀티파트 스트리밍Ajax multipart streaming, 포에버 아이프레임, 어도비 플래시 소켓 등 HTML5의 웹소켓까지 모두 지원한다. 더군다나 IE v5.5 이상, 사파리 v3 이상, 구글 크롬 v4 이상, 파이어폭스 v3 이상, 오페라 v10.61 이상의 웹 브라우저를 지원하고 아이폰 사파리, 아이패드 사파리, 안드로이드 웹킷 등의 모바일 브라우저까지 모두 지원한다. Socket.IO가 웹 브라우저의 지원 여부를 판단해 가장 적절한 리얼타임 웹 기술을 사용하므로 개발자는 Socket.IO의 API만 사용해 개발하면 된다. 그래서 Socket.IO를 사용하면 코멧과 웹소켓을 자세히 알지 못하더라도 쉽게 리얼타임 웹을 구현할 수 있다.

7.2 예제를 위한 웹 서버 구성

Socket.IO를 사용하는 예제를 설명하기 위해 리스트 7.1의 웹 서버를 만들어 보자. 웹 서버는 노드의 기본 모듈을 사용한다.

리스트 7.1 server.js

```
var http = require('http')
  , fs = require('fs')
  , path = require('path');

var server = http.createServer(function(req, res) {
  var filename = path.join(process.cwd(), req.url);

  path.exists(filename, function(exists) {
    if(!exists) {
      res.writeHead(404, {"Content-Type": "text/plain"});
      res.write("404 Not Found\n");
      res.end();
      return;
    }

    fs.readFile('./index.html'
      , encoding='utf-8'
      , function(err, data) {
      if (err) {
        res.writeHead(500, {"Content-Type": "text/plain"});
        res.write(err + "\n");
        res.end();
        return;
      }
      res.writeHead(200, {
        "Content-Type": "text/html; charset=utf-8"
      });
      res.end(data);
    });
  });
});

server.listen(3000);
console.log("서버가 시작됐습니다. http://localhost:3000");
```

이 웹 서버는 실제 HTML 파일을 제공하기 위해 파일시스템 모듈, URL 모듈, 경로 모듈을 사용했다. `var filename = path.join(process.cwd(), req.url)`은 요청 URL을 시스템의 절대 경로로 변환한다. 다시 말하면 /favicon.ico에 대한 요청을 /Users/outsider/chapter-08/connect/favicon.ico처럼 바꿔 실제 파일에 접근할 수 있게 한다(PC에 따라 경로는 달라진다). `path.exists(filename)`으로 파일의 존재 여부를 확인하고, 존재하지 않는 파일이면 404 상태 코드를 돌려준다. 파일이 존재하면 `fs.readFile()` 함수로 파일의 내용을 읽어 200 상태 코드와 함께 파일의 내용을 클라이언트에게 보낸다. 파일을 읽는 중 에러가 발생하면 500 상태 코드를 돌려준다. 여기서는 예제의 간결함을 위해 URL에 따라 다른 파일을 제공하지 않고 모든 요청에 대해 index.html을 돌려주게 작성했다.

리스트 7.2 index.html

```html
<!DOCTYPE html PUBLIC "-//W3C//DTD XHTML 1.0 Transitional//EN"
  "http://www.w3.org/TR/xhtml1/DTD/xhtml1-transitional.dtd">
<html>
  <head>
    <title>Socket.IO 예제</title>
  </head>
  <body>
    <div id="contents" style="width:300px; height:200px;
      overflow:auto; border:1px solid #000;">
    </div>
    <script type="text/javascript">
      window.onload = function() {
        var contents = document.getElementById('contents');
        function printMessage(msg) {
          var p = document.createElement("p");
          if (p.textContent) {
            p.textContent = msg;
          } else {
            p.innerText = msg;
          }
```

```
            contents.appendChild(p);
        }
    }
    </script>
  </body>
</html>
```

7장 예제의 뼈대가 될 HTML이다. `<div>` 태그를 만들고 `<div>`에 메시지를 출력하는 `printMessage()` 함수를 만들었다. `printMessage()`에 문자열을 전달하면 문자열을 `<p>` 태그로 감싸 `<div>` 태그에 출력한다. 이제 `node server`로 실행하면 그림 7.1과 같은 페이지를 볼 수 있다.

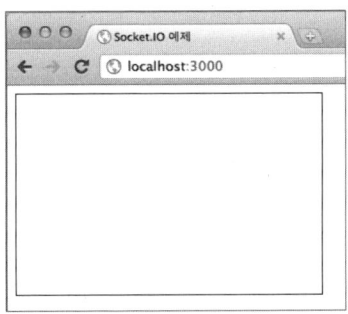

그림 7.1 웹 브라우저에서 접속한 화면

7.3 Socket.IO 설정

Socket.IO를 사용하기 위해 로컬 설치한다. Socket.IO는 0.8.7 버전을 사용했다.

```
$ npm install socket.io
```

Socket.IO 모듈은 서버와 클라이언트 기능을 모두 제공하므로 따로 클라이언트용 Socket.IO를 설치할 필요는 없다. 웹 서버에 Socket.IO를 사용하기 위한 코드를 추가한다.

리스트 7.3   server.js(일부)

```
var http = require('http')
  , fs = require('fs')
  , path = require('path')
  , io = require('socket.io');
...
server.listen(3000);

io = io.listen(server);

io.configure(function(){
  io.enable('browser client etag');
  io.set('log level', 3);
  io.set('transports', [
    'websocket'
    , 'flashsocket'
    , 'htmlfile'
    , 'xhr-polling'
    , 'jsonp-polling'
  ]);
});

// Socket.IO 로직을 작성할 부분

console.log("서버가 시작됐습니다. http://localhost:3000");
```

Socket.IO 객체를 `io` 변수에 저장하고 `io.listen(server)`로 웹 서버 객체와 Socket.IO 객체를 연결한다. Socket.IO가 노드의 웹 서버와 연동할 수 있는 `listen()` 함수를 지원하므로 쉽게 웹 서버에 리얼타임 기능을 추가할 수 있다. 이후 Socket.IO에 대한 코드를 구현하면 자동으로 웹 서버와 함께 동작한다. 웹 서버와 연결이 필요 없는 경우에는 `listen(port)`처럼 포트를 전달하면 지정한 포트로 Sokcet.IO 서버가 생성된다. `io.configure()`는 Socket.IO의 설정이다. 설정은 익스프레스와 마찬가지로 리얼 서버와 개발 서버의 설정을 다르게 적용하기 위해 첫 파라미터에 환경 변수명을 지정할 수 있다. 환경 변수에 대한 지정이 없으면 환경에 상관없이 모두 적용된다.

```
io.configure('production', function(){});
io.configure('development', function(){});
```

설정에서 `true`나 `false`로 지정되는 속성은 `io.enable()`, `io.disable()`을 사용하고, 그 외의 설정은 `io.set()`을 사용한다. 자세한 설정 속성은 표 7.1에 나와 있다. 7장에서 이후 예제는 리스트 7.3의 코드를 그대로 사용하면서 'Socket.IO 로직을 작성할 부분'이라는 주석 부분에 작성할 것이다.

속성	설명	기본 값
origins	Socket.IO 서버에 접속할 수 있는 URL을 지정한다. *:*로 설정하면 모두 접속이 가능하고, 제한하려면 별도로 지정한다. 예를 들어 io.set('origins', 'localhost:3000')이라고 설정하면 localhost:3000 외의 접속은 모두 거부한다.	*:*
logger	로거를 설정한다. 기본 값은 Socket.IO에서 지원하는 Logger고, 직접 구현하려면 Logger의 소스를 참고해야 한다.	Logger
heartbeats	Socket.IO의 연결 상태를 체크한다.	true
resource	들어오는 연결 요청을 찾는 경로의 시작점이다. 클라이언트와 서버가 동일해야 한다.	/socket.io
transports	통신을 사용하는 전송 방법을 배열로 설정한다. flashsocket은 기본적으로는 사용 안 함이다. 사용할 수 있는 전송 방법은 websocket, htmlfile, xhr-polling, jsonp-polling, flashsocket이다.	'websocket', 'htmlfile', 'xhr-polling', 'jsonp-polling'
authorization	Socket.IO 접근에 대한 권한 설정이다. 서버에서 핸드셰이크가 일어날 때 확인한다.	false

표 7.1 Socket.IO 서버의 설정 속성(이어짐)

속성	설명	기본 값
log level	서버에서 출력되는 로그의 레벨이다. 3으로 설정하면 debug 레벨까지, 2는 info 레벨까지, 1이면 info 레벨의 로그도 출력되지 않는다.	3
close timeout	설정한 시간(초 단위) 동안 클라이언트가 재연결하지 않으면 연결을 닫는다.	25
heartbeat timeout	heartbeats에 대한 타임아웃(초 단위)이다.	15
heartbeat interval	설정한 인터벌(초 단위) 간격으로 클라이언트가 heartbeat를 보내고 반드시 heartbeat timeout보다 커야 한다.	20
polling duration	폴링의 최대 지속 시간(초)으로 지속 시간이 지나면 연결이 닫힌다.	20
flash policy server	flashsocket을 사용함으로 설정했으면 flash policy server을 사용 가능하게 한다.	true
flash policy port	flashsocket 연결을 설정했을 때 클라이언트는 자동으로 10843 포트를 체크한다. 어도비 플래시 플레이어는 보통 843 포트를 사용하지만, 1024 이하의 포트를 사용하려면 유닉스 계열에서는 루트 권한이 필요하므로 10843 포트를 사용한다.	10843
browser client	웹 브라우저를 위한 socket.io.js나 WebSocketMain.swf 같은 정적 파일의 제공 여부를 정한다.	true
browser client cache	웹 브라우저에 제공하는 정적 파일의 제공 속도를 높이기 위해 서버의 캐싱 여부를 결정한다.	true
browser client minification	웹 브라우저에 제공하는 정적 파일의 소스 압축 여부를 결정한다. 여기서 압축은 소스의 공백이나 빈줄을 삭제해서 용량을 줄이는 것을 의미한다.	false
browser client etag	웹 브라우저에 제공하는 정적 파일의 ETag 적용 여부를 결정한다. 이 속성을 enable해야 웹 브라우저가 socket.io.js 등을 캐싱한다.	false

표 7.1 Socket.IO 서버의 설정 속성(이어짐)

속성	설명	기본 값
browser client gzip	웹 브라우저에 제공하는 정적 파일의 GZIP 압축 여부를 결정한다. 압축에 대한 과정은 딱 한 번만 발생하고 메모리상에 저장되므로 요청마다 새로운 압축을 하지 않는다.	false

표 7.1 Socket.IO 서버의 설정 속성

클라이언트에서는 Socket.IO를 사용하기 위해 관련 라이브러리가 포함된 socket.io.js 파일을 불러온다.

리스트 7.4 index.html

```
...
<head>
  <title>Socket.IO 예제</title>
  <script type="text/javascript" src="/socket.io/socket.io.js">
  </script>
</head>

<body>
  ...
  <script type="text/javascript">
    window.onload = function() {
      var socket = io.connect('http://localhost:3000', {
        'reconnect': true
          , 'resource': 'socket.io'
      });
    };
  </script>
</body>
...
```

Socket.IO 서버에서 클라이언트 자바스크립트 파일을 /socket.io/socket.io.js의 경로로 제공하므로 클라이언트에서는 불러오기만 하면 된다. 실제 서버를 보면 socket.io.js라는 파일이 없지만 Socket.IO 모듈이 자동으로 생성해서 제공한다. socket.io.js의 제공은 `browser client` 설정으로 제어할 수 있고 제공하는 것이 기본 값이다. socket.io.js를 불러오면 소스에서 Socket.IO 객체인 `io` 변수를 사용할 수 있다. `io.connect()`로 서버에 연결 요청을 하고 서버에 연결되면 연결된 소켓 객체를 리턴한다. 첫 번째 파라미터는 Socket.IO 서버가 있는 URL이고, 생략하면 현재 호스트를 그대로 사용한다. 두 번째 파라미터는 옵션으로 클라이언트의 설정을 JSON으로 지정한다. Socket.IO 클라이언트에서 사용할 수 있는 설정 값은 표 7.2에 나와 있다.

속성	설명	기본 값
resource	서버에 접속하는 경로의 시작점이다. 서버의 설정과 다른 점은 /가 없다는 점이다. 이 설정은 반드시 서버와 동일해야 한다.	socket.io
connect timeout	서버에 접속을 시도할 때 대기 시간을 의미하고, 이 시간이 지나면 장애 극복을 시도한다. 서버와의 접속 방법에 따라 많은 시간이 필요할 때도 있으므로 너무 낮게 설정하면 문제가 될 수 있다(밀리초 단위).	10000
try multiple transports	Socket.IO 서버에 재접속이나 연결 실패가 반복될 경우 이용 가능한 모든 전송 방법으로 시도한다.	true
reconnect	연결이 끊기거나 타임아웃됐을 때 자동 재접속한다.	true
reconnection delay	재접속을 시도하는 초기 타임아웃이다. 이 시간은 연결을 시도할 때마다 백오프(back off) 알고리즘으로 임의의 시간을 선택해 증가된다(밀리초 단위).	500
reconnection limit	최대 재접속 지연시간으로 밀리초 단위로 설정하거나 무한대로 설정한다.	Infinity
max reconnection attempts	연결이 끊겼을 때 재접속을 시도하는 횟수이다. 이 횟수만큼 시도한 후에는 reconnect_failed 이벤트가 발생한다.	10

표 7.2 Socket.IO 클라이언트의 설정 속성(이어짐)

속성	설명	기본 값
sync disconnect on unload	웹 브라우저가 unload됐을 때 접속 종료 패킷을 서버에 보낸다.	true
auto connect	io.connect()가 호출됐을 때 자동으로 서버와 연결한다.	true
flash policy port	플래시 소켓을 사용하게 설정했을 때 이 포트는 서버와 같은 포트여야 한다.	10843
force new connection	io.connect()가 여러 번 호출됐을 때 같은 서버에 새로운 다른 연결을 사용한다.	false

표 7.2 Socket.IO 클라이언트의 설정 속성

7.4 Socket.IO 서버 연결

Socket.IO에 대한 설정이 완료됐으니 서버에 접속해보자.

리스트 7.5 index.html(일부)

```
...
var socket = io.connect('http://localhost:3000', {
  'reconnect': true
    , 'resource': 'socket.io'
});
socket.on('connect', function() {
  printMessage('연결됐습니다.');
});
```

리스트 7.5는 index.html의 window.onload 부분에 추가한 코드다. socket 변수에는 서버와 연결된 소켓 인스턴스가 저장돼 있다. socket에 connect 이벤트 리스너를 등록한다. connect 이벤트는 서버와 소켓 연결이 완료되면 발생하므로 정상적으로 서버와 연결되면 화면에 "연결됐습니다."라는 메시지를 출력한다. node server를 실행하고 웹 브라우저에서 http://localhost:3000로 접속하면 그림

7.2와 같이 연결된 화면을 볼 수 있다.

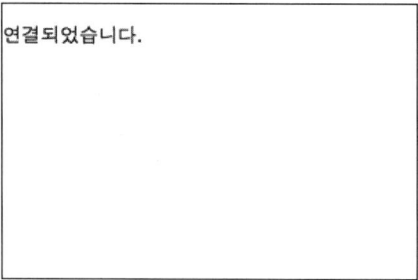

그림 7.2 연결이 성공한 화면

서버 쪽에는 Socket.IO 설정 외에 코드를 추가하지 않고 클라이언트에만 연결을 요청하는 코드를 추가했지만 잘 동작한다. 서버에서도 연결이 이뤄졌을 때 어떤 작업을 하고 싶다면 리스트 7.6처럼 코드를 추가한다.

리스트 7.6   server.js(일부)

```
...
io.configure(function(){
});

io.sockets.on('connection', function(socket) {
  console.log('connected');
});

console.log("서버가 시작됐습니다. http://localhost:3000");
```

서버에서는 `io.sockets`에 `connection` 이벤트 리스너를 등록했다. 연결 요청은 클라이언트에서 이뤄지므로 서버에서는 연결에 대한 리스너만 등록한다. 클라이언트 입장에서는 서버와 일대일 연결이지만, 서버 입장에서는 다수의 클라이언트가 접속하므로 서버의 변수 이름은 `io.sockets`다. 콜백 함수로 각 클라이언트와 연결된 소켓이 파라미터로 전달된다. 리스트 7.5와 리스트 7.6에서 보듯이 클라이언트와 서버의 API가 유사해 쉽게 작성할 수 있다. 다른 이벤트명은 서버와 클라이언트가 같지만 연결에 관련된 이벤트만 클라이언트는 `connect`이고, 서버는 `conection`이다. `connection` 이벤트는 새로운 클라이언트가 연결 요청을 할 때마다 발생한다.

```
info   - socket.io started
서버가 시작되었습니다. http://localhost:3000
debug  - client authorized
info   - handshake authorized 19854363971759735709
debug  - setting request GET /socket.io/1/websocket/19854363971759735709
debug  - set heartbeat interval for client 19854363971759735709
debug  - client authorized for
debug  - websocket writing 1::
connected
```

그림 7.3 연결이 됐을 때 서버 로그

실행하면 그림 7.3처럼 Socket.IO의 로그 메시지 가운데 `connected`라고 출력된다. 클라이언트가 연결을 종료했을 때의 처리를 위해 리스트 7.7처럼 코드를 추가했다.

리스트 7.7 server.js(일부)

```
...
io.sockets.on('connection', function(socket) {
  console.log('connected');
  socket.on('disconnect', function() {
    console.log('Good-bye');
  });
});
...
```

`connection` 이벤트의 리스너로 클라이언트와 연결된 소켓이 파라미터로 전달되므로 클라이언트와의 통신은 모두 이 `socket` 객체를 이용한다. 연결 종료에 대한 처리는 `socket`에 `disconnect` 이벤트 리스너를 등록하면 클라이언트가 접속을 종료했을 때(예를 들어 페이지를 닫거나 네트워크가 끊겼을 때) 리스너가 실행된다.

7.5 서버와 클라이언트의 메시지 통신

서버와 클라이언트의 연결은 서로를 인지한 상태로 연결돼야 하므로 핸드셰이크 과정을 거친 후 이뤄진다. 연결이 완료되면 send 함수로 서로 간에 메시지를 보낼 수 있다.

리스트 7.8   index.html(일부)

```
...
socket.on('connect', function() {
  printMessage('연결되었습니다.');
  socket.send('클라이언트 message 테스트');
});

socket.on('message', function(msg) {
  printMessage(msg);
});
```

socket.send() 함수로 메시지를 보내고 서버가 send()로 보낸 메시지는 message 이벤트로 받는다. 클라이언트에서 보낸 메시지를 받기 위해 서버에도 message 이벤트 리스너를 등록한다.

리스트 7.9   server.js(일부)

```
io.sockets.on('connection', function(socket) {
  ...
  socket.on('message', function(msg) {
    console.log(msg);
    socket.send('서버 쪽 메시지 테스트');
  });
});
```

리스트 7.9처럼 서버 코드도 클라이언트와 동일하다. 다른 점이라면 연결한 소켓에 이벤트 리스너를 등록해야 하므로 connection 이벤트 리스너의 콜백 함수에서 추가했다는 점 정도다. 클라이언트가 send로 보낸 메시지를 message 이벤트로 받고 전달받은 메시지를 출력한 뒤 다시 socket.send()로 클라이언트에 메시지를 보냈다. 리스트 7.8에서 클라이언트 쪽 소스에도 message 이벤트 리스너를 등록했으므로 화면에 출력된다. 다시 실행하면 그림 7.4와 그림 7.5처럼 메시지 통신이 잘 이뤄진다.

그림 7.4 서버 로그에 출력된 메시지

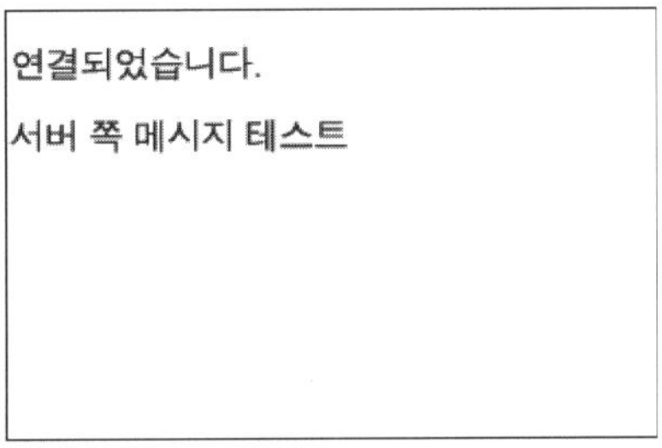

연결되었습니다.
서버 쪽 메시지 테스트

그림 7.5 웹 브라우저에 출력된 메시지

socket.send()로 문자열을 주고받았지만 문자열만 주고받을 수 있는 것은 아니다. JSON 객체도 주고받을 수 있다.

```
// 문자열을 보낼 때
socket.send('문자열');
// 문자열을 받을 때
socket.on('message', function(msg) { console.log(msg); });

// JSON 객체를 보낼 때
socket.json.send({msg: '문자열'});
// JSON 객체를 받을 때
socket.on('message', function(data) { console.log(data.msg); });
```

send() 함수로 JSON 객체를 보내려면 socket.json.send()처럼 json 플래

그를 추가한다. send는 자동으로 JSON을 인코딩/디코딩하지 않기 때문에 json 플래그를 사용하지 않으면 data.msg처럼 접근할 수 없다. send() 함수는 메시지의 전달 여부를 확인할 수 있는 콜백 함수도 지원한다.

리스트 7.10 index.html(일부)

```
...
socket.on('connect', function() {
  printMessage('연결되었습니다.');
  socket.send('클라이언트 message 테스트');
});

socket.send('send로 보내는 메시지', function() {
  printMessage('메시지가 전달됐습니다.');
});

socket.on('message', function(msg) {
  printMessage(msg);
});
```

send() 함수에 콜백 함수를 등록하면 서버에 메시지가 전달된 후 콜백 함수가 호출된다. 전달 확인 콜백 함수는 서버에서도 동일하게 사용할 수 있다.

리스트 7.11 server.js(일부)

```
io.sockets.on('connection', function(socket) {
  ...
  socket.on('message', function(msg) {
    console.log(msg);
    socket.send('서버 쪽 메시지 테스트');
  });

  socket.send('send로 보내는 메시지', function() {
    console.log('메시지가 전달되었습니다.');
  });
});
```

다시 실행해서 확인하면 콜백이 정상적으로 실행되는 것을 그림 7.6과 그림 7.7처럼 확인할 수 있다.

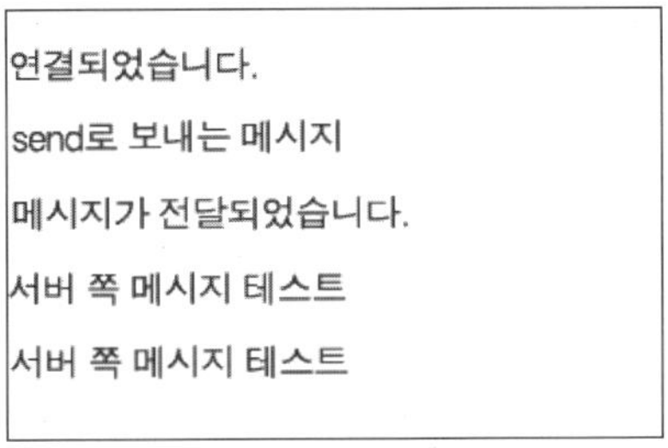

그림 7.6 send를 통해 웹 브라우저에 출력된 메시지

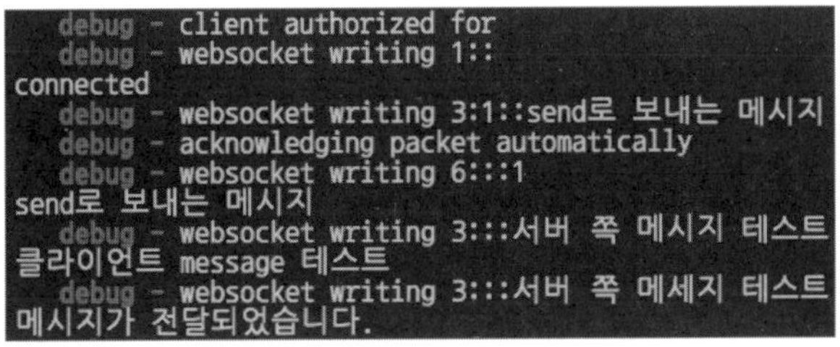

그림 7.7 send를 통해 서버 로그에 출력된 메시지

서버의 로그 메시지를 보면 'websocket writing 3:::서버 쪽 메시지 테스트'라고 출력됐다. 맨 앞에 `websocket`은 연결이 웹소켓을 사용했음을 의미하고, 플래시 소켓을 사용하면 `flashsocket`이라고 출력된다. `writing` 뒤에 출력된 부분은 `"[message type] ':' [message id ('+')] ':' [message endpoint] (':' [message data])"`의 형식을 갖는다. `message type`은 메시지의 종류를 의미하고 각 숫자의 의미는 다음과 같다.

- 0 연결 종료(Disconnect)
- 1 연결(Connect)
- 2 하트비트(Heartbeat)
- 3 메시지
- 4 JSON 메시지

- 5 이벤트
- 6 전달 확인(ACK)
- 7 에러

`message id`는 전달 확인(ACK)에 필요한 아이디로 생략 가능하다. `message id` 뒤에 +가 있으면 Socket.IO가 아닌 사용자가 사용한 전달 확인이다. `message endpoint`는 각 소켓이 구분되는 엔드포인트로 생략 가능하다. `message data`는 사용자가 보낸 데이터다.

7.6 커스텀 이벤트

Socket.IO에서 서버와 클라이언트 사이의 통신은 보내는 쪽에서 이벤트를 발생emit 시키고 받는 쪽에서 이벤트 리스너를 등록해(on) 이뤄진다. 7.5절에서 `socket.send()`를 살펴봤는데, `send`로 보내고 `on('message')`로 받았다. 보내는 쪽과 받는 쪽의 형식이 약간 다른데, 이는 `send` 함수가 사용 빈도가 높은 `message` 이벤트를 위해 Socket.IO가 지원하는 특별한 함수이기 때문이다. 그래서 `socket.send()`는 `socket.emit('message')`와 같은 역할을 한다. 다만 `emit`을 사용하면 자동으로 JSON을 인코딩/디코딩하므로 JSON 객체를 보낼 때도 `json` 플래그를 사용할 필요가 없으며, 전달 확인 콜백의 사용법도 다르다.

`emit()`은 이벤트를 발생시키는 함수로, 같은 이벤트명만 사용하면 메시지를 주고받을 수 있다. 커스텀 이벤트의 이벤트명은 예약된 이벤트명 외에는 어떤 문자열이든 사용할 수 있다. 예약된 이벤트명에는 `message`, `connect`, `disconnect`, `open`, `close`, `error`, `retry`, `reconnect`가 있다. 커스텀 이벤트를 사용해보자.

리스트 7.12 server.js(일부)

```
io.sockets.on('connection', function(socket) {
  ...
  socket.on('from client', function(data) {
    console.log(data.text);
    socket.emit('from server', {text:'서버에서 보낸 메시지'});
```

```
    });
  });
```

이벤트명은 서버와 클라이언트가 일치하기만 하면 어떤 문자열이든 가능하다. 클라이언트에서 받을 이벤트를 'from client'라고 등록했고, 'from server' 이벤트로 JSON 객체를 전송했다.

리스트 7.13 index.html(일부)

```
...
socket.on('message', function(msg) {
  printMessage(msg);
});

socket.emit('from client', {text:'클라이언트에서 보낸 메시지입니다.'});

socket.on('from server', function(data) {
  printMessage(data.text);
});
```

클라이언트에서는 'from client' 이벤트로 JSON 객체를 전송하고, 'from server' 이벤트에 리스너를 등록함으로써 받은 메시지를 화면에 출력했다. 커스텀 이벤트명을 의미 있게 잘 지정하면 이해하기 좋은 코드를 작성할 수 있다.

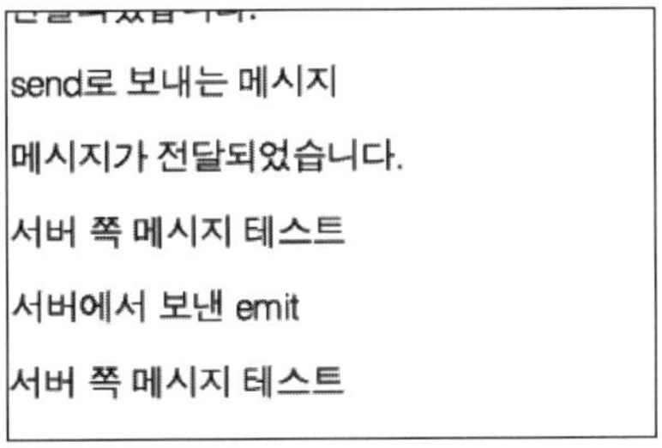

```
send로 보내는 메시지
메시지가 전달되었습니다.
서버 쪽 메시지 테스트
서버에서 보낸 emit
서버 쪽 메시지 테스트
```

그림 7.8 커스텀 이벤트로 웹 브라우저에 출력된 메시지

```
send로 보내는 메시지
  debug - websocket writing 3:::서버 쪽 메시지 테스트
클라이언트에서 보낸 emit
  debug - websocket writing 5:::{"name":"from server","args":[{"text":"서버에서 보낸 emit"}]}
클라이언트 message 테스트
  debug - websocket writing 3:::서버 쪽 메시지 테스트
메시지가 전달되었습니다.
```

그림 7.9 커스텀 이벤트로 서버 로그에 출력된 메시지

send() 함수를 설명할 때 전달 확인 콜백 함수를 사용했었는데 emit()에서의 전달 확인 콜백 함수는 사용 방법이 약간 다르다.

리스트 7.14 server.js(일부)

```
socket.on('from client', function(data) {
  console.log(data.text);
  socket.emit('from server'
    , {text:'서버에서 보낸 emit'}
    , function(res) {
      console.log('from server 이벤트:' + res);
  });
});
```

send() 함수의 전달 확인 콜백 함수가 자동으로 호출되는 데 반해 emit()에 등록하는 전달 확인 콜백 함수는 받는 쪽에서 콜백 함수를 직접 실행해야 한다. 리스트 7.14는 전달 확인 콜백 함수의 사용 방법을 보여준다.

리스트 7.15 index.html(일부)

```
socket.on('from server', function(data, callback) {
  printMessage(data.text);
  callback('정상적으로 이벤트를 받았습니다.');
});
```

'from server' 이벤트에 등록된 리스너에서 기존에는 서버가 전달한 메시지인 data만 파라미터로 받았지만 콜백 함수를 추가로 받도록 변경했다. 리스너 함수에서 콜백 함수에 파라미터를 전달하면서 호출하면 서버에서 실행된다. emit()의

전달 확인 콜백 함수는 받는 쪽에서 데이터를 전달하기 때문에 send()의 전달 확인 콜백 함수보다 더 다양한 용도로 사용할 수 있다. 물론 전달 확인 콜백 함수는 반대 경우인 클라이언트에서 서버로 emit할 때도 사용할 수 있다.

```
클라이언트 message 테스트
    debug - websocket writing 3:::서버 쪽 메시지 테스트
메시지가 전달되었습니다.
from server 이벤트:정상적으로 이벤트를 받았습니다.
```

그림 7.10 emit의 전달 확인 콜백 함수로 서버 로그에 출력된 메시지

7.7 휘발성 메시지와 브로드캐스트

Socket.IO는 전송하는 메시지를 내부에서 추적한다. 서버와 클라이언트 사이의 네트워크 상태가 좋지 못하거나 하는 등의 이유로 메시지가 제대로 전달되지 않으면 Socket.IO가 다시 전달을 시도한다. 재전송은 상황에 따라 서버의 부하를 유발할 수 있으므로 전송을 보장하지 않아도 된다면 volatile 플래그를 사용해 재전송을 수행하지 않을 수 있다. volatile 플래그를 사용하면 데이터를 전송하고 전달 여부에 상관없이 Socket.IO가 신경 쓰지 않는다.

리스트 7.16　server.js(일부)

```javascript
...
var timer = setInterval(function() {
  socket.volatile.emit('as volatile', new Date());
}, 2000);

setTimeout(function() {
  clearInterval(timer);
}, 10000);
```

json 플래그를 사용했던 것처럼 socket.volatile.emit()과 같이 volatile 플래그를 추가했다. 이는 socket.volatile.send()처럼 사용할 수도 있다. 리스트 7.16은 자바스크립트에서 일정 시간 간격으로 함수를 반복해서 실행하는

setInterval을 사용해 volatile.emit()을 2초(2000밀리초)마다 실행한다. setTimeout()으로 10초 후에 인터벌을 제거해 더 이상 반복되지 않게 했다.

리스트 7.17   index.html(일부)

```
...
socket.on('as volatile', function(time) {
  printMessage(time);
});
```

클라이언트는 as volatile 이벤트 리스너를 등록해 서버에서 전달받은 시간을 화면에 출력했다. 다시 실행하면 그림 7.11처럼 시간이 출력된다.

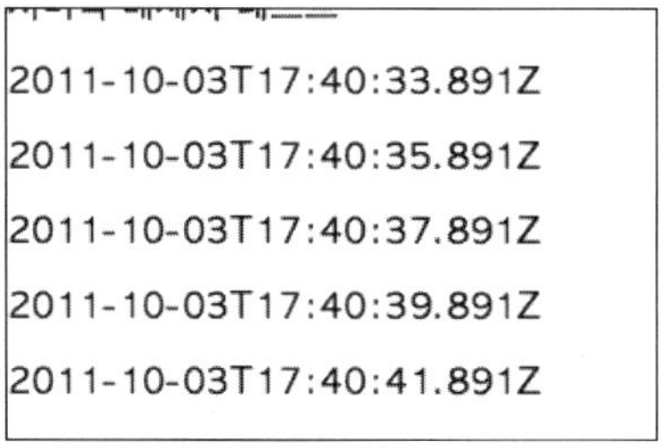

```
2011-10-03T17:40:33.891Z
2011-10-03T17:40:35.891Z
2011-10-03T17:40:37.891Z
2011-10-03T17:40:39.891Z
2011-10-03T17:40:41.891Z
```

그림 7.11 volatile을 통해 웹 브라우저에 출력된 시간

지금까지 사용한 socket.emit()이나 socket.send()는 접속한 클라이언트와 서버 사이에 일대일로만 데이터를 주고받는다. 즉, 서버에 접속한 사용자가 여러 명 있더라도 단 둘이서만 데이터를 주고받는다. 다른 사용자에게도 메시지를 보내려면 broadcast 플래그를 사용한다. socket.broadcast.emit()과 socket.broadcast.send()를 같이 사용하면 현재 연결된 소켓을 제외한 모든 사용자에게 메시지를 전달한다. 당연한 얘기지만 브로드캐스트는 서버 쪽에서만 사용할 수 있다. 클라이언트 입장에서는 서버와 일대일 관계다. 이를 정리해보면 그림 7.12와 같다.

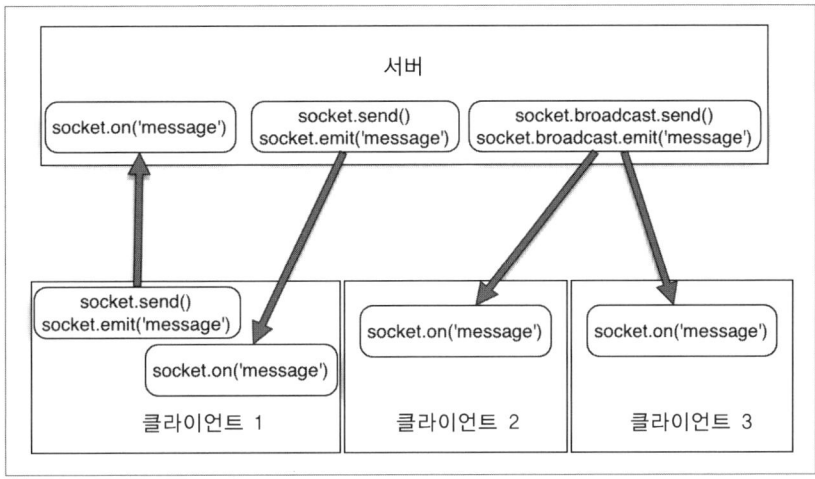

그림 7.12 함수와 플래그에 따른 메시지 전송 다이어그램

클라이언트 1과 서버의 통신을 나타냈으므로 브로드캐스트의 대상은 클라이언트 2와 클라이언트 3이 된다. 클라이언트 2와 통신을 한다면 브로드캐스트 대상은 클라이언트 1과 클라이언트 3이 될 것이다.

7.8 네임스페이스

지금까지의 예제는 클라이언트와 서버가 하나의 소켓 연결로 통신했다. 이는 리얼타임 기술 중 가장 좋다는 웹소켓의 경우도 마찬가지다. 실제 서비스를 구현한다고 생각하면 하나의 페이지 내에서 여러 용도의 다중 연결이 필요하다. Socket.IO는 이를 위해 네임스페이스 기능을 지원한다.

리스트 7.18 server.js(일부)

```
...
var another = io.of('/another').on('connection'
  , function(socket) {
    socket.send('another 네임스페이스로 보낸 send 메시지');
});
```

리스트 7.18에서 /another 네임스페이스를 추가했다. 네임스페이스를 사용하지 않은 기본 연결인 `io.sockets.on('connection')`과 비교하면 `sockets` 대신 `of()` 함수로 네임스페이스 이름을 지정했다. `connection` 이벤트의 리스너에서 `send()`나 `emit()`의 사용 방법은 완전히 같다.

리스트 7.19   index.html(일부)

```
...
var another = io.connect('/another');

another.on('connect', function() {
  printMessage('another에 연결되었습니다.');
});

another.on('message', function(msg) {
  printMessage(msg);
});
```

서버에서 네임스페이스를 사용했으므로 클라이언트에서도 동일한 네임스페이스에 대한 연결을 만든다. 네임스페이스를 사용하지 않으면 `var socket = io.connect('http://localhost:3000')`으로 서버와 연결하고, 연결된 `socket` 변수로 서버와 통신했다. `http://localhost:3000` 부분은 웹페이지의 호스트와 동일하기 때문에 생략할 수 있고, 이는 `/`에 연결한 것과 동일하다. `another` 네임스페이스에 연결하려면 `var another = io.connect('/another')`처럼 `connect` 부분에 네임스페이스 이름만 추가한다. 이제 `another` 네임스페이스에 대한 이벤트는 `another` 변수로 처리한다. `io.connect('http://localhost:3000/another')`처럼 작성해도 동일하다. `another` 네임스페이스의 연결 여부를 확인하기 위해 `connect` 이벤트와 `message` 이벤트에 리스너를 등록했다. 다시 실행해 확인하면 그림 7.13처럼 통신이 잘 이뤄진다.

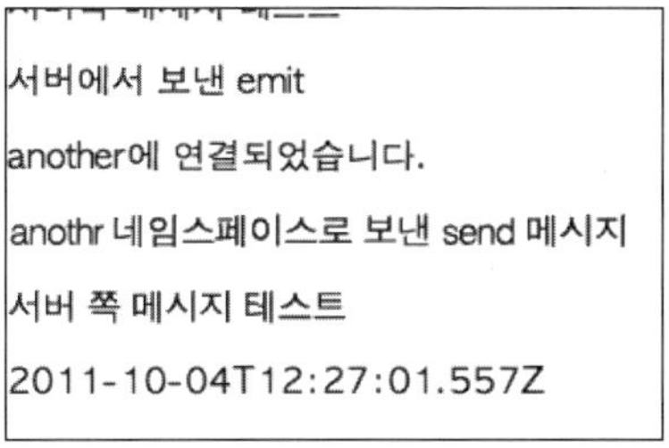

```
서버에서 보낸 emit
another에 연결되었습니다.
anothr 네임스페이스로 보낸 send 메시지
서버 쪽 메시지 테스트
2011-10-04T12:27:01.557Z
```

그림 7.13 네임스페이스를 통해 출력된 메시지

기본 연결과 another 네임스페이스에 모두 message 이벤트 리스너가 등록돼 있지만 서로 간섭하지 않고 같은 네임스페이스 내에서만 통신한다. 브로드캐스트를 사용해도 네임스페이스 내에서만 브로드캐스트된다. 네임스페이스가 없다면 JSON 객체 내에 구별할 수 있는 타입을 따로 두어 코드에서 처리해야 하기 때문에 코드가 복잡해진다. 네임스페이스를 사용하면 용도별로 다른 네임스페이스를 사용해 간단하게 처리할 수 있다.

때로는 연결된 소켓이 특정 값을 기억해야 할 필요가 있다. 이는 세션 등의 다른 기술을 이용할 수도 있지만 Socket.IO는 연결된 소켓에 값을 저장하게 지원한다(이는 네임스페이스에서 해당되는 내용은 아니다).

리스트 7.20 index.html(일부)

```
...
another.on('message', function(msg) {
  printMessage(msg);
  another.emit('nickname', 'zziuni');
});

another.on('nickname', function(nickname) {
  printMessage(nickname);
});
```

클라이언트 쪽 코드에서 nickname이라는 이벤트로 zziuni라는 문자열을 전달했고, 같은 이름의 이벤트를 등록해 화면에 출력한다.

리스트 7.21   server.js(일부)

```
...
var another = io.of('/another').on('connection'
  , function(socket) {
    socket.send('another네임스페이스로 보낸 send 메시지');
    socket.on('nickname', function(nickname) {
      socket.set('nickname', nickname, function() {
        console.log('닉네임이 저장됐습니다.');
      });
      socket.get('nickname', function(err, nickname) {
        socket.emit('nickname', '닉네임: ' + nickname);
      });
    });
  });
```

클라이언트가 보낸 이벤트를 받기 위해 another 네임스페이스에 nickname 이벤트 리스너를 등록했다. 전달받은 닉네임을 socket.set()으로 nickname 키에 저장했다. 등록한 콜백은 저장이 완료되면 발생한다. socket.get() 함수로 socket에 저장된 nickname 키의 값을 가져오는데, 콜백의 첫 번째 파라미터로는 에러 여부가 넘어오고 두 번째 파라미터로 값이 넘어온다. socket에서 다시 꺼낸 값을 클라이언트에 nickname 이벤트로 전송한다. 소켓에 저장된 값은 세션이 유지되는 동안은 언제든지 접근 가능하다.

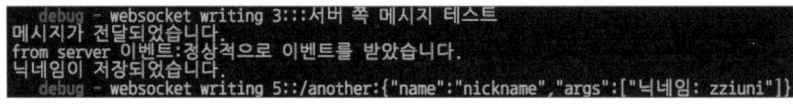

그림 7.14 socket에 값을 저장하는 콜백이 출력한 메시지

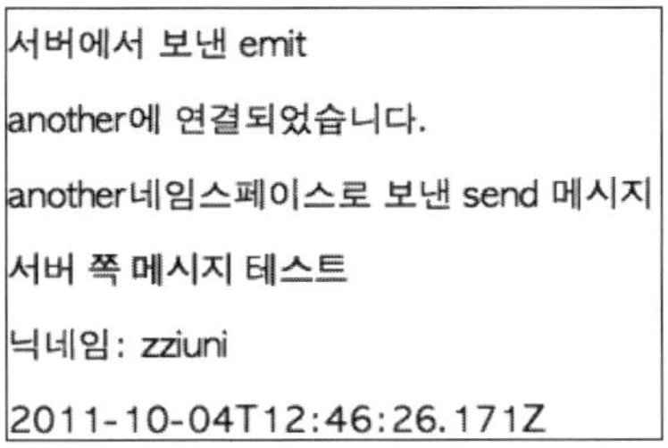

```
서버에서 보낸 emit
another에 연결되었습니다.
another네임스페이스로 보낸 send 메시지
서버 쪽 메시지 테스트
닉네임: zziuni
2011-10-04T12:46:26.171Z
```

그림 7.15 서버에서 받은 메시지가 웹 브라우저에 출력된 화면

7.9 방 기능

네임스페이스는 용도를 구분해 줄 뿐 사용자를 제한하지 않는다. 브로드캐스트는 연결된 사용자 외의 모든 사용자에게 메시지를 보내는데, 때로는 데이터를 주고받을 사용자를 한정해야 할 필요가 있다. 예를 들어 채팅을 구현하면 같은 네임스페이스를 사용하더라도 같은 채팅방에 있는 사용자에게만 브로드캐스팅할 수 있어야 한다. 물론 네임스페이스에서 플래그를 전달하고 클라이언트에서 같은 방에 있는지 구별할 수 있지만, 모든 사용자에게 전달되므로 효율적이지 못하다. Socket.IO는 사용자를 제한하기 위한 방 기능을 지원한다. 방 기능으로 join과 leave 함수를 통해 특정 이름의 방에 참여하거나 빠져나올 수 있다.

리스트 7.22   server.js(일부)

```
...
var another = io.of('/another').on('connection'
  , function(socket) {
    ...
    socket.on('joinroom', function(msg) {
      console.log(msg);
      socket.join('some room');
    });

    socket.on('leaveroom', function(msg) {
      console.log(msg);
      socket.leave('some room');
```

```
    });

    var timer = setInterval(function() {
      var time = new Date();
      socket.broadcast.to('some room').emit('in room', time);
    }, 2000);
  });
```

방 기능을 테스트하기 위해 another 네임스페이스 부분에 joinroom과 leaveroom 이벤트 리스너를 추가했다. 클라이언트에서 joinroom 이벤트를 받으면 socket.join('some room')으로 some room이라는 방에 입장한다. leaveroom 이벤트를 받으면 socket.leave('some room')으로 some room에서 빠져나온다. setInterval()을 사용해 2초 간격으로 some room에 서버 시간을 브로드캐스트했다. 리스트 7.22처럼 socket.broadcast.to('방 이름').emit() 혹은 socket.broadcast.to('방 이름').send() 형식으로 to() 함수를 이용해 방을 지정하면 해당 방에 입장한 사용자에게만 브로드캐스트한다. 클라이언트 코드를 수정해보자.

리스트 7.23 index.html(일부)

```
<body>
  <div id="contents" style="width:300px; height:200px;
    overflow:auto; border:1px solid #000;">
  </div>
  <input type="button" id="joinBtn" value="입장하기" />
  <input type="button" id="leaveBtn" value="나가기" />
  <script type="text/javascript">
    window.onload = function() {
      ...

      if (document.addEventListener) {
        document.getElementById('joinBtn')
          .addEventListener('click', join);
        document.getElementById('leaveBtn')
```

```
        .addEventListener('click', leave);
    } else {
      document.getElementById('joinBtn')
        .attachEvent('onclick', join);
      document.getElementById('leaveBtn')
        .attachEvent('onclick', leave);
    }

    function join() {
      printMessage('방에 입장합니다.');
      another.emit('joinroom', '조인합니다.');
    }

    function leave() {
      printMessage('방에서 나갑니다.');
      another.emit('leaveroom', '나갑니다.');
    }
  };
</script>
</body>
```

HTML에 입장하기와 나가기 두 개의 버튼을 추가하고 스크립트에서 각 버튼에 click 이벤트로 join 함수와 leave 함수를 지정했다. document.addEventListener에 대한 조건문을 사용한 이유는 표준 웹 브라우저와 오래된 IE의 이벤트 추가 함수가 다르기 때문이다. 사용자가 버튼을 클릭하면 각기 join과 leave 함수가 실행된다. join과 leave 함수는 클릭 여부를 확인하기 위해 화면에 메시지를 출력하고 서버에 joinroom과 leaveroom 이벤트를 보낸다.

그림 7.16은 두 개의 브라우저에서 한쪽에서는 접속한 상태에 있고 다른 한쪽에서는 **입장하기** 버튼을 눌러 방에 입장한 것을 비교한 화면이다. 입장하기 버튼을 누른 브라우저에서는 서버의 시간을 받고 다시 나가기 버튼을 눌러 방에서 빠져나오면 더 이상 메시지를 받지 않음을 볼 수 있다. 브로드캐스트에서 동작하기 때문에 **입장하기** 버튼을 누르지 않은 브라우저는 이벤트를 받지 않는다.

그림 7.16 방 기능의 동작 화면

참고로 브로드캐스트가 아닌 send()와 emit()은 서버와 클라이언트가 일대일로 주고받는 것이므로 방 기능과는 상관없다.

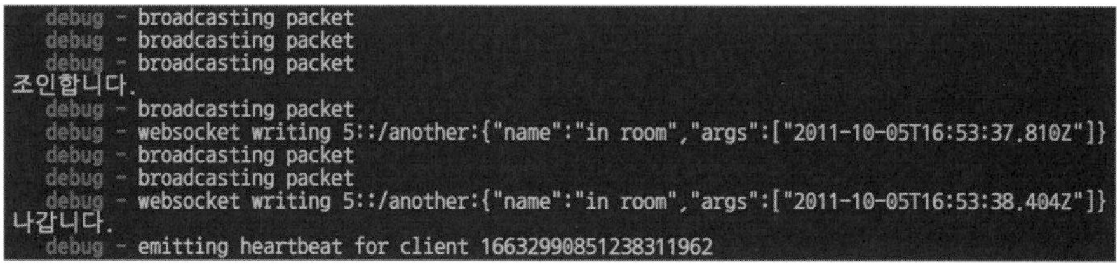

그림 7.17 방 기능에 대한 서버 로그

서버 로그 메시지를 보면 브로드캐스팅을 시도만 하다가 실제 방에 참여하는 사용자가 생기는 순간 브로드캐스트가 동작하고, 사용자가 빠져나가면 브로드캐스트를 멈춘다.

참고로 서버에서 `io.sockets.send()`나 `io.sockets.emit()`을 사용하면 모든 사용자에게 이벤트를 전달할 수 있다. 이는 네임스페이스와 별개이며, 클라이언트는 해당 이벤트 리스너를 디폴트 네임스페이스(/)에 등록해야 한다. 그리고 방에 입장한 모든 사용자에게 메시지를 전달하려면 `io.sockets.in("방 이름").send`나 `io.sockets.in("방 이름").emit`을 사용하고, 받는 쪽에서는 디폴트 네임스페이스에 리스너가 있어야 한다. `broadcast.to()`와 다른 점이라면 브로드캐스트는 현재 연결된 소켓의 사용자를 제외하고 보내지만 `io.sockets.in()`은 방의 모든 사용자에게 보낸다.

7.10 정리

7장에서는 Socket.IO를 살펴봤다. 많은 기능을 제공하지만 사용 방법이 무척 직관적이고 간단하다. 게다가 클라이언트와 서버가 거의 동일한 함수를 사용하기 때문에 빠르게 작성할 수 있다. Socket.IO를 사용하기 전에 리얼타임에 대한 구현을 실제로 해본 적이 있다면 Socket.IO의 인터페이스가 얼마나 간편한지 느낄 수 있을 것이다. 7장에서 설명한 주요 내용은 다음과 같다.

- Socket.IO는 리얼타입웹을 쉽게 구현하게 해주는 모듈이다.
- `require('socket.io').listen()` 함수를 사용하면 웹 서버에 Socket.IO를 연동하거나 단독 Socket.IO 서버를 실행할 수 있다.
- 서버 설정은 `require('socket.io').configure()` 함수를 이용하고 `enable()`, `disable()`, `set()` 함수로 설정 값을 지정한다.
- 클라이언트에서는 socket.io.js 파일을 불러오고 `io.connect()`로 서버에 연결한다. 클라이언트 설정은 `connect()` 함수에 JSON으로 설정 값을 지정한다.
- 연결 여부를 확인하려면 클라이언트는 `io.connect()`로 연결된 소켓 변수에 `connect` 이벤트 리스너를 등록하고, 서버는 `require('socket.io').sokcets`에 `connection` 이벤트 리스너를 등록한다.
- 메시지 송신은 `send()`를 이용하고, 수신은 `message` 이벤트로 받는다. `send()`로 JSON 객체를 보낼 때는 `json.send()`를 사용한다.
- 커스텀 이벤트는 `emit('이벤트명')`을 사용하고 '이벤트명'에 이벤트 리스너를 등록해 받는다.
- 메시지의 전송 여부를 추적하지 않으려면 `volatile` 플래그를 사용한다.
- `boradcast` 플래그를 사용하면 연결된 소켓 외의 모든 사용자에게 전송한다.
- 서버에서 `require('socket.io').of('네임스페이스')`를 사용하면 네임스페이스 내에서만 통신할 수 있다. 클라이언트에서는 `io.connect('네임스페이스')`로 연결한다.

- 서버에서 socket.join('방 이름')이나 socket.leave('방 이름')으로 소켓을 특정 방에 입장시키거나 빠져나올 수 있다. broadcast.to('방 이름').send()나 broadcast.to('방 이름').emit()으로 방에 입장한 사용자에게만 메시지를 보낼 수 있다.

08장

익스프레스와 Socket.IO를 이용한 Simple Chat 예제

6장과 7장에서 익스프레스와 Socket.IO를 설명했다. 8장에서는 노드를 대표한다고 볼 수 있는 이 두 확장 모듈로 간단한 채팅 사이트를 만들면서 두 모듈의 활용 방법을 다시 살펴본다. 그림 8.1, 8.2, 8.3은 채팅 사이트의 완성된 모습이다. 채팅 사이트는 첫 페이지에서 닉네임을 입력해 입장하고, 이미 만들어진 채팅방 리스트 중에서 입장하거나 새로 방을 만들어 채팅을 할 수 있다.

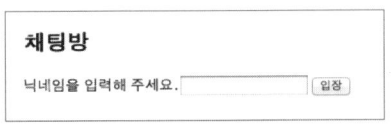

그림 8.1 8장에서 만들 채팅 사이트의 첫 화면

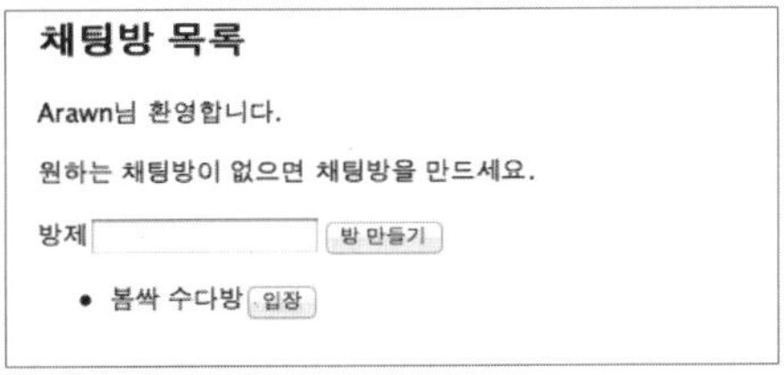

그림 8.2 8장에서 만들 채팅 사이트의 채팅방 리스트

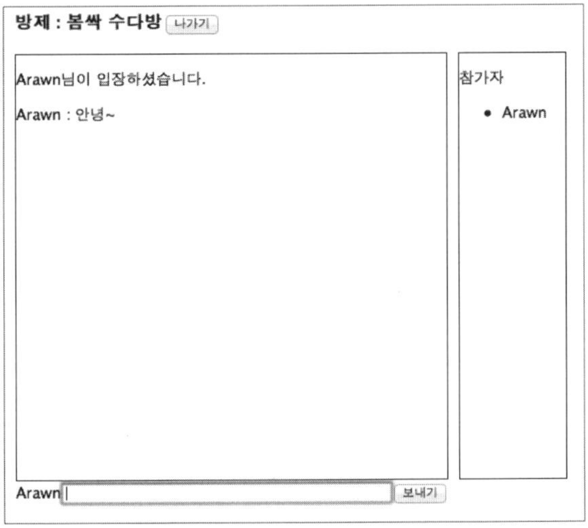

그림 8.3 8장에서 만들 채팅 사이트의 채팅방

채팅 사이트는 simple-chat이라는 이름으로 만든다. CSS로 화면을 꾸미는 방법은 이 책의 내용과는 관련 없으므로 기본적인 레이아웃을 위한 스타일시트만을 사용한다. 익스프레스나 Socket.IO에 대해 미처 설명하지 못한 부분은 추가적으로 설명하지만, 기본적인 내용은 6장과 7장에서 설명했으므로 잘 기억이 나지 않는다면 6장과 7장을 참고하기 바란다.

```
$ express simple-chat
$ cd simple-chat/
simple-chat $ npm install express jade socket.io
```

express로 simple-chat 프로젝트를 생성하고 프로젝트 폴더에서 익스프레스와 제이드, Socket.IO를 설치한다. 익스프레스 v2.5.2, 제이드 v0.19.04, Socket.IO v0.8.7을 사용했다.

8.1 simple-chat의 사용자 닉네임 처리

채팅을 하려면 사용자가 닉네임을 설정해야 하므로 simple-chat의 첫 페이지는 닉네임을 입력하는 화면으로 만든다. 생성된 index에 대한 라우팅 설정은 app.js에 돼 있으므로 뷰 파일만 수정한다.

리스트 8.1　views/layout.jade

```jade
!!!
html
  head
    title Simple Chat
    link(rel='stylesheet', href='/stylesheets/style.css')
    script(type='text/javascript'
      , src='/javascripts/jquery-1.7.0.min.js')
  body!= body
```

설명의 간결함을 위해 style.css를 수정하지 않고 CSS가 필요하면 인라인 스타일시트를 사용한다. 자동 생성된 코드는 `title`을 서버에서 변수로 받지만, `title`을 굳이 다양하게 사용할 필요가 없으므로 `Simple Chat`라고 지정했다. 제이쿼리 사이트(http://docs.jquery.com/Downloading_jQuery#Download_jQuery)에서 제이쿼리 파일을 다운받아 **simple-chat/public/javascripts** 디렉토리에 복사한다. 예제에서는 1.7.0 버전을 사용했지만, 버전이 다르다면 파일명을 수정한다. 제이쿼리를 사용하지 않으면 설명과 관계없는 클라이언트 자바스크립트가 길어지므로 편의상 제이쿼리를 사용했다. 제이쿼리를 사용해보지 않았다면 소스를 이해하기 어려울 수 있으므로 필요할 때마다 소스의 용도를 설명하겠다.

리스트 8.2 app.js(일부)

```
...
// Routes

app.get('/', function(req, res){
  res.render('index');
});

app.listen(3000);
console.log("Express server listening on port %d in %s mode"
  , app.address().port, app.settings.env);
```

app.js에 대한 코드는 6장에서 살펴봤으므로 리스트 8.2는 수정한 부분만의 코드다. 익스프레스 템플릿 소스는 **routes** 디렉토리에 라우팅 함수를 모아두지만 설명의 간결함을 위해 라우팅 함수까지 **app.js**에 작성한다. **layout.jade**에서 `title` 변수를 더 이상 사용하지 않으므로 `title` 변수를 뷰에 전달하는 부분을 제거했다.

리스트 8.3 views/index.jade

```
h2 채팅방
form(action='/enter', method='POST')
  label(for='nickname') 닉네임을 입력해 주세요.
  input(type='text', id='nickname', name='nickname')
```

```
    input(type='submit', value='입장')

script(type='text/javascript')
  $(document).ready(function() {
    $('form').submit(function(e) {
      if ($.trim($('#nickname').val()) === '') {
        alert('닉네임을 입력해 주세요.');
        return false;
      }
    });
  });
```

리스트 8.3은 사용자로부터 닉네임을 입력받는 뷰 페이지다. `<form>` 태그에 텍스트 입력상자와 **제출** 버튼을 만들고 폼은 /enter로 전송한다. `$(document).ready()`는 페이지 로딩이 완료된 후에 실행되는 제이쿼리 함수다. `<form>` 태그의 `submit`이벤트에 리스너를 등록해 텍스트 입력상지에 입력한 값이 없을 경우에는 폼 전송이 되지 않게 처리했다. simple-chat을 실행하고 http://localhost:3000/으로 접속하면 그림 8.4와 같은 화면을 볼 수 있다.

그림 8.4 닉네임을 입력받는 인덱스 페이지

닉네임을 입력하고 **입장** 버튼을 클릭하면 폼이 전송되지만, /enter의 POST 전송에 대한 처리를 하지 않아 404 오류가 발생한다. 코드를 추가하기 전에 닉네임에 대한 처리를 생각해보자. 같은 닉네임을 사용하는 사용자가 있으면 안 되기 때문에 입장한 사용자의 닉네임을 관리해야 한다. 닉네임 외에도 채팅과 관련된 관리가 필요하므로 채팅을 담당하는 모듈을 만든다. 리스트 8.4는 채팅을 담당하는 chat.js 파일이다.

리스트 8.4   chat.js

```js
var Chat = module.exports = {
  users: []
  // 사용자 관련
  , hasUser: function(nickname) {
    var users = this.users.filter(function(element) {
      return (element === nickname);
    });

    if (users.length > 0) {
      return true;
    } else {
      return false;
    }
  }
  , addUser: function(nickname) {
    this.users.push(nickname);
  }
}
```

Chat 객체를 app.js에서 사용해야 하므로 module.exports로 지정했다. 입장한 사용자 닉네임을 관리하는 users 배열을 멤버 변수로 추가했다. hasUser(nickname) 함수는 users 배열에 중복된 닉네임이 있는지 검사한다. filter() 함수는 자바스크립트 1.6에 추가된 배열의 메소드다. addUser (nickname) 함수는 전달받은 닉네임을 users 배열에 추가한다. Chat 객체에 닉네임 관리를 추가했지만, 접속한 사용자가 사용 중인 닉네임을 유지하려면 세션을 사용해야 한다.

리스트 8.5   app.js(일부)

```js
var express = require('express')
  , Chat = require('./chat');

var app = module.exports = express.createServer();
```

```
app.configure(function(){
  app.set('views', __dirname + '/views');
  app.set('view engine', 'jade');
  app.use(express.bodyParser());
  app.use(express.cookieParser());
  app.use(express.session({secret: 'secret key'}));
  app.use(app.router);
  app.use(express.static(__dirname + '/public'));
});
```

리스트 8.4에서 chat.js를 불러오고 세션을 사용하는 설정을 추가한다. 세션을 사용하려면 쿠키도 함께 사용해야 하므로 cookiePaser와 session 미들웨어의 사용을 추가했다. session의 secret는 암호화 키를 임의로 지정한다.

리스트 8.6 app.js(일부)

```
...
app.get('/', function(req, res){
  res.render('index');
});

app.post('/enter', function(req, res) {
  var isSuccess = false
    , nickname = req.body.nickname;

  if (nickname && nickname.trim() !== '') {
    if (!Chat.hasUser(nickname)) {
      Chat.addUser(nickname);
      req.session.nickname = nickname;
      isSuccess = true;
    }
  }

  res.render('enter', {
    isSuccess: isSuccess
    , nickname: nickname
```

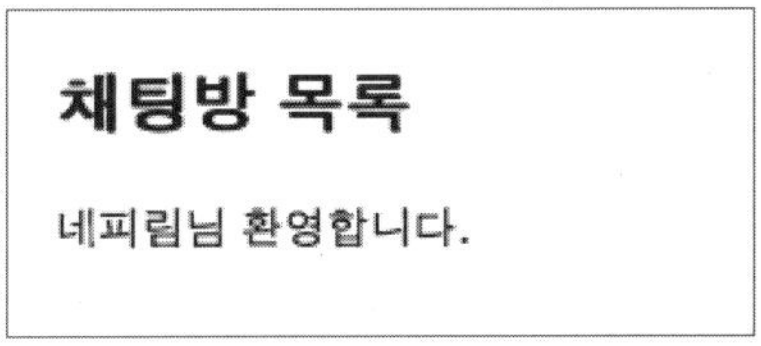

    });
  });
```

app.js의 라우팅 부분에 /enter에 대한 POST 처리를 추가했다. 입력받은 닉네임의 존재 여부를 확인하고, 존재하지 않을 경우 Chat.addUser()를 호출해 닉네임을 추가하고 세션에도 추가한다. 사용 가능한 닉네임이면 정상적으로 입장했다는 안내 메시지를 보여준다. 사용할 수 없는 닉네임이면 실패 메시지를 보여준 뒤 인덱스 페이지로 다시 이동한다. 리스트 8.7은 뷰 파일인 enter.jade다.

**리스트 8.7  views/enter.jade**

```jade
- if (isSuccess)
  h2 채팅방 목록
  p #{nickname}님 환영합니다.
- else
  - if (nickname === '')
    script(type='text/javascript')
      alert('잘못된 닉네임입니다.');
      history.go(-1);
  - else
    script(type='text/javascript')
      alert('사용중인 닉네임입니다.');
      history.go(-1);
```

다시 simple-chat을 실행하면 그림 8.5와 그림 8.6처럼 닉네임에 따라 정상적으로 처리된다. simple-chat은 닉네임을 배열로 관리하기 때문에 애플리케이션을 재실행하면 초기화된다.

채팅방 목록

네피림님 환영합니다.

그림 8.5 닉네임 입력 성공
```

그림 8.6 닉네임 입력 실패

8.2 채팅방 생성

사용자가 닉네임을 입력하고 들어오면 채팅방 리스트를 볼 수 있고 채팅방을 만들 수 있어야 한다. 채팅방 리스트를 보기 전에 채팅방을 만드는 기능을 먼저 추가하자.

리스트 8.8   views/enter.jade(일부)

```
- if (isSuccess)
  h2 채팅방 목록
  p #{nickname}님 환영합니다.
  p 원하는 채팅방이 없으면 채팅방을 만드세요.
    form(action='/makeRoom', method='POST')
      label(for='roomname') 방제
      input(type='text', id='roomname', name='roomname')
      input(type='submit', value='방 만들기')
- else
  ...
```

enter.jade에 `<form>` 태그를 추가해 그림 8.7처럼 방제를 입력받는다. 폼을 제출하면 /makeRoom으로 전송한다.

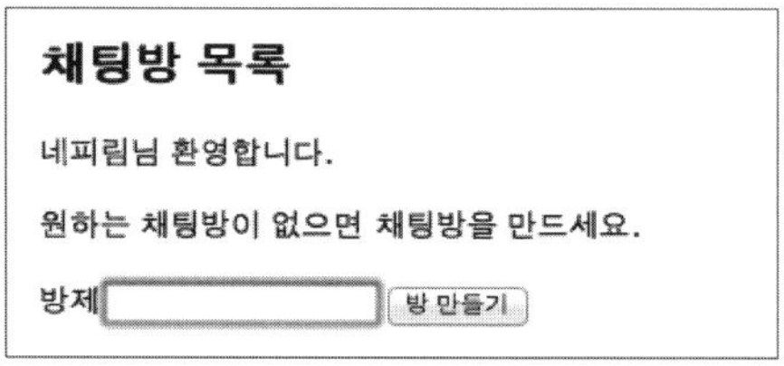

그림 8.7 방 만들기 화면

폼 전송이 이뤄질 /makeRoom에 대한 처리를 추가해야 한다. 그 전에 chat.js에서 사용자 닉네임을 관리했듯 채팅방에 대한 관리도 추가한다.

리스트 8.9   chat.js(일부)

```
var Chat = module.exports = {
  users: []
  , rooms: []
  // 사용자 관련
  , hasUser: function(nickname) {
      ...
  }
  , addUser: function(nickname) {
      ...
  }
  // 방 관련
  , hasRoom: function(roomName) {
    var rooms = this.rooms.filter(function(element) {
      return (element.name === roomName);
    });

    if (rooms.length > 0) {
      return true;
    } else {
      return false;
    }
  }
  , addRoom: function(roomName) {
    this.rooms.push({name:roomName, attendants:[]});
  }
}
```

닉네임을 관리하는 코드와 동일하다. rooms 배열에서 채팅방을 관리하고, hasRoom() 함수가 중복 채팅방을 검사하고, addRoom()으로 채팅방을 추가한다. 채팅방은 방 이름뿐 아니라 방에 입장한 참가자도 포함해야 하므로 JSON 객체를

rooms 배열에 추가한다. JSON 객체의 name 키에 방 이름을 넣고 attendants 키는 나중에 채팅 참가자를 추가하기 위해 배열로 만들었다.

리스트 8.10 app.js(일부)

```javascript
...
app.post('/enter', function(req, res) {
  ...
}

app.post('/makeRoom', function(req, res) {
  var isSuccess = false
    , roomName = req.body.roomname;

  if(roomName && roomName.trim() != '') {
    if (!Chat.hasRoom(roomName)) {
      Chat.addRoom(roomName);
      isSuccess = true;
    }
  }

  res.render('makeRoom', {
    isSuccess: isSuccess
    , roomName: roomName
  });
});
```

app.js의 라우팅 부분에 /makeRoom의 처리를 추가했다. 입력받은 방 이름의 존재 여부를 확인하고, 존재하지 않는 방이면 Chat.addRoom()으로 채팅방을 추가한다. 채팅방 생성의 성공 여부를 뷰 파일에 전달하고, 뷰 파일에서 성공 여부에 따라 다르게 처리한다.

리스트 8.11 views/makeroom.jade

```jade
- if (isSuccess)
  script
```

```
          alert('방이 만들어졌습니다.');
          location.href = '/join/#{roomName}';
- else if (roomname === '')
    script
          alet('방을 만들지 못했습니다.');
          location.href = '/enter';
- else
    script
          alert('이미 존재하는 방입니다.');
          location.href = '/enter';
```

채팅방이 만들어졌으면 안내 메시지와 함께 '/join/방 이름'으로 이동하고 채팅 방 만드는 데 실패했으면 다시 /enter로 이동한다.

리스트 8.12 app.js(일부)

```
...
app.post('/makeRoom', function(req, res) {
  ...
}

app.get('/join/:id', function(req, res) {
  var isSuccess = false
    , roomName = req.params.id;

  if (Chat.hasRoom(roomName)) {
    isSuccess = true;
  }

  res.render('room', {
    isSuccess: isSuccess
    , roomName: roomName
    , nickName: req.session.nickname
  });
});
```

채팅방을 만든 후 이동할 '/join/방 이름'의 라우팅 처리를 추가했다. /join/ 뒤에 이어지는 방 이름을 동적으로 받기 위해 요청 파라미터 변수 :id를 사용했다. 요청 파라미터 변수는 req.params.id로 접근한다. 존재하지 않는 채팅방으로의 접근을 막기 위해 채팅방의 존재 여부를 다시 확인하고, 방제와 입장한 사용자 닉네임을 뷰 파일에 전달한다. 리스트 8.13은 채팅방의 뷰 파일이다.

리스트 8.13 room.jade

```
- if (!isSuccess)
  script
    alert('방에 입장할 수 없습니다.');
    location.href = '/enter';
- else
  h3 방제 :
    span#roomName= roomName
```

존재하지 않는 방에 접근하면 다시 /enter로 돌려보내고 정상적인 방이면 페이지를 보여준다. 8장의 후반부에서 작성할 Socket.IO를 이용한 채팅 구현은 이 페이지에 작성한다. 여기서는 일단 채팅방의 이름만 보여줬다. 방을 생성하면 그림 8.8, 8.9와 같은 화면을 볼 수 있다.

그림 8.8 방을 생성한 화면

그림 8.9 생성된 방

채팅방을 만들다가 실패하거나 존재하지 않는 채팅방에 접근하면 /enter로 돌려보낸다. 하지만 앞에서 /enter는 닉네임을 입력받는 페이지였으므로 POST에 대한 처리만 추가했기 때문에 /enter의 GET 요청은 처리하지 못한다. 또한 /enter는 채팅방의 리스트를 보여줄 것이므로 사용자가 화면을 새로 고침할 수도 있다. 따라서 /enter에 대한 GET 요청의 라우팅을 추가한다.

리스트 8.14   app.js(일부)

```
...
app.post('/enter', function(req, res) {
  ...
}

app.get('/enter', function(req, res) {
  if (req.session.nickname) {
    res.render('enter', {
      isSuccess: true
      , nickname: req.session.nickname
      , roomList: Chat.getRoomList()
    });
  } else {
    res.render('enter', {
      isSuccess: false
      , nickname: ''
    });
  }
});
```

/enter의 GET 요청도 POST 요청과 동일한 내용을 보여줄 것이므로 세션의 닉네임 존재 여부만 확인하고 POST 요청과 동일한 뷰 파일을 보여준다. 게다가 생성된 채팅방 리스트를 보여줘야 하므로 roomList: Chat.getRoomList()를 뷰 파일에 전달하는 변수에 추가했다. chat.js에서 채팅방의 리스트를 돌려주는 getRoomList() 함수를 추가한다.

리스트 8.15 chat.js(일부)

```
...
, addRoom: function(roomName) {
  ...
}
, getRoomList: function() {
  return this.rooms.map(function(element) {
    return element.name;
  });
}
```

채팅방은 rooms 배열에 담겨있다. 배열의 map() 함수로 rooms 배열의 채팅방 객체에서 name 값만으로 새로운 배열을 만들어 돌려준다. 채팅방 리스트를 뷰 파일에 전달하는 코드를 /enter의 POST 요청에도 추가한다.

리스트 8.16 app.js(일부)

```
...
app.post('/enter', function(req, res) {
  ...
  res.render('enter', {
    isSuccess: isSuccess
    , nickname: nickname
    , roomList: Chat.getRoomList()
  });
});
```

서버에서 roomList 변수에 채팅방의 배열을 전달했으므로 뷰 파일에서 리스트를 출력한다.

리스트 8.17 views/enter.jade(일부)

```
- if (isSuccess)
  h2 채팅방 목록
```

```
          p #{nickname}님 환영합니다.
          p 원하는 채팅방이 없으면 채팅방을 만드세요.
            form(action='/makeRoom', method='POST')
              label(for='roomname') 방제
              input(type='text', id='roomname', name='roomname')
              input(type='submit', value='방 만들기')
        ul
          each room in roomList
            li= room
              input(type='button', value='입장',
                onclick='location.href=\'/join/' + room + '\'');
- else
  ...
```

roomList 배열을 출력하기 위해 제이드의 each문을 사용했다. roomList를 순회하면서 `<li>` 태그로 방 이름을 보여주고 '/join/방 이름' URL로 이동하는 입장 버튼을 추가했다.

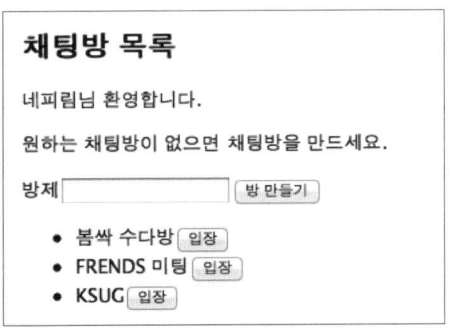

그림 8.10 채팅방 리스트 출력 화면

채팅방을 여러 개 생성한 뒤 /enter로 접속하면 그림 8.10처럼 채팅방 리스트가 출력된다. 각 방의 입장 버튼을 클릭하면 각 방의 채팅 페이지로 이동한다.

8.3 Socket.IO를 사용한 채팅방 입장

지금까지는 익스프레스로 채팅방에 입장하기 위한 페이지를 구성했지만, 이제 Socket.IO로 채팅 기능을 구현할 차례다. room.jade 파일이 채팅방의 뷰 파일이다.

리스트 8.18 views/room.jade(일부)

```jade
...
- else
  h3 방제 :
    span#roomName= roomName
  #chatWindow(style='width:400px; height:400px; overflow:auto;
    border:1px solid #000; float:left; margin-right:10px;')

  div(style='width:100px; height:400px; overflow:auto;
    border:1px solid #000;')
    p 참가자
    ul#attendants
  form
    span#myName #{nickName}
    input(type='text', style='width:300px;')#message
    input(type='submit', value='보내기')

  script(type='text/javascript')
```

리스트 8.18에서 채팅을 위한 HTML과 자바스크립트를 추가했다. 방제 아래 채팅 내용을 보여줄 `<div>` 태그를 추가했고 이 `<div>` 태그는 `chatWindow`라는 아이디를 갖는다. 편의상 이 `<div>`를 챗윈도우라고 부르겠다. 우측에는 채팅방에 입장한 사용자를 보여줄 `<div>`를 만들었다. 챗윈도우 아래에 채팅 내용을 입력하는 텍스트 입력상자와 전송 버튼을 추가했다. Socket.IO를 사용하기 위해 layout.jade에서 socket.io.js 파일을 불러온다.

리스트 8.19   views/layout.jade(일부)

```
...
  script(type='text/javascript'
    , src='/javascripts/jquery-1.7.0.min.js')
  script(type='text/javascript', src='/socket.io/socket.io.js')
  body!= body
```

서버에 Socket.IO를 추가하기 전에 클라이언트 쪽 스크립트를 먼저 작성하자.

리스트 8.20   room.jade(일부)

```
...
script(type='text/javascript')
  $(document).ready(function() {
    var room = io.connect('/room');
    var chatWindow = $('#chatWindow');
    var messageBox = $('#message');
    var myName = $('#myName').text();

    function showMessage(msg) {
      chatWindow.append($('<p>').text(msg));
      chatWindow.scrollTop(chatWindow.height());
    };

    room.on('connect', function() {
      room.emit('join', {roomName:$('#roomName').text()
        , nickName:myName});
    });

    room.on('joined', function(data) {
      if(data.isSuccess) {
        showMessage(data.nickName + '님이 입장하셨습니다.');
      }
    });
  });
```

제이쿼리와 Socket.IO로 페이지가 로딩된 후 Socket.IO 서버에 접속을 시도하고, 접속이 완료되면 채팅방에 대한 입장 요청을 보낸다. 입장이 완료되면 챗윈도우에 입장이 완료됐다는 메시지를 출력한다. `var room = io.connect('/room')`으로 Socket.IO의 네임스페이스에 연결한 객체를 `room` 변수에 할당했다. 8장의 예제에서는 채팅 외에 다른 기능은 없어 굳이 네임스페이스를 사용하지 않아도 되지만, 차후에 기능을 추가할 수도 있으므로 네임스페이스를 사용했다. `chatWindow`, `messageBox`, `myName` 변수에는 자주 사용하는 값을 저장했다. 변수로 저장한 이유는 반복적인 DOM 조회를 줄여 속도를 높이기 위함이다. `showMessage()`는 챗윈도우에 메시지를 출력하는 함수다. `showMessage()`는 파라미터로 받은 메시지를 `<p>` 태그로 감싸 챗윈도우에 추가하고 스크롤을 가장 밑으로 내려 추가된 메시지가 보이게 했다.

Socket.IO 서버 연결 후 채팅방 입장을 요청하기 위해 `connect` 이벤트의 리스너에서 `room.emit('join', {roomName:$('#roomName').text(), nickName:myName})`를 추가했다. `join` 이벤트로 방제와 사용자 닉네임을 전송한다. 그리고 다른 사용자가 채팅방에 입장하면 화면에 표시돼야 하기 때문에 `joined` 이벤트 리스너를 등록해 다른 사용자의 입장을 알리는 메시지를 출력한다. 이제 Socket.IO 서버를 구현할 차례다. Socket.IO에 대한 부분만 모듈화하기 위해 rooms.js 파일을 만들었다.

리스트 8.21 rooms.js

```
var Chat = require('./chat');

module.exports = function(app) {
  var io = require('socket.io').listen(app);

  io.configure(function(){
    io.set('log level', 3);
    io.set('transports', [
      'websocket'
      , 'flashsocket'
      , 'htmlfile'
      , 'xhr-polling'
      , 'jsonp-polling'
```

```
      ]);
    });

    var Room = io
      .of('/room')
      .on('connection', function(socket) {
        var joinedRoom = null;
        socket.on('join', function(data) {
          if (Chat.hasRoom(data.roomName)) {
            joinedRoom = data.roomName;
            socket.join(joinedRoom);
            socket.emit('joined', {
              isSuccess:true, nickName:data.nickName
            });
            socket.broadcast.to(joinedRoom).emit('joined', {
              isSuccess:true, nickName:data.nickName
            });
          } else {
            socket.emit('joined', {isSuccess:false});
          }
        });
      });
}
```

rooms.js에서도 채팅 관련 함수를 사용하기 위해 chat.js를 불러왔다. rooms.js는 하나의 함수인데, 웹 서버 객체를 파라미터로 받아 Socket.IO와 연결하고 Socket.IO 설정을 했다. `var Room = io` 부분부터 채팅 기능의 구현이다. `join` 이벤트 리스너에서 전달받은 채팅방의 존재 여부를 확인하고 `joinedRoom` 변수에 방제를 저장한 뒤 `socket.join(joinedRoom)`으로 채팅방에 입장시킨다. 새로운 사용자가 입장하면 입장한 사용자와 그 외 사용자 모두에게 알려줘야 한다. `socket.emit('joined')`와 `socket.broadcast.to(joinedRoom).emit('joined')`를 실행해 `joined` 이벤트를 발생시킨다. 채팅을 구현한 rooms.js를 app.js와 연동한다.

리스트 8.22 app.js(일부)

```
...
app.listen(3000);
require('./rooms')(app);
console.log("Express server listening on port %d in %s mode"
  , app.address().port, app.settings.env);
```

rooms 모듈을 함수로 정의했으므로 별도의 함수를 사용하지 않고 require()로 불러오면서 app을 전달했다. 다시 실행하고 방에 입장하면 그림 8.11처럼 입장 메시지를 볼 수 있다.

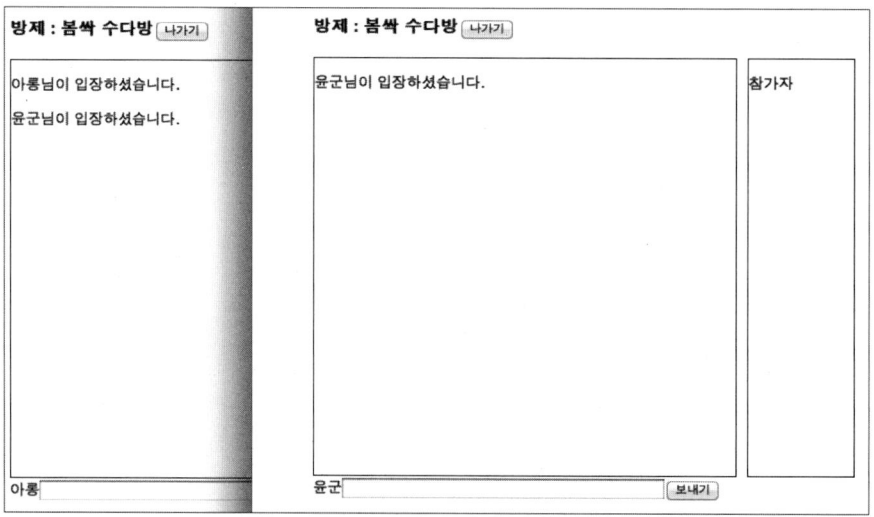

그림 8.11 입장 메시지 출력 화면

8.4 채팅 기능 구현

채팅방에 입장까지 구현했으니 사용자 간에 메시지를 주고받게 채팅 기능을 구현할 차례다.

리스트 8.23   views/room.jade(일부)

```
...
room.on('joined', function(data) {
  ....
});

$('form').submit(function(e) {
  e.preventDefault();
  var msg = messageBox.val();
  if ($.trim(msg) !== '') {
    showMessage(myName + ' : ' + msg);
    room.json.send({nickName:myName, msg:msg});
    messageBox.val('');
  }
});

room.on('message', function(data) {
  showMessage(data.nickName + ' : ' + data.msg);
});
```

사용자가 채팅을 하려고 텍스트 입력상자에 메시지를 입력한 뒤 **Enter** 키를 누르거나 보내기 버튼을 클릭하면 폼이 전송된다. 폼 전송이 발생하면 페이지가 갱신되기 때문에 자바스크립트로 submit 이벤트에 리스너를 등록하고 제이쿼리의 e.preventDefault()로 기본 동작인 폼 전송을 막았다. 채팅 메시지는 폼 전송 대신 Socket.IO로 서버에 전송해야 한다. 입력받은 채팅 메시지를 챗윈도우에 출력하고 room.json.send()로 서버에 전송한 뒤 사용자가 새로운 메시지를 입력하게 messageBox.val('')로 텍스트 입력상자의 내용을 초기화했다. 다른 사용자가 보내는 메시지를 받기 위해 message 이벤트에 리스너를 등록하고 전달받은 닉네임과 메시지를 챗윈도우에 출력했다.

리스트 8.24 rooms.js(일부)

```
...
socket.on('join', function(data) {
  ....
});

socket.on('message', function(data) {
  if (joinedRoom) {
    socket.broadcast.to(joinedRoom).json.send(data);
  }
});
```

클라이언트로부터 채팅 메시지를 받기 위해 message 이벤트에 리스너를 등록했다. 리스너는 사용자가 입장한 방이 있는지 검사한 뒤 다른 사용자에게 메시지를 브로드캐스팅한다. 다시 실행하고 방에 입장하면 그림 8.12처럼 채팅을 할 수 있다.

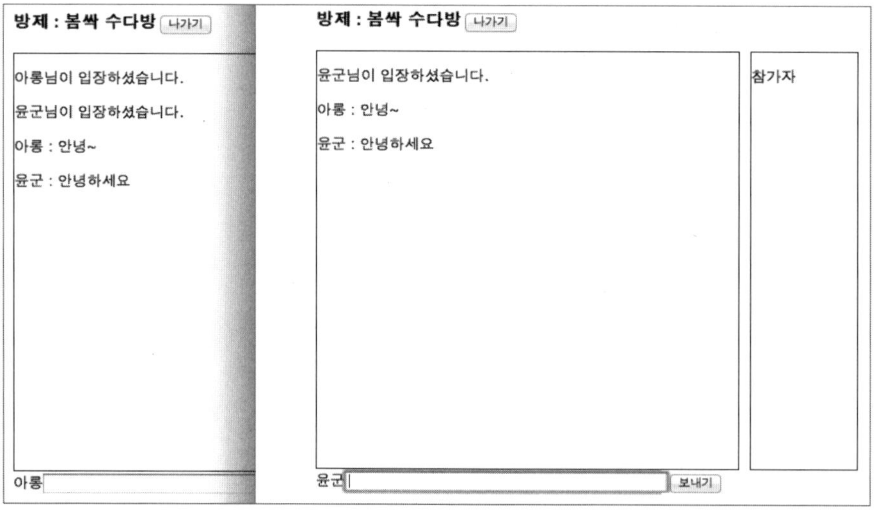

그림 8.12 채팅하는 화면

8.5 채팅 참가자 관리

채팅방에 입장한 사용자 리스트를 출력하는 부분을 작성할 차례다. 서버는 채팅방에 참여한 사용자를 알고 있어야 하고, 각 채팅방에는 현재 참여자 리스트가 나와야 한다. 또한 방에 입장했으니 방을 나갈 수도 있어야 한다. chat.js에서 채팅방을 추가할 때 다음과 같이 작성했다.

```
addRoom: function(roomName) {
  this.rooms.push({name:roomName, attendants:[]});
}
```

채팅방의 `attendants` 배열에서 참가자를 관리할 것이다. chat.js에 채팅방 참가자에 대한 관리 코드를 추가한다.

리스트 8.25 chat.js(일부)

```
...
, getRoomList: function() {
  ...
}
, joinRoom: function(roomName, user) {
  var rooms = this.rooms.filter(function(element) {
    return (element.name === roomName);
  });
  if (!this.hasAttendant(rooms[0].attendants, user)) {
    rooms[0].attendants.push(user);
  }
}
, hasAttendant: function(attendants, user) {
  return attendants.some(function(element) {
    return (element === user);
  });
}
, getAttendantsList: function(roomName) {
```

```
    var rooms = this.rooms.filter(function(element) {
      return (element.name === roomName);
    });
    return rooms[0].attendants;
  }
```

chat.js에 세 개의 함수를 추가했다. joinRoom() 함수는 방제와 사용자를 파라미터로 받는다. 채팅방 배열인 rooms에서 방제와 같은 객체를 찾아 attendants에 사용자가 존재하는지 확인하고, 존재하지 않으면 사용자를 추가한다. hasAttendant() 함수는 joinRoom()에서 사용하는 함수로, attendants에 사용자가 있는지 여부를 확인한다. getAttendantsList() 함수는 채팅방의 참가자 배열을 돌려준다.

리스트 8.26 app.js(일부)

```
...
app.get('/join/:id', function(req, res) {
  ...
  res.render('room', {
    isSuccess: isSuccess
    , roomName: roomName
    , nickName: req.session.nickname
    , attendants: Chat.getAttendantsList(roomName)
  });
});
```

채팅방의 라우팅인 /join/:id 부분에 채팅방 참가자 리스트를 attendants 변수에 담아 뷰 파일에 전달한다.

리스트 8.27   views/room.jade(일부)

```jade
...
div(style='width:100px; height:400px; overflow:auto;
  border:1px solid #000;')
  p 참가자
  ul#attendants
    each attendant in attendants
      li(id='attendant-'+attendant)= attendant
form
...
```

뷰 파일에서는 참가자를 보여주기 위해 만들어 놓은 `<div>` 태그에 참가자 리스트를 `<li>` 태그로 출력한다. 사용자가 방을 나갈 때 `<li>` 태그를 제거할 수 있게 attenants-닉네임 형식의 아이디를 추가한다. 이제 방에 입장하면 기존 참가자 리스트가 화면에 출력될 것이다. 하지만 아직 채팅방에 입장했을 때 서버 쪽에서 참가자를 추가하는 부분을 작성하지 않았다.

리스트 8.28   rooms.js(일부)

```js
...
socket.on('join', function(data) {
  if (Chat.hasRoom(data.roomName)) {
    joinedRoom = data.roomName;
    socket.join(joinedRoom);
    socket.emit('joined', {isSuccess:true, nickName:data.nickName});
    socket.broadcast.to(joinedRoom).emit('joined'
      , {isSuccess:true, nickName:data.nickName});
    Chat.joinRoom(joinedRoom, data.nickName);
  } else {
    socket.emit('joined', {isSuccess:false});
  }
});
```

입장에 대한 이벤트인 join에서 Chat.joinRoom()을 호출해 참가자를 추가했다. 이제 방에 입장하면 기존 참가자 리스트가 출력될 것이다. 하지만 채팅방에 입장한 뒤 새로 입장하는 참가자는 출력되지 않는다.

리스트 8.29   views/room.jade(일부)

```
...
$(document).ready(function() {
  var room = io.connect('/room');
  var chatWindow = $('#chatWindow');
  var messageBox = $('#message');
  var myName = $('#myName').text();
  var attendants = $('#attendants');

  ...

  room.on('joined', function(data) {
    if(data.isSuccess) {
      showMessage(data.nickName + '님이 입장하셨습니다.');
      attendants.append($('<li>')
        .attr('id', 'attendant-'+data.nickName)
        .text(data.nickName));
    }
  });
});
```

새로운 참가자에 대한 이벤트인 joined에서 동적으로 새로 입장한 사용자를 참가자 리스트에 보여준다. 방에 입장하면 참가자 리스트가 그림 8.13처럼 출력된다.

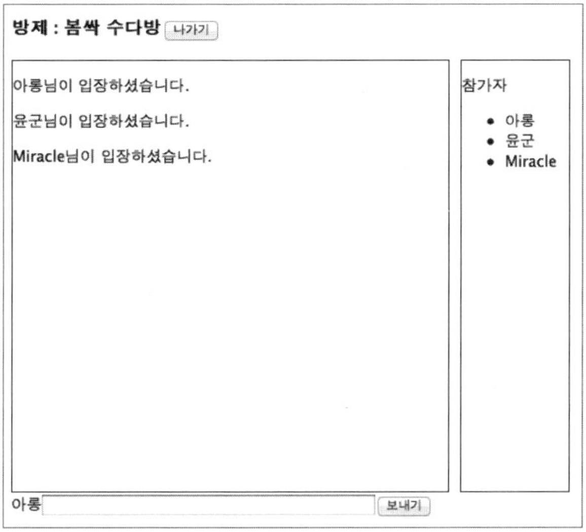

그림 8.13 참가자 보여주기

8.6 채팅방 나가기

채팅방에 입장했으니 채팅방을 나가 다른 채팅방으로 이동할 수 있어야 한다. 이번에는 채팅방을 나가는 기능을 구현할 차례다.

리스트 8.30   views/room.jade(일부)

```
...
- else
  h3 방제 :
    span#roomName= roomName
    input#leave(type='button', value='나가기')
  #chatWindow(style='width:400px; height:400px; overflow:auto;
    border:1px solid #000; float:left; margin-right:10px;')
```

사용자가 채팅방을 나갈 수 있게 방제 옆에 나가기 버튼을 추가했다. 나가기 버튼을 누르면 서버에 알려주고 다른 채팅방으로 이동할 수 있게 /enter로 이동한다.

리스트 8.31 views/room.jade(일부)

```
...
room.on('message', function(data) {
  showMessage(data.nickName + ' : ' + data.msg);
});

$('#leave').click(function(e) {
  room.emit('leave', {nickName:myName});
  location.href='/enter';
});

room.on('leaved', function(data) {
  showMessage(data.nickName + '님이 나가셨습니다.');
  $('#attendant-'+data.nickName).remove();
});
```

리스트 8.30에서 만든 나가기 버튼에 클릭 이벤트를 등록해 서버에 leave 이벤트를 전송하고 /enter로 이동한다. 서버로부터 다른 사용자가 나갔다는 이벤트를 받기 위해 leaved 이벤트에 리스너를 등록하고 화면에 메시지를 출력한 뒤 참가자 리스트에서 사용자를 제거한다. 서버에서 leave 이벤트를 처리하는 코드를 추가하기 전에 채팅방에서 참가자를 제거하는 코드를 chat.js에 추가하자.

리스트 8.32 chat.js(일부)

```
...
  , getAttendantsList: function(roomName) {
    ...
  }
  , leaveRoom: function(roomName, user) {
    var rooms = this.rooms.filter(function(element) {
      return (element.name === roomName);
    });
    rooms[0].attendants.forEach(function(element, index, arr) {
      if (element === user) {
        arr.splice(index, 1);
```

           }
       });
   }

---

leaveRoom() 함수는 파라미터로 받은 채팅방을 찾은 뒤 참가자 배열에서 전달받은 참가자를 제거한다. 배열의 forEach() 함수를 사용해 모든 요소를 순회하면서 같은 사용자를 찾으면 splice() 함수로 배열에서 제거했다. 이 함수를 이용해 Socket.IO를 사용하는 rooms.js에 나가기에 대한 처리를 추가하면 된다.

리스트 8.33 rooms.js(일부)

```
...
socket.on('message', function(data) {
  ...
});

socket.on('leave', function(data) {
  if (joinedRoom) {
    Chat.leaveRoom(joinedRoom, data.nickName);
    socket.broadcast.to(joinedRoom).emit('leaved',
        {nickName:data.nickName});
    socket.leave(joinedRoom);
  }
});
```

---

leave 이벤트 리스너를 등록하고 Chat.leaveRoom() 함수를 호출해 사용자를 제거한다. 다른 사용자들에게 채팅방을 나간 사용자가 있다고 브로드캐스트하고 Socket.IO 방 기능의 leave() 함수로 입장했던 방에서 빠져나온다. 방에서 빠져나왔으므로 사용자는 채팅방이 보내는 이벤트를 더 이상 받지 않는다. simple-chat을 다시 실행하면 나가기 기능을 확인할 수 있다.

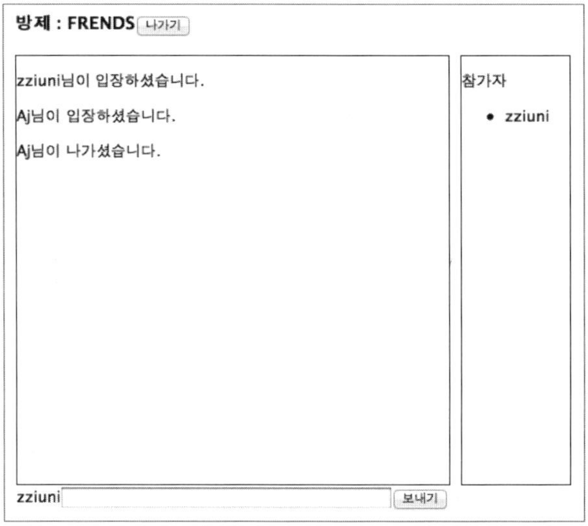

그림 8.14 나가기 화면

8.7 완성된 simple-chat 코드

채팅 사이트를 전부 작성했다. 소스를 나눠 설명하다보니 전체 코드를 파악하기가 어려웠을 수도 있다. 리스트 8.34부터 8장에서 작성한 예제의 전체 소스를 추가했으므로 설명 중 이해가 안 되는 부분은 완성된 소스를 참고하면 된다.

리스트 8.34 app.js

```
/**
 * Module dependencies.
 */

var express = require('express')
  , Chat = require('./chat');

var app = module.exports = express.createServer();

// 환경설정

app.configure(function(){
  app.set('views', __dirname + '/views');
```

```javascript
  app.set('view engine', 'jade');
  app.use(express.bodyParser());
  app.use(express.cookieParser());
  app.use(express.session({secret: 'secret key'}));
  app.use(app.router);
  app.use(express.static(__dirname + '/public'));
});

app.configure('development', function(){
  app.use(express.errorHandler({ dumpExceptions: true
    , showStack: true }));
});

app.configure('production', function(){
  app.use(express.errorHandler());
});

// 라우터

app.get('/', function(req, res){
  res.render('index');
});

app.post('/enter', function(req, res) {
  var isSuccess = false
    , nickname = req.body.nickname;

  if (nickname && nickname.trim() !== '') {
    if (!Chat.hasUser(nickname)) {
      Chat.addUser(nickname);
      req.session.nickname = nickname;
      isSuccess = true;
    }
  }

  res.render('enter', {
    isSuccess: isSuccess
```

```javascript
      , nickname: nickname
      , roomList: Chat.getRoomList()
    });
  });

  app.get('/enter', function(req, res) {
    if (req.session.nickname) {
      res.render('enter', {
        isSuccess: true
        , nickname: req.session.nickname
        , roomList: Chat.getRoomList()
      });
    } else {
      res.render('enter', {
        isSuccess: false
        , nickname: ''
      });
    }
  });

  app.post('/makeRoom', function(req, res) {
    var isSuccess = false
      , roomName = req.body.roomname;

    if(roomName && roomName.trim() != '') {
      if (!Chat.hasRoom(roomName)) {
        Chat.addRoom(roomName);
        isSuccess = true;
      }
    }

    res.render('makeRoom', {
      isSuccess: isSuccess
      , roomName: roomName
    });
  });
```

```
app.get('/join/:id', function(req, res) {
  var isSuccess = false
    , roomName = req.params.id;

  if (Chat.hasRoom(roomName)) {
    isSuccess = true;
  }

  res.render('room', {
    isSuccess: isSuccess
    , roomName: roomName
    , nickName: req.session.nickname
    , attendants: Chat.getAttendantsList(roomName)
  });
});

app.listen(3000);

// Socket.io
require('./rooms')(app);

console.log("Express server listening on port %d in %s mode",
  app.address().port, app.settings.env);
```

리스트 8.35 chat.js

```
var Chat = module.exports = {
  users: []
  , rooms: []

  // 사용자 관련
  , hasUser: function(nickname) {
    var users = this.users.filter(function(element) {
      return (element === nickname);
    });

    if (users.length > 0) {
      return true;
```

```
    } else {
      return false;
    }
  }
, addUser: function(nickname) {
    this.users.push(nickname);
  }

  // 방 관련
, hasRoom: function(roomName) {
    var rooms = this.rooms.filter(function(element) {
      return (element.name === roomName);
    });

    if (rooms.length > 0) {
      return true;
    } else {
      return false;
    }
  }
, addRoom: function(roomName) {
    this.rooms.push({name:roomName, attendants:[]});
  }
, getRoomList: function() {
    return this.rooms.map(function(element) {
      return element.name;
    });;
  }
, joinRoom: function(roomName, user) {
    var rooms = this.rooms.filter(function(element) {
      return (element.name === roomName);
    });
    if (!this.hasAttendant(rooms[0].attendants, user)) {
      rooms[0].attendants.push(user);
    }
```

```js
    }
  , hasAttendant: function(attendants, user) {
    return attendants.some(function(element) {
      return (element === user);
    });
  }
  , leaveRoom: function(roomName, user) {
    var rooms = this.rooms.filter(function(element) {
      return (element.name === roomName);
    });
    rooms[0].attendants.forEach(function(element, index, arr) {
      if (element === user) {
        arr.splice(index, 1);
      }
    });
  }
  , getAttendantsList: function(roomName) {
    var rooms = this.rooms.filter(function(element) {
      return (element.name === roomName);
    });
    return rooms[0].attendants;
  }
}
```

리스트 8.36 rooms.js

```js
var Chat = require('./chat');

module.exports = function(app) {
  var io = require('socket.io').listen(app);

  io.configure(function(){
    io.set('log level', 3);
    io.set('transports', [
      'websocket'
      , 'flashsocket'
```

```
      , 'htmlfile'
      , 'xhr-polling'
      , 'jsonp-polling'
    ]);
  });

  var Room = io
    .of('/room')
    .on('connection', function(socket) {
      var joinedRoom = null;
      socket.on('join', function(data) {
        if (Chat.hasRoom(data.roomName)) {
          joinedRoom = data.roomName;
          socket.join(joinedRoom);
          socket.emit('joined', {
            isSuccess:true
            , nickName:data.nickName
          });
          socket.broadcast.to(joinedRoom).emit('joined', {
            isSuccess:true
            , nickName:data.nickName
          });
          Chat.joinRoom(joinedRoom, data.nickName);
        } else {
          socket.emit('joined', {isSuccess:false});
        }
      });

      socket.on('message', function(data) {
        if (joinedRoom) {
          socket.broadcast.to(joinedRoom).json.send(data);
        }
      });

      socket.on('leave', function(data) {
        if (joinedRoom) {
```

```
            Chat.leaveRoom(joinedRoom, data.nickName);
            socket.broadcast.to(joinedRoom).emit('leaved', {
              nickName:data.nickName
            });
            socket.leave(joinedRoom);
          }
        });
      });
    }
```

리스트 8.37　views/layout.jade

```
!!!
html
  head
    title Simple Chat
    link(rel='stylesheet', href='/stylesheets/style.css')
    script(type='text/javascript'
      , src='/javascripts/jquery-1.7.0.min.js')
    script(type='text/javascript', src='/socket.io/socket.io.js')
  body!= body
```

리스트 8.38　views/index.jade

```
h2 채팅방
form(action='/enter', method='POST')
  label(for='nickname') 닉네임을 입력해 주세요.
  input(type='text', id='nickname', name='nickname')
  input(type='submit', value='입장')

script(type='text/javascript')
  $(document).ready(function() {
    $('form').submit(function(e) {
      if ($.trim($('#nickname').val()) === '') {
        alert('닉네임을 입력해 주세요.');
        return false;
```

```
        }
      });
    });
```

리스트 8.39   views/makeroom.jade

```jade
- if (isSuccess)
  script
    alert('방이 만들어졌습니다.');
    location.href = '/join/#{roomName}';
- else if (roomname === '')
  script
    alet('방을 만들지 못했습니다.');
    location.href = '/enter';
- else
  script
    alert('이미 존재하는 방입니다.');
    location.href = '/enter';
```

리스트 8.40   views/enter.jade

```jade
- if (isSuccess)
  h2 채팅방 목록
  p #{nickname}님 환영합니다.
  p 원하는 채팅방이 없으면 채팅방을 만드세요.
    form(action='/makeRoom', method='POST')
      label(for='roomname') 방제
      input(type='text', id='roomname', name='roomname')
      input(type='submit', value='방 만들기')
  ul
    each room in roomList
      li= room
        input(type='button', value='입장',
          onclick='location.href=\'/join/' + room + '\'');
- else
```

```jade
      - if (nickname === '')
        script(type='text/javascript')
          alert('잘못된 닉네임입니다.');
          history.go(-1);
      - else
        script(type='text/javascript')
          alert('사용 중인 닉네임입니다.');
          history.go(-1);
```

리스트 8.41 room.jade

```jade
- if (!isSuccess)
  script
    alert('방에 입장할 수 없습니다.');
    location.href = '/enter';
- else
  h3 방제 :
    span#roomName= roomName
    input#leave(type='button', value='나가기')
  #chatWindow(style='width:400px; height:400px; overflow:auto;
    border:1px solid #000; float:left; margin-right:10px;')

  div(style='width:100px; height:400px; overflow:auto;
    border:1px solid #000;')
    p 참가자
    ul#attendants
      each attendant in attendants
        li(id='attendant-'+attendant)= attendant
  form
    span#myName #{nickName}
    input(type='text', style='width:300px;')#message
    input(type='submit', value='보내기')

  script(type='text/javascript')
    $(document).ready(function() {
      var room = io.connect('/room');
```

```javascript
var chatWindow = $('#chatWindow');
var messageBox = $('#message');
var myName = $('#myName').text();
var attendants = $('#attendants');
var showMessage = function(msg) {
  chatWindow.append($('<p>').text(msg));
  chatWindow.scrollTop(chatWindow.height());
};

room.on('connect', function() {
  room.emit('join', {roomName:$('#roomName').text()
    , nickName:myName});
});

room.on('joined', function(data) {
  if(data.isSuccess) {
    showMessage(data.nickName + '님이 입장하셨습니다.');
    attendants.append($('<li>').attr('id'
      , 'attendant-'+data.nickName).text(data.nickName));
  }
});

room.on('message', function(data) {
  showMessage(data.nickName + ' : ' + data.msg);
});

room.on('leaved', function(data) {
  showMessage(data.nickName + '님이 나가셨습니다.');
  $('#attendant-'+data.nickName).remove();
});

$('form').submit(function(e) {
  e.preventDefault();
  var msg = messageBox.val();
  if ($.trim(msg) !== '') {
    showMessage(myName + ' : ' + msg);
    room.json.send({nickName:myName, msg:msg});
```

```
      messageBox.val('');
    }
  });

  $('#leave').click(function(e) {
    room.emit('leave', {nickName:myName});
    location.href='/enter';
  });
});
```

8.8 정리

8장에서는 익스프레스와 Socket.IO를 연동해 간단한 채팅 사이트를 만들었다. 완전하지는 않지만 기본적인 채팅 기능은 갖췄다. 물론 실제로 채팅 사이트를 만든다면 예외 처리 등 추가해야 할 작업이 많다. 예를 들어 사용자가 나가기 버튼을 클릭하지 않고 URL로 이동한다거나 웹 브라우저를 닫아버릴 때도 적절하게 처리할 수 있어야 한다. 하지만 8장에서는 기능 위주로 설명했던 익스프레스와 Socket.IO를 직접 활용해 보는 데 목적이 있었다. 8장의 예제를 통해 두 모듈의 사용법에 익숙해지고 웹사이트를 얼마나 간단히 만들 수 있는지 알 수 있었기를 바란다.

09장

디버깅

8장까지 노드로 서버 애플리케이션을 작성하는 방법을 설명했다. 모든 프로그래밍이 그렇듯 작성한 코드에는 언제나 버그가 있다. 쉽게 찾을 수 있는 오타나 문법 에러 같은 버그도 있지만, 메모리 누수나 변수 참조가 잘못되는 등 찾기 어려운 버그도 있다. 코딩과 디버깅은 서로 떼어놓을 수 없는 관계이므로 디버깅하는 방법은 반드시 익혀둬야 한다. 9장에서는 노드에서 디버깅하는 방법을 설명한다.

9.1 노드의 스택 트레이스

노드는 실행 중 에러가 발생하면 에러에 대한 스택 트레이스를 출력하고 프로세스를 종료한다. 에러는 오타나 문법이 잘못됐을 수도 있고, 객체가 의도치 않게 null이 되거나 예외 상황에 대한 처리가 제대로 돼 있지 않은 경우 발생한다. 에러 스택 트레이스를 확인하면 어디서 무슨 에러가 발생했는지 알 수 있다. 그리고 스택 트레이스라는 이름처럼 에러가 발생한 코드의 호출 관계를 추적해 보여주기 때문에 에러를 확인하는 데 유용하다. 노드에서 에러가 발생하면 가장 먼저 에러 스택 트레이스를 확인해야 한다.

리스트 9.1 에러 스택 트레이스를 확인하기 위한 코드

```
// a.js
var b = require('./b');
b.callMethodofC();

// b.js
var c = require('./c');
module.exports = {
  callMethodofC: function() {
    c.callFailMethod();
  }
};

// c.js
module.exports = {
  callFailMethod: function() {
```

```
      this.doFailure();
    }
  , doFailure: function() {
      conole.log('it\'s fail');
    }
};
```

리스트 9.1처럼 세 개의 파일을 작성했다. a.js에서 b.js의 `callMethodofC()` 함수를 호출하고, `callMethodofC()` 함수에서 c.js의 `callFailMethod()` 함수를 호출한다. `callFailMethod()` 함수는 같은 파일에 있는 `doFailure()` 함수를 호출했다. `doFailure()` 함수는 의도적으로 에러를 발생하기 위해 `console.log()`에 오타를 넣었다. 리스트 9.1을 실행하면 다음과 같은 스택 트레이스가 출력된다.

```
$ node a.js

node.js:134
    throw e; // process.nextTick error, or 'error' event on first tick
    ^
ReferenceError: conole is not defined
  at Object.doFailure (/debug/c.js:6:5)
  at Object.callFailMethod (/debug/c.js:3:10)
  at Object.callMethodofC (/debug/b.js:4:7)
  at Object.<anonymous> (/debug/a.js:2:3)
  at Module._compile (module.js:402:26)
  at Object..js (module.js:408:10)
  at Module.load (module.js:334:31)
  at Function._load (module.js:293:12)
  at Array.<anonymous> (module.js:421:10)
  at EventEmitter._tickCallback (node.js:126:26)
```

스택 트레이스를 확인하면 `ReferenceError`가 발생했고, 내용은 'conole is not defined'로 나온다. 'console'을 'conole'로 작성했으므로 'conole이 정의되지 않았다'고 나온다. 스택 트레이스를 계속 살펴보면 이 에러는 c.js의 6번째 라인에 있는

`doFailure()` 함수에서 발생한 것을 알 수 있다. 리스트 9.1은 간단한 에러이므로 여기까지만 살펴봐도 에러가 발생한 이유와 위치를 알 수 있다. 하지만 파라미터로 전달된 값에서 에러가 발생한 경우에는 함수의 호출 관계도 추적할 수 있어야 하는데, 스택 트레이스를 계속 살펴보면 나와 있다. 스택 트레이스에 `doFailure()` 함수가 `callFailMethod` - `callMethodofC` 순서로 호출됐고, 최초 호출은 a.js의 2번째 라인에서 발생했다고 나와 있다. 노드의 초기 버전에서는 스택 트레이스가 제대로 나오지 않았지만, 최근 버전에서는 지금 살펴봤듯 잘 추적한다. 상당 부분의 에러는 스택 트레이스만 잘 확인해도 해결할 수 있다.

9.2 로그 메시지를 위한 console 사용

스택 트레이스만으로 에러의 원인을 찾지 못하면 변수나 객체의 값이 어떻게 달라지는지 확인해야 한다. 변수나 객체의 값을 추적하려면 표준 출력인 커맨드라인에 알고자 하는 값을 출력하는 것이 가장 일반적이다. 8장까지의 예제에서 계속 `console.log()`를 사용해 로그 메시지를 출력했는데, `console`에는 `log()` 외에도 여러 가지 함수가 있다.

리스트 9.2 console.js

```
console.log('로그용 메시지입니다.');
console.info('정보성 메시지입니다.');
console.warn('경고용 메시지입니다.');
console.error('에러메시지입니다.');
```

클라이언트 자바스크립트에서는 디버깅 도구인 파이어버그나 개발자 도구의 콘솔에 메시지가 출력된다. 리스트 9.2처럼 `console`의 함수를 용도별로 다르게 사용하면 파이어버그나 개발자 도구가 구별하기 쉽게 나눠 출력한다. 하지만 노드는 `console`의 함수와 상관없이 다음처럼 동일한 문자열로 출력하기 때문에 `console.log()` 대신 다른 함수를 사용할 이유가 없다.

```
$ node console.js
로그용 메시지입니다.
정보성 메시지입니다.
경고용 메시지입니다.
에러 메시지입니다.
```

노드는 유틸리티 기본 모듈에서 로그 출력용 함수를 제공한다. 유틸리티 모듈이 제공하는 함수도 만족스럽지는 않지만 약간 더 나은 로그 메시지를 출력할 수 있다.

```
var util = require('util');

util.log('로그용 메시지');
util.debug('디버그용 메시지');
```

유틸리티 모듈은 `log()`와 `debug()` 함수를 지원한다. 이 코드를 실행하면 다음과 같이 출력된다.

```
16 Oct 15:59:37 - 로그용 메시지
DEBUG: 디버그용 메시지
```

`util.log()`는 시간을 함께 출력하고, `util.debug()`는 DEBUG라는 플래그를 표시해 다른 로그 메시지와 구분할 수 있다. 단순한 문자열이 아닌 객체를 출력하려면 `util.inspect()` 함수를 활용할 수 있다. 다음 코드를 살펴보자.

```
var util = require('util');
var testObj = { a: 1, b: function() {} };

console.log('console.log로 출력');
console.log(testObj);

console.log('util.inspect로 출력');
console.log(util.inspect(testObj, true, null));
```

console.log()로 객체를 출력하면 객체의 계층 구조에서 한 단계의 계층까지만 출력하기 때문에 복잡한 객체의 내용을 파악하기 어렵다. util.inspect(object, showHidden=false, depth=2)를 사용하면 객체의 세부 내용을 세밀하게 확인할 수 있다. object는 검사할 대상 객체이고, showHidden을 true로 지정하면 객체가 직접 가진 속성은 아니지만 프로토타입으로 연결된 속성까지 출력한다. depth는 몇 계층까지 출력할지 지정하는데, 기본 값은 두 단계다. 무한 계층까지 출력하려면 depth를 null로 지정한다. 이 코드를 실행하면 다음과 같이 출력된다.

```
console.log로 출력
{ a: 1, b: [Function] }
util.inspect로 출력
{ b:
   { [Function]
     [arguments]: null,
     [length]: 0,
     [name]: '',
     [prototype]: { [constructor]: [Circular] },
     [caller]: null },
  a: 1 }
```

참고로 console.log()를 이용해 객체를 출력할 때 console.log('console.log로 출력: ' + testObj)처럼 문자열과 섞어 사용하면 자바스크립트의 특성상 testObj도 문자열로 변환해 console.log로 출력: [object Object]로 출력한다. 문자열과 같이 사용할 때는 util.inspect()를 같이 사용해야 한다.

> **다채로운 로깅을 위한 clog**

console와 util을 함께 사용해도 클라이언트 자바스크립트처럼 다양하게 구분할 수 없기 때문에 아쉬움 점이 많다. 메시지는 보통 디버깅이나 로그를 위해 남기기 때문에 메시지가 쉽게 구분되지 않으면 불편하다. 파이어준 님이 만든 clog 확장 모듈 (https://github.com/firejune/clog)을 사용하면 구분하기 쉬운 로그 메시지를 출력할 수 있다.

```
$ npm install clog
```

clog도 npm으로 설치할 수 있고 소스에서 사용하므로 로컬에 설치한다. clog의 사용법은 다음과 같다.

```
var clog = require('clog');
clog('example', '커스텀 헤더 사용');
clog.log('로그성 메시지');
clog.info('정보성 메시지');
clog.warn('경고성 메시지');
clog.error('에러 메시지');
clog.debug('디버깅용 메시지');
```

clog만 사용하면 커스텀 헤더명을 지정할 수 있다. 그 밖에 log(), info(), warn(), error(), debug() 함수로 용도에 따라 구분해 사용할 수 있다. 이 코드를 실행하면 그림 9.1처럼 출력된다.

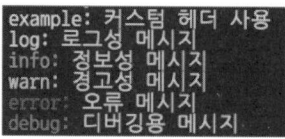

그림 9.1 clog로 출력한 로그

사용한 함수별로 구분하기 쉽게 앞에 플래그를 붙여 출력한다. 그림 9.1에서는 잘 구별되지 않지만, 함수별로 다른 색으로 출력하기 때문에 메시지를 쉽게 구별할 수 있다.

9.3 노드 인스펙터를 이용한 디버깅

스택 트레이스와 로그 메시지를 사용해도 대부분의 버그를 찾아낼 수 있다. 하지만 로직이 복잡하거나 쉽게 추적되지 않는 버그는 찾기 어렵고, 매번 로그를 출력하게 소스를 수정하는 것은 상당히 불편한 일이다. 노드는 GDB를 이용한 디버그 모드를 지원한다. 노드를 디버그 모드로 실행하면 디버거로 연결해 디버깅할 수 있다. 사용할 수 있는 디버거가 많이 있지만 그 중에서도 노드 인스펙터(https://github.com/dannycoates/node-inspector)가 단연 독보적이므로 노드 인스펙터만 설명하겠다. 노드 인스펙터는 웹킷 기반 웹 브라우저(사파리나 구글 크롬)에 있는 개발자 도구에 기반을 둔 노드 디버거다. 클라이언트 자바스크립트 개발에서 웹킷의 개발자 도구를 사용해본 경험이 있는 개발자라면 익숙하게 사용할 수 있다. 노드 인스펙터를 사용하면 노드 애플리케이션을 수정하지 않고도 실행 중에 중단점을 지정해 각 객체의 상태를 확인할 수 있어 무척 편리하다.

```
$ npm install node-inspector -g
```

노드 인스펙터는 커맨드라인에서 사용하는 도구이므로 글로벌로 설치한다. 현재 최신 버전은 0.1.10 버전이다. 테스트를 위해 리스트 9.3의 코드를 살펴보자.

리스트 9.3   test.js

```
function a() {
  return 'called a()';
}

function b() {
  return 'called b()';
}

var obj = {
  foo: 'this is foo'
  , bar: 'this is bar'
}
```

```
    a();
```

리스트 9.3을 사용해 노드 인스펙터의 사용법을 살펴보자. 노드 인스펙터를 살펴보기 전에 리스트 9.3을 디버그 모드로 실행하자.

```
$ node --debug-brk test.js
debugger listening on port 5858
```

노드에서 디버그 옵션은 `--debug`와 `--debug-brk`가 있다. 익스프레스로 만든 웹 서버 같은 경우 실행하면 바로 종료되지 않고 계속 동작하는 상태가 된다. 이런 애플리케이션은 `--debug` 옵션으로 디버그 모드를 시작하면 원하는 위치에 중단점을 지정해 디버깅할 수 있다. 하지만 실행하면 할 일을 하고 바로 종료돼 버리는 노드 애플리케이션의 경우 중단점을 지정할 시간이 없다. `--debug-brk` 옵션을 사용하면 노드 애플리케이션을 시작한 뒤 첫 번째 라인에서 멈춰진 상태로 대기한다. 노드를 디버그 모드로 실행했으므로 노드 인스펙터를 실행해보자.

```
$ node-inspector &
[1] 8570
$    info - socket.io started
visit http://0.0.0.0:8080/debug?port=5858 to start debugging
```

리스트 9.3을 디버그 모드로 실행한 채로 놔두고 다른 커맨드라인 창에서 `node-inspector &` 명령어를 실행하면 노드 인스펙터가 시작된다. 웹킷 기반의 웹 브라우저에서 http://localhost:8080/로 접속하면 그림 9.2와 같은 화면을 볼 수 있다. 노드 인스펙터를 실행한 로그에서는 http://0.0.0.0:8080/debug?port=5858로 접속하라고 나와 있지만 5858 포트가 기본 포트이므로 생략할 수 있다. 노드의 디버그 모드를 다른 포트로 실행했다면 포트를 지정해야 한다. 노드 인스펙터는 웹킷의 개발자 도구를 사용하기 때문에 사파리나 구글 크롬 같은 웹킷 기반의 웹 브라우저를 사용해야 한다. 다른 웹 브라우저를 사용하면 제대로 나오지 않는다.

그림 9.2처럼 익숙한 웹킷의 개발자 도구가 전체 화면으로 나타난다. 리스트 9.3을 --debug-brk로 실행했으므로 1번 라인에 파란색으로 중단점이 표시돼 있고, 9번 라인에 멈춰 있음이 빨간색 화살표로 표시돼 있다.

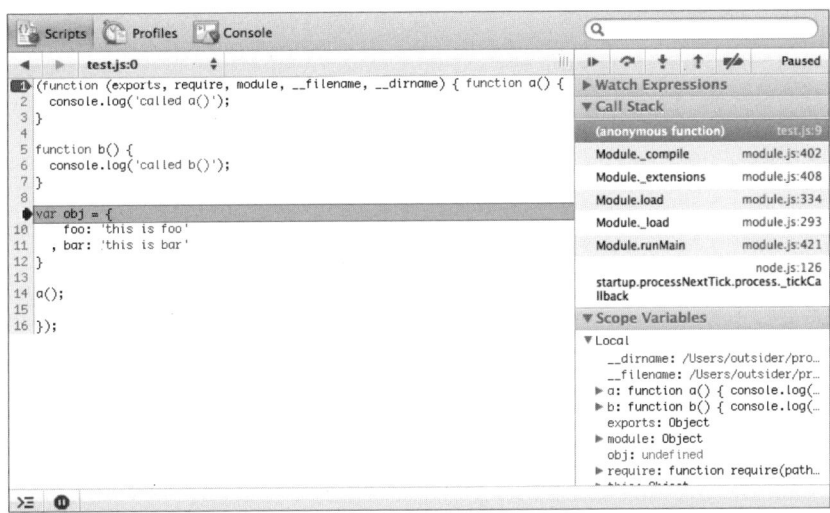

그림 9.2 node-inspector

소스의 상단에 test.js라고 표시된 선택상자를 클릭하면 실행된 노드 애플리케이션에서 접근할 수 있는 모든 자바스크립트 파일을 그림 9.3과 같이 선택할 수 있다.

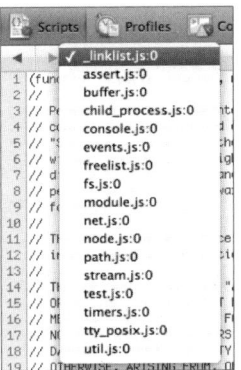

그림 9.3 node-inspector 파일 선택

직접 작성한 자바스크립트 파일 외에 기본 모듈의 자바스크립트 파일도 선택할 수 있다. 이는 기본 모듈의 소스에도 중단점을 지정할 수 있음을 의미한다. 디버깅 과정을 보기 위해 중단점을 새로 지정하자.

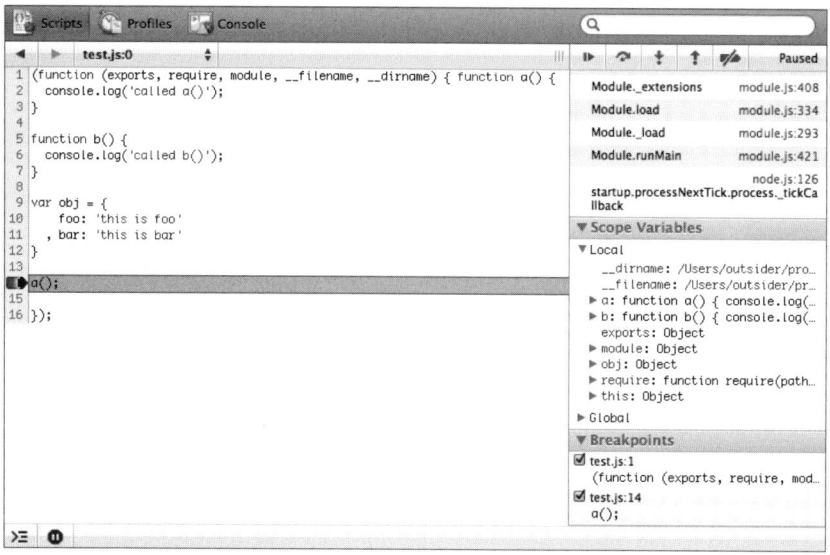

그림 9.4 node-inspector 중단점

소스의 좌측에 있는 줄번호를 클릭하면 중단점을 지정할 수 있다. 중단점은 파란색 화살표로 표시된다. test.js의 a() 호출 부분인 14번 라인에 중단점을 지정하고 우측 상단에 있는 Pause script execution을 클릭하면 코드가 이어서 실행되다가 중단점인 14번 라인에서 다시 멈춘다. 14번 라인에서 멈춘 상태에서 노드 인스펙터의 우측 사이드바를 살펴보자. 그림 9.5가 사이드바 영역이다.

최상단에 5개의 버튼이 있다. 좌측 버튼부터 Pause script execution, Step over next function call, Step into next function call, Step out current function, Deactive all breakpoints의 기능을 한다. 5개의 버튼 옆에는 실행 상태가 나타나고, 그림 9.5는 현재 멈춰 있음을 의미한다.

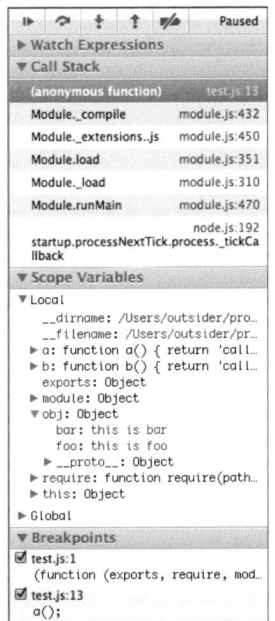

그림 9.5 node-inspector 사이드바

    5개의 버튼을 이용하면 줄 단위로 실행하면서 디버깅을 할 수 있다. 현재 14번 라인에 멈춰있으므로 Pause script execution을 클릭하면 스크립트를 다시 실행한다. 중단점이 또 있으면 다시 멈추지만, 중단점이 없을 경우 끝까지 모두 실행한다.

    Step over next function call을 클릭하면 한 줄씩 차례대로 실행한다. Step over next function call은 현재 소스와 같은 계층에서만 이동하는데, 함수의 내부까지 이동하고자 하면 Step into next function call과 Step out current function 버튼을 사용할 수 있다.

    Call Stack 탭은 함수의 호출 스택을 보여주고, Scope Variables는 현재 멈춰진 부분에서 접근할 수 있는 변수를 보여준다. 그림 9.5처럼 obj 객체를 클릭하면 객체의 내부 값을 확인할 수 있다. 코드를 조금씩 실행하면서 여러 객체의 변화되는 과정을 동적으로 살펴볼 수 있기 때문에 세밀한 디버깅을 할 수 있다.

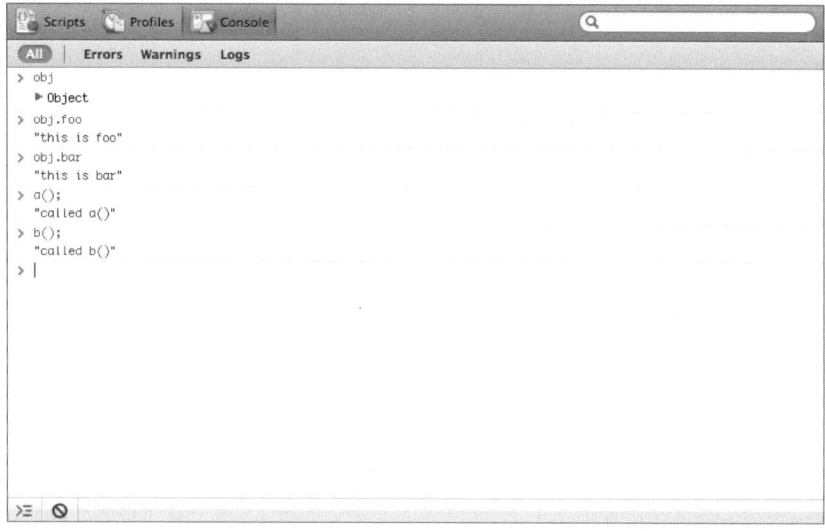

그림 9.6 node-inspector 콘솔

노드 인스펙터 최상단의 Scripts 탭을 클릭하면 그림 9.6처럼 자바스크립트 콘솔을 볼 수 있다. 콘솔은 현재 멈춰진 상태에 기반해 실행되므로 Scope Variables 부분에서 확인하기 어려웠던 테스트를 해볼 수 있다. 예를 들어 함수를 다양한 파라미터로 테스트하거나 객체의 값을 바꾸는 등 자바스크립트로 할 수 있는 모든 일을 할 수 있다. 노드 인스펙터는 익숙한 개발 환경으로 강력한 디버깅을 할 수 있어 유용하다.

9.4 정리

9장에서는 노드를 디버깅할 수 있는 방법을 알아봤다. 디버깅과 관련된 기본적인 방법과 도구의 사용법을 살펴봤지만 디버깅도 프로그래밍의 일부이다. 디버깅도 많이 해보고 경험이 생길수록 더 쉽게 에러를 찾을 수 있다. 도구에 너무 의존하지 않고 적극적으로 고민하면서 디버깅을 한다면 빠르게 디버깅 실력도 향상될 것이다. 9장에서 설명하지 않은 디버깅 도구들도 있다. 이클립스를 이용해서도 디버깅 할 수 있으며(https://github.com/joyent/node/wiki/Using-Eclipse-as-Node-Applications-Debugger) 웹 IDE인 클라우드 9(http://c9.io/)을 이용할 수도 있다. 9장에서 설명한 주요 내용은 다음과 같다.

- 노드는 에러가 발생하면 에러의 스택 트레이스를 출력하고 프로그램을 종료한다. 스택 트레이스는 에러의 원인과 위치와 함께 함수의 호출 관계가 나오므로 에러 발생 시 가장 먼저 확인해야 한다.
- `console`을 사용하면 표준 출력으로 메시지를 출력할 수 있다.
- `require('util').log()`를 사용하면 시간이 함께 출력되고 `require('util').debug()`를 사용하면 DEBUG라는 접두사가 함께 출력된다.
- `require('util').inspect()`를 사용하면 객체의 세부 내용을 출력할 수 있다.
- 노드 실행 시 `--debug`나 `--debug-brk` 옵션을 지정하면 디버그 모드로 실행할 수 있다. `--debug-brk`는 실행하자마자 첫 라인에서 멈춘다.
- 노드 인스펙터를 글로벌로 설치하면 `node-inspector &`로 노드의 디버그 모드에 연결할 수 있다.
- 노드 인스펙터는 웹킷의 개발자 도구에 기반을 둔 디버그 도구로, 동적으로 중단점을 지정하면 세밀한 디버깅을 할 수 있다.

10장 유닛 테스트

유닛 테스트는 작성한 코드가 의도한 대로 동작하는지 확인하는 테스트 코드를 말한다. 유닛 테스트의 중요성이 점점 커지고 있지만 서버 사이드 프로그래밍 언어에 비해 자바스크립트에서 유닛 테스트의 보급은 약간 부족한 편이다. 클라이언트 자바스크립트는 화면과 밀접하게 연관돼 있어 유닛 테스트가 쉽지 않다. 하지만 노드는 서버 사이드 자바스크립트이므로 다른 서버 사이드 프로그래밍 언어처럼 로직을 검증할 수 있다. 유닛 테스트를 작성하는 습관을 가지면 코드의 품질을 유지하는 데 도움이 되므로 배워두기를 권장한다.

유닛 테스트와 관련된 많은 방법론이 있다. 테스트 코드를 먼저 작성하고 코드를 작성하는 테스트 주도 개발 TDD이나 코드를 행위의 관점에서 바라보고 테스트 코드를 작성하는 행위 주도 개발 BDD 등의 방법론이 있다. 이 책은 테스트 방법론에 대한 책이 아니므로 방법론을 다루지 않는다. 10장에서는 노드에서 사용할 수 있는 대표적인 테스트 프레임워크를 설명한다.

10.1 TDD 프레임워크 익스프레소

테스트 주도 개발 프레임워크는 xUnit류의 도구들이 가장 유명하고 그 중에서도 자바의 JUnit이 대표적이다. 노드는 TDD 프레임워크로 익스프레소expresso (http://visionmedia.github.com/expresso/)가 있다. 익스프레소는 6장에서 살펴본 익스프레스와 제이드를 만든 TJ 할로웨이척이 만들었다. xUnit류의 테스트 프레임워크와 사용 패턴이 비슷해 JUnit 등을 사용해봤다면 쉽게 사용할 수 있다. 익스프레소를 사용하기 위해 먼저 설치를 하자.

```
$ npm install expresso -g
```

익스프레소는 커맨드라인에서 사용하므로 글로벌로 설치하고, 현재 최신 버전은 0.9.2 버전이다(현재 익스프레소는 윈도우를 지원하지 않으므로 윈도우에서는 사용할 수 없다). 유닛 테스트는 다음과 같이 작성한다.

```
var assert = require('assert');

exports['2+3은 5이다'] = function() {
  assert.equal(2+3, 5);
}
```

require('assert')를 사용했는데, 익스프레소는 글로벌에 설치했으므로 이 예제에서 불러온 assert 모듈은 노드의 기본 모듈이다. assert는 단언문이라고 부르며, 단언문에 사용한 조건이 유효한지 검사한다. 예를 들어 이 예제에서 사용한 assert.equal()은 두 값이 동일한지 검사한다. 이 예제에서 보듯이 테스트 코드는 노드의 assert 기본 모듈로 작성하고, 작성한 테스트 코드를 exports로 외부에 노출시킨다. 익스프레소는 작성한 테스트 코드를 실행하고 테스트 결과를 리포팅하는 역할을 한다. 이 예제를 다음과 같이 작성해도 동일하다. 보통 테스트 코드는 한 파일에 많은 테스트 코드를 작성하므로 다음과 같은 방법을 더 선호한다.

```
var assert = require('assert');

module.exports = {
  '2+3은 5이다': function() {
    assert.equal(2+3, 5);
  }
}
```

노드의 Assert 모듈

테스트 코드는 assert 기본 모듈을 사용하므로 익스프레소를 설명하기 전에 **Assert** 모듈(http://nodejs.org/docs/latest/api/assert.html)을 먼저 살펴보자. Assert 모듈은 다음과 같은 함수를 제공한다.

- assert.fail(actual, expected, message, operator)
- assert.ok(value, [message])
- assert.equal(actual, expected, [message])
- assert.notEqual(actual, expected, [message])

- assert.deepEqual(actual, expected, [message])
- assert.notDeepEqual(actual, expected, [message])
- assert.strictEqual(actual, expected, [message])
- assert.notStrictEqual(actual, expected, [message])
- assert.throws(block, [error], [message])
- assert.doesNotThrow(block, [error], [message])
- assert.ifError(value)

함수는 대부분 첫 파라미터인 actual에 실제 값, 즉 함수 호출이나 변수처럼 확인해보려는 값을 전달하고 두 번째 파라미터인 expected에 actual의 기대하는 값을 지정한다. message는 실패했을 경우 보여줄 메시지이지만, 익스프레소가 알아서 처리하기 때문에 특별한 이유가 없다면 message는 지정하지 않아도 된다. 각 assert 함수를 자세히 살펴보자.

- assert.fail(actual, expected, message, operator)은 무조건 예외를 던지고 'actual operator exprected'라는 예외 메시지를 출력한다. 작성이 완료되지 않았거나 하는 등의 이유로 테스트가 항상 실패해야 할 때 사용한다.
- assert.ok(value, [message])는 value가 true이면 성공한다.

  assert.ok((1==1)) // 성공

- assert.equal(actual, expected, [message])는 두 값이 같을 경우 성공하고 비교는 ==로 한다.
- assert.notEqual(actual, expected, [message])는 두 값이 같지 않을 때 성공하고 비교는 !=로 한다.
- assert.deepEqual(actual, expected, [message])는 acutal과 expected의 각 속성을 재귀적으로 모두 비교해 같을 경우 성공한다.

  a.deepEqual({a:1, b:2}, {a:1, b:2}) // 성공

- assert.notDeepEqual(actual, expected, [message])는 deepEqual 과 반대로 같지 않을 경우 성공한다.
- assert.strictEqual(actual, expected, [message])은 actual과 expected 를 ===로 비교해 같은 경우 성공한다(자바스크립트에서 ==는 값만 비교하지만 ===는 타입까지 비교한다. 예를 들어 1=="1"은 true지만 1==="1"은 false다).
- assert.notStrictEqual(actual, expected, [message])는 actual과 expreced를 !==로 비교해 같지 않을 경우 성공한다.
- assert.throws(block, [error], [message])는 block에서 error에 정의된 예외를 던지면 성공한다. 여기서 error는 예외 생성자이거나 정규표현식 또는 함수가 될 수 있다. 다음 예제는 노드의 API 문서를 참고한 코드다.

```
assert.throws(
    function() { throw new Error("Wrong value"); }
    , Error
);
```

예외 객체와 테스트할 경우에는 두 번째 파라미터로 예외 객체의 생성자를 넘겨준다.

```
assert.throws(
    function() { throw new Error("Wrong value"); }
    , /value/
);
```

이와 같이 정규표현식을 전달하면 에러 객체의 Wrong value 값에 정규표현식 테스트를 실행한다. 예를 들어 /value/.test(new Error("Wrong value"))로 검사한다.

```
assert.throws(
    function() { throw new Error("Wrong value"); }
    , function(err) { if (err instanceof Error) return true; }
);
```

좀 더 세밀한 검사를 하려면 함수를 작성해 파라미터로 전달받은 예외 객체에 대한 함수를 작성해 true나 false를 리턴할 수 있다.

- `assert.doesNotThrow(block, [error], [message])`는 `assert.throws`와는 반대로 예외를 던지지 않을 경우 성공한다.
- `assert.ifError(value)`는 value의 값이 false일 경우 성공한다.

익스프레소의 assert 함수

익스프레소는 직관적인 단언문을 작성하기 위한 추가적인 `assert` 함수를 지원한다. 익스프레소가 제공하는 단언문을 사용하기 위해 별도의 `require`를 할 필요는 없다. `assert` 기본 모듈의 함수처럼 사용하면 익스프레소가 실행한다. 익스프레소가 아니더라도 `assert` 기본 모듈에 없는 함수를 쓴다고 에러가 나지는 않는다.

- `assert.eql()`은 앞에서 살펴본 `assert.deepEqual()`의 축약형이다. `deepEqual()`의 이름이 길기 때문에 `eql()`을 대신 사용할 수 있다.
- `assert.isNull(val, [msg])`는 val이 null이면 성공한다.
- `assert.isNotNull(val, [msg])`는 val이 null이 아닐 경우 성공한다.
- `assert.isUndefined(val, [msg])`는 val이 undefined이면 성공한다.
- `assert.isDefined(val, [msg])`는 val이 undefined가 아닐 경우 성공한다.
- `assert.match(str, regexp, [msg])`는 str이 regexp에 정의된 정규표현식과 매칭될 때 성공한다. `str.match(regexp)`로 검사한다.
- `assert.length(val, n, [msg])`는 val의 길이가 n일 경우 성공한다. 즉, val.length가 n일 경우 성공한다.
- `assert.type(obj, type, [msg])`는 obj의 타입이 type과 같을 경우 성공한다. 즉, `typeof obj`의 결과가 type일 경우 성공한다는 의미다.
- `assert.includes(obj, val, [msg])`는 obj가 val을 포함하면 성공한다. obj는 배열이거나 문자열일 수 있는데, 배열일 경우 원소에 val이 있을 때 성공하고 문자열일 경우 val에 문자열이 포함돼 있으면 성공한다.

익스프레소의 테스트 실행

테스트 코드를 작성한 뒤에 익스프레소로 테스트를 실행한다. 테스트 코드를 작성하기 전에 다음과 같은 간단한 코드를 작성했다.

리스트 10.1   src/sum.js

```
module.exports = function(a, b) {
  return a + b;
}
```

리스트 10.1는 테스트 대상이 되는 함수로 두 파라미터의 합을 리턴하는 함수다. 리스트 10.1은 src 디렉토리 안에 sum.js 파일로 만들었다. 유닛 테스트가 다른 파일에 존재하므로 테스트를 할 수 있으려면 `module.exports`로 지정해야 한다.

리스트 10.2   test/sum.test.js

```
var assert = require('assert')
  , sum = require('../src/sum');

module.exports = {
  '2+3은 5가 되어야 한다': function() {
    assert.equal(sum(2, 3), 5);
  },
  '10+(-1)은 9가 되어야 한다': function() {
    assert.equal(sum(10, -1), 9);
  },
  'sum은 함수여야 한다': function() {
    assert.type(sum, 'function');
  }
}
```

리스트 10.2는 sum.js의 테스트 코드다. 익스프레소는 관례적으로 테스트 파일을 모두 test 디렉토리에 두고, 파일명에는 .test라는 접미사를 붙인다. 그래서 리스트 10.2는 sum.test.js가 된다. 익스프레소의 관례를 따르면 테스트 파일을 쉽게 구분할 수 있고 디렉토리도 분리돼 있으므로 배포할 때 테스트 코드를 제외하기도 쉽다. sum.js를 테스트하기 위해 require()로 불러오고 세 개의 유닛 테스트를 작성했다. 리스트 10.2는 다음과 같이 실행한다.

```
$ expresso test/sum.test.js

   100% 3 tests
```

글로벌에 설치했으므로 커맨드라인에서 expresso 명령어를 사용할 수 있다. 파일명을 지정했으므로 sum.test.js에 있는 세 개의 테스트를 모두 실행하고 모두 성공했다고 알려준다. 유닛 테스트에서 성공은 녹색으로, 실패는 빨간색을 의미하는데 테스트가 모두 성공했으므로 100% 부분은 녹색으로 표시된다. 이처럼 특정 테스트 파일을 지정해 실행할 수도 있지만, 많은 테스트 파일이 있기 때문에 한꺼번에 실행하려면 다음과 같이 실행한다.

```
$ expresso test/*
$ expresso
```

이 두 명령어는 완전히 같은 동작을 한다. 첫 번째 명령어는 test 디렉토리 아래 모든 js 파일을 실행한다. 익스프레소는 관례상 test 디렉토리를 사용하므로 관례를 따랐다면 expresso 명령어만 입력하면 현 위치에서 test 디렉토리를 찾아 그 안의 모든 테스트 파일을 실행한다. 보통 테스트 프레임워크는 유닛 테스트를 한꺼번에 실행하기 위해 테스트 스위트Test Suite에 실행할 테스트를 모아둔다. 하지만 익스프레소에는 테스트 스위트라는 개념이 없고, 대신 커맨드라인의 명령어로 해결한다.

```
$ expresso --only '2+3은 5가 돼야 한다'

   100% 1 tests
```

--only 옵션으로 유닛 테스트의 이름을 지정하면 지정된 테스트만 실행한다. 여러 테스트 파일을 실행할 때는 expresso a.test.js b.test.js처럼 파일명을 이어 붙인다.

웹 애플리케이션 테스트

익스프레소는 웹 서버에 대한 테스트를 할 수 있는 `assert.response`도 지원한다. TJ 할로웨이척이 익스프레스 웹 프레임워크를 만들었으므로 웹 서버에 대한 테스트 부분도 추가한 것 같다. `assert.response(server, req, res|fn, [msg|fn])`은 `server`에 테스트할 웹 서버 인스턴스를 지정하고 `req`는 테스트를 할 요청 설정이다. `res`는 테스트 요청에 대한 기대 응답 값으로, 함수를 사용할 수 있으면 옵션으로 `msg`에 실패 시 출력할 메시지나 `fn`에 추가적인 테스트를 작성할 콜백 함수를 등록할 수 있다.

리스트 10.3 test/server.test.js

```
var assert = require('assert')
  , server = require('../app');

module.exports = {
  'index 페이지 테스트': function() {
    assert.response(server, {
      url: '/'
      , method: 'GET'
    }, {
      status: '200'
      , headers: {
        'Content-Type': 'text/html; charset=utf-8'
      }
    });
  }
}
```

리스트 10.3은 app.js에 작성한 웹 서버에 대한 테스트 코드다. `assert.response`는 노드의 웹 서버와 익스프레스 웹 서버에서 모두 사용 가능하다. 웹 서버에 대한 테스트 코드를 실행하면 익스프레소가 자동으로 웹 서버를 실행해 테스트를 수행하기 때문에 미리 서버를 실행시켜 놓을 필요는 없다. `assert.response` 부분을 보면 GET 요청으로 루트 경로인 /에 요청을 보내고 응답의 상태 코드가

200 OK 헤더의 Content-Type이 text/html; charset=utf-8인지 검사한다. 지정한 응답과 다를 경우 테스트는 실패한다. 요청에 사용할 수 있는 값은 다음과 같다.

- url   요청할 URL
- timeout   밀리초로 타임아웃을 설정한다. 시간 내에 응답이 오지 않으면 실패한다.
- method   HTTP 메소드(GET, POST, PUT, DELETE 등)
- data   요청의 바디
- headers   요청의 헤더

응답은 다음과 같은 값을 사용할 수 있다.

- body   응답의 바디를 비교하는 데 정규식이나 문자열을 사용할 수 있다.
- status   응답의 HTTP 상태 코드를 비교한다.
- header   응답의 헤더를 비교한다. 정규표현식이나 문자열을 사용할 수 있고 지정하지 않은 헤더는 무시한다.

assert.response는 다음과 같은 형식으로 콜백을 사용할 수 있다.

```
assert.response(server, {}, {}, function(res) {});
assert.response(server, {}, function(res) {});
```

콜백 함수를 지정하면 파라미터로 응답 객체가 전달된다. 앞에서 살펴본 응답 객체의 속성으로 검사하지 못하는 내용은 콜백 함수 내에서 테스트할 수 있다.

node-jscoverage로 테스트 커버리지 확인

익스프레소는 테스트 코드의 코드 커버리지 기능도 지원한다. 코드 커버리지를 사용하면 테스트를 실행했을 때 테스트 대상이 되는 코드가 어느 정도 테스트되고 어느 부분은 테스트되지 않았는지 확인할 수 있다. 코드 커버리지는 node-jscoverage (https://github.com/visionmedia/node-jscoverage)를 사용하는데, 익스프레소에 이미 포함돼 있다. 코드 커버리지를 확인하려면 테스트 대상이 되는 소스(여기서는 src/sum.js)를 커버리지가 확인 가능한 코드로 변경해야 한다. 다음과 같이 실행하면 src 디렉토리의 모든 자바스크립트 파일을 변환해 src-cov 디렉토리 안에 만든다.

```
$ node-jscoverage src src-cov
```

테스트 파일인 sum.test.js가 변환된 코드를 테스트하게 sum = require('../src/sum') 부분을 sum = require('../src-cov/sum')으로 변경한다. 다시 테스트를 실행하면 그림 10.1과 같이 코드 커버리지를 확인할 수 있다.

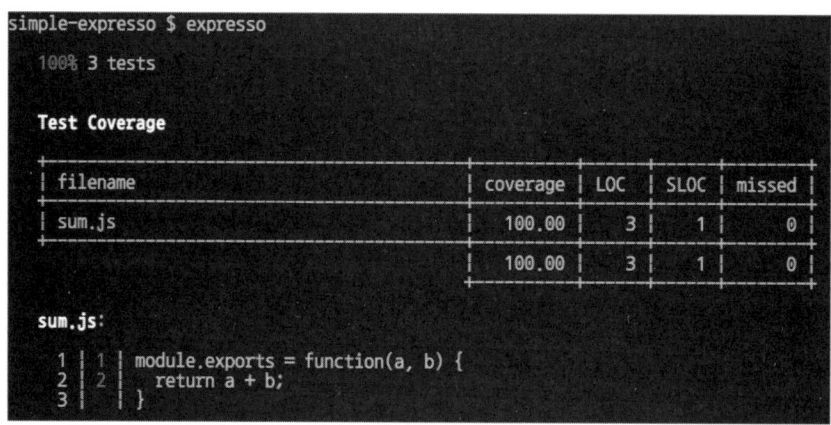

그림 10.1 node-jscoverage의 코드 커버리지 리포팅

테스트 대상 코드가 간단했으므로 커버리지가 100%로 나온다. LOC는 Line of Code의 약자로 테스트 대상 코드의 라인수를 의미하고, SLOC는 Source Line of Code의 약자로 주석이나 빈줄 등 의미 없는 코드를 의미한다. 하단에는 자바스크립트 코드의 테스트된 내역을 보여준다. 좌측에 1로 표시된 부분은 수행된 횟수를 의미하고 실행되지 않은 코드는 빨간색으로 표시된다. 커버리지를 확인하는 과정이 편리하게 돼 있지는 않지만 테스트가 누락된 부분을 확인할 수 있으므로 유닛 테스트 작성 시 유용하다.

```
$ expresso --json output.json
```

커버리지를 확인할 때 --json 옵션으로 출력 파일을 지정하면 output.json 파일이 다음과 같은 내용으로 생성된다.

```
{"coverage":"100.00",
  "LOC":4,"SLOC":1,
  "totalMisses":0,
  "files": {
    "sum.js":{
      "coverage":"100.00",
      "LOC":4,
      "SLOC":1,
      "totalMisses":0
    }
  }
}
```

커버리지의 결과를 JSON으로 만들어주기 때문에 커버리지 결과를 수집해 저장하는 등의 용도에 사용할 수 있다.

10.2 BDD 프레임워크 보우즈

익스프레소가 TDD 프레임워크라면 보우즈Vows는 BDD 프레임워크다. 10장 초반에 얘기했듯 BDD는 행위 주도 개발Behavior Driven Development을 의미한다. TDD가 메소드 단위로 테스트 코드를 작성하면서 안쪽에서 바깥쪽으로 테스트한다면 BDD는 행위를 기준으로 테스트를 하며 바깥쪽에서 안쪽으로 테스트한다. 이 차이는 미묘하므로 테스트 방법론을 잘 모른다면 굳이 구분하지 않아도 된다. 보우즈는 노드의 특성에 최적화된 테스트 프레임워크로, 다른 BDD 프레임워크와는 형태가 약간 다르다. 비동기를 많이 사용하는 노드의 특성에 맞춰 보우즈도 테스트를 비동기로 실행한다. 보우즈는 독특한 구조를 갖기 때문에 보우즈를 사용하기 전에 구조부터 알아보자.

보우즈의 테스트 코드 구조

보우즈는 익스프레소와 다르게 소스에서 사용한다. 보우즈를 사용하기 위해 다음과 같이 로컬에 설치한다. 현재 최신 버전은 0.6.0 버전이다.

```
$ npm install vows
```

테스트 스위트는 다음과 같이 작성한다.

```
var vows = require('vows');

var suite = vows.describe('Test Suite 이름');
```

테스트 스위트는 다수의 테스트 케이스를 묶어주는 단위다. 보우즈는 관례상 한 파일에 하나의 테스트 스위트를 갖는다. 보우즈는 익스프레소처럼 테스트 스위트를 특정 디렉토리에 모아놓는 관례는 없지만 test나 spec 같은 디렉토리를 만들어 모아두는 편이 관리하기 좋다. BDD에서는 테스트 케이스를 spec이라고 부른다.

```
suite.addBatch({/* 첫번째로 실행 */})
  .addBatch({/* 두번째로 실행 */})
  .addBatch({/* 세번째로 실행 */});
```

테스트 스위트에 테스트 케이스를 추가할 때는 addBatch() 함수를 이용한다. 이처럼 여러 배치를 추가하면 순차적으로 실행한다. 각 addBatch()는 다음과 같은 구조를 갖는다.

```
suite.addBatch({
  'context name A': {
    topic: function () { /* 비동기적으로 무언가를 한다 */ },
    'this is vow': function (topic) {
      /* topic의 결과를 테스트한다. */
    }
  },
```

```
    'context name B': { }
});
```

배치는 JSON 리터럴로 작성한다. 키 값에는 컨텍스트 이름을 문자열로 작성하고, 컨텍스트는 다수를 추가할 수 있다. 각 컨텍스트는 토픽과 보우의 쌍으로 구성된다. 처음에 보우즈를 사용할 때 이 토픽과 보우의 구조가 적응하기가 쉽지 않다. 토픽은 테스트를 하는 대상이 되고, 보우는 토픽의 결과를 테스트하는 역할을 한다. 배치에 추가한 컨텍스트는 병렬로 동시에 실행되므로 어떤 테스트가 먼저 끝날지 알 수 없다. 하나의 토픽은 다수의 보우를 가질 수 있다. 한 토픽의 결과가 다수의 보우로 전달되고 각 보우에서 여러 가지 테스트를 수행한다. 컨텍스트는 서브컨텍스트를 가질 수 있으므로 컨텍스트 이름을 잘 지으면 구분하기 쉬운 계층 구조를 만들 수 있다.

```
suite.addBatch({
  'context name A': {
    topic: function () { },
    'this is vow': function (topic) { },
    'this is another vow': function (topic) { },
  },
  'context name B': {
    'subcontext name B-1': {
      topic: function() {},
      'this is vow': function(topic) {}
    }
  }
});
```

이와 같이 컨텍스트가 계층형으로 이뤄질 수 있다. 계층형은 테스트를 구조적으로 만들 수는 있지만, 한편으로는 복잡도를 증가시키기도 한다.

토픽과 보우

테스트는 토픽topic과 보우vow에서 실행되고 보우즈의 핵심이다. 앞에서 얘기한 대로 테스트의 대상이 되는 코드는 토픽이 수행하고, 결과의 확인은 보우즈가 한다. 이 구조 덕분에 테스트 대상과 결과 확인을 완전히 분리할 수 있다. 다음은 간단한 토픽과 보우다.

```
{ topic: 42,
  '42가 돼야 한다.': function (topic) {
    assert.equal (topic, 42);
  }
}
```

토픽은 단순 값인 42로 정했지만 함수를 사용하면 리턴 값이 토픽의 값이 된다. 토픽의 수행 결과가 보우의 콜백 함수 파라미터로 전달된다(여기서는 파라미터 topic에 42가 전달된다). 보우의 콜백 함수에서 assert문으로 값이 기대한 대로 전달됐는지 검사한다(당연히 assert 모듈을 require()해야 한다). 이 예제는 토픽을 함수로 작성하면 다음과 같다.

```
{ topic: function () { return 42 },
  '42가 돼야 한다.': function (topic) {
    assert.equal (topic, 42);
  }
}
```

한 토픽에 대해 다수의 보우를 작성하면 토픽은 딱 한 번만 실행되고 모든 보우에 결과 값이 전달돼 동시에 테스트를 수행한다. 그리고 보우 위치에 서브컨텍스트를 작성하면 토픽에 대한 계층 구조를 다음과 같이 만들 수 있다.

```
{ topic: function () { return 42 },
  '42가 되어야 한다.': function (topic) {
    assert.equal (topic, 42);
  },
```

```
'더하기 1': {
  topic: function (val) { return val + 1 },
  '43이 되어야 한다': function (topic) {
    assert.equal (topic, 43);
  }
 }
}
```

서브컨텍스트는 자신의 토픽과 보우를 갖는다. 이 예제에서 토픽 함수의 파라미터로 부모 토픽의 값이 전달된다(여기서는 파라미터 val에 42가 넘어온다). 토픽이 서브컨텍스트로 계층화됐을 때 topic: function(a, b, c) {}처럼 작성하면 a는 부모의 토픽 값이 되고 b는 부모의 부모 토픽 값이 된다. 토픽의 값은 계층 구조에 따라 차례차례 파라미터로 전달된다.

보우즈에서 제공하는 assert문

익스프레소와 마찬가지로 보우즈도 추가적인 assert문을 지원하는데, 다음은 보우즈에서 사용할 수 있는 assert문이다.

- assert.equal(actual, expected)는 두개의 값이 같을 경우 성공하고, 비교는 ==로 한다.

- assert.strictEqual(actual, expected)는 actual과 expected를 ===로 비교해 같은 경우 성공한다.

- assert.notEqual(actual, expected)는 두 개의 값이 같지 않을 때 성공하고, 비교는 !=로 한다.

- assert.strictNotEqual(actual, expected)는 ===로 비교하고, 같지 않을 경우 성공한다.

- assert.deepEqual(actual, expected)는 acutal과 expected의 각 속성을 재귀적으로 모두 비교해 같을 경우 성공한다.

- assert.notDeepEqual(actual, expected)는 acutal과 expected의 각 속성을 재귀적으로 모두 비교해 같지 않을 경우 성공한다.

- `assert.isFunction(function)`은 `function`이 함수이면 성공한다.
- `assert.isObject(obj)`는 `obj`의 타입이 `Object`이면 성공한다.
- `assert.isString(val)`은 `val`이 문자열이면 성공한다.
- `assert.isArray(val)`은 `val`이 배열이면 성공한다.
- `assert.isNumber(val)`은 `val`이 숫자이면 성공한다.
- `assert.isBoolean(val)`은 `val`이 불리언이면 성공한다.
- `assert.typeOf(actual, expectedType)`은 `actual`이 `expectedType`에 명시된 타입이면 성공한다.
- `assert.instanceOf(actual, expectedObject)`는 `actual`이 `expectedObject`의 인스턴스면 성공한다.
- `assert.isTrue(val)`은 `val`이 `true`이면 성공한다.
- `assert.isFalse(val)`은 `val`이 `false`이면 성공한다.
- `assert.isNull(val)`은 `val`이 `null`이면 성공한다.
- `assert.isNotNull(val)`은 `val`이 `null`이 아니면 성공한다.
- `assert.isUndefined(val)`은 `val`이 `undefined`면 성공한다.
- `assert.isNaN(val)`은 `val`이 `NaN`이면 성공한다(NaN은 Not-A-Number의 약자로 숫자 타입인데 숫자가 아닐 경우 NaN이 된다. 예를 들어 `parseInt('a')`나 0/0은 NaN이 된다).
- `assert.include(obj, val)`은 `val`이 `obj`에 포함돼 있으면 성공한다. 이는 `obj`가 배열일 경우 요소일 수 있고, 객체일 경우 속성이거나 문자열일 경우 포함된 문자로 포함 여부를 확인한다.
- `assert.match(str, regexp)`는 `str`이 `regexp`에 정의된 정규표현식과 매 칭될 때 성공한다. `str.match(regexp)`로 검사한다.
- `assert.length(val, n)`은 `val`의 길이가 n일 경우 성공한다. 즉, `val.length`가 n일 경우 성공한다.
- `assert.isEmpty(val)`은 `val`이 비어있을 경우 성공한다. `{}`나 `[]`, `""`는 모두 비어있는 값이다.

- assert.throws(block, error)는 block에서 error에 정의된 예외를 던지면 성공한다. 여기서 error는 예외 생성자이거나 정규표현식 또는 함수가 될 수 있다.
- assert.doesNotThrow(block, Error)는 block에서 Error에 정의된 예외를 던지지 않으면 성공한다.

비동기 테스트 작성

노드는 모든 I/O를 비동기로 다루기 때문에 콜백 함수를 자주 사용한다. 콜백 함수는 종종 테스트하기가 까다로운데, 보우즈는 노드에 최적화된 테스트 프레임워크이므로 비동기 테스트를 지원한다. 리스트 10.4는 파일 읽기에 대한 테스트 코드다.

리스트 10.4　spec/callback.js

```
var vows = require('vows')
  , fs = require('fs')
  , assert = require('assert');

var suite = vows.describe('콜백테스트');

suite.addBatch({
  '파일 읽기: ': {
    topic: function () {
      fs.readFile('./example.js', encoding='utf8', this.callback);
    },
    'example.js가 존재해야 한다.': function (err, data) {
      assert.isNull(err);
    }
  }
});
```

토픽의 fs.readFile('./example.js', encoding='utf8', this.callback)을 보면 콜백 함수를 this.callback으로 지정했다. 콜백 함수를 별도로 작성하지 않고 this.callback을 전달하면 콜백 대신 각 보우의 함수가 실행된다. 즉, 콜백

함수가 실행되는 함수에 각 보우의 함수가 실행되고 파라미터도 보우즈로 전달된다. 그리고 `this.callback`을 사용할 때는 테스트를 비동기로 수행하므로 `return` 문을 사용하면 안 된다. 노드는 관례상 콜백 함수의 첫 파라미터를 에러 객체로 사용하는데, 보우즈도 이 관례를 따른다. 그래서 첫 파라미터가 존재하면 `assert` 문에 상관없이 에러로 리포팅되므로 비동기 테스트를 할 때 보우의 첫 파라미터는 항상 에러 객체로 사용해야 한다.

테스트 스위트의 실행

테스트 스위트를 전부 만들었으면 테스트를 실행해야 한다. 보우즈는 테스트 스위트에 `run()` 함수를 추가하면 일반적인 노드 애플리케이션처럼 `node` 명령어로 실행할 수 있다.

```
var suite = vows.describe('Test Suite 이름');

suite.addBatch({}).run();
```

`node` 명령어로 이 테스트 스위트를 실행하면 그림 10.2와 같이 출력된다.

그림 10.2 vows의 테스트 성공

두 개의 테스트 케이스가 있고 모두 성공했다. 맨 앞에 점이 2개 찍힌 것은 테스트 개수를 의미한다. 테스트가 실패한다면 그림 10.3처럼 나타난다.

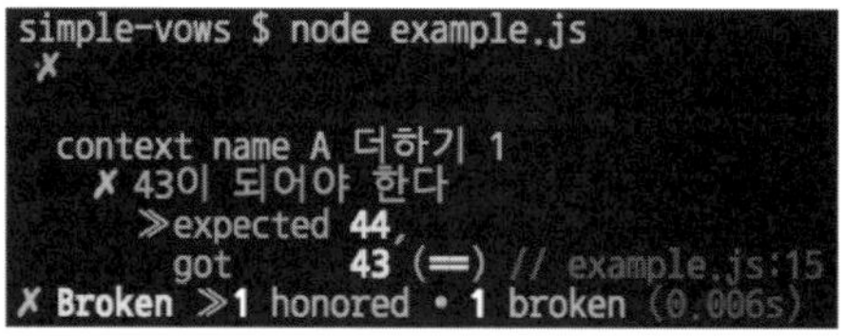

그림 10.3 vows의 테스트 실패

'context name A 더하기 1' 컨텍스트에서 실패했다고 나타난다. 이 테스트 스위트는 'context name A'라는 컨텍스트가 있고 그 아래 '더하기 1'라는 서브컨텍스트가 있다. 실패한 보우를 나타내기 위해 그림 10.3처럼 컨텍스트명을 이어 붙여 보여주므로 컨텍스트명을 잘 지으면 실패한 테스트를 확인하기 유용하다. '43이 돼야 한다'라는 보우에서 실패했고 44가 돼야 하는데 실제 값은 43이 전달돼 실패했다. run() 함수를 사용하면 각 테스트 스위트를 쉽게 실행할 수 있지만, 테스트 스위트가 많아지면 한꺼번에 실행할 수 있는 방법이 필요하다. 보우즈는 외부로 내보낸 테스트 스위트를 vows 명령어로 실행할 수 있는 기능을 제공한다.

```
var suite = vows.describe('Test Suite 이름');

suite.addBatch({}).export(module);
```

테스트 스위트를 외부에 내보내기 위해 run() 함수 대신 export(module) 함수를 사용한다. export(module)은 module.exports로 지정하는 기능을 함수로 만들어 놓은 것이다. 테스트 스위트에 export()를 사용했으면 커맨드라인에서 vows 명령어로 실행할 수 있다. 커맨드라인에서 사용하기 위해 npm install vows -g로 글로벌에도 보우즈를 설치한다. 참고로 run()이나 export() 사용 시 앞에서 살펴본 비동기 테스트에서 콜백 함수의 첫 파라미터를 에러 객체로 인식하는 기능을 사용하지 않으려면 run({error: false})나 export(module, {error: false}) 처럼 사용한다.

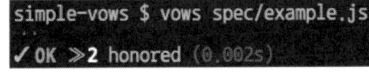

그림 10.4 vows 테스트 러너 사용

그림 10.4처럼 vows 명령어를 사용하면 테스트 스위트를 실행한다. 물론 특정 파일을 지정하지 않고 vow spec/*처럼 다수의 파일을 실행할 수도 있다. 지금까지 살펴본 테스트 결과는 테스트마다 점이 찍히면서 리포팅하는데, 이를 닷매트릭스 dot-matrix 방식이라고 부른다. 실행 시 옵션을 지정하면 다양한 리포팅 방식을 사용할 수 있다.

그림 10.5 vows 테스트 러너 사용

그림 10.5은 JSON 리포팅과 스펙 리포팅을 사용했다. 자신이 편한 리포딩 방식을 사용하면 된다.

10.3 정리

노드의 대표적인 테스트 프레임워크를 살펴봤다. 익스프레스는 사용하기 쉽고 기존에 JUnit 등을 사용해봤다면 쉽게 적응할 수 있다. 보우즈는 익숙해지려면 시간이 걸리지만 노드에서 많이 사용하는 비동기 테스트를 쉽게 할 수 있다는 장점이 있다. 이 외에도 많은 테스트 프레임워크가 있다. 유닛 테스트로 소스를 검증하는 것이 목적이므로 자신에게 맞는 테스트 프레임워크를 사용하면 된다. 10장에서 설명한 주요 내용은 다음과 같다.

- 익스프레소는 TDD 프레임워크다.
- 익스프레소는 명령어로 사용하므로 글로벌에 설치하고 exporsso 명령어로 테스트를 실행한다.
- 노드의 Assert 기본 모듈과 익스프레소에서 제공하는 assert문으로 테스트 코드를 작성하고, 작성한 테스트는 module.exports로 지정한다.
- 익스프레소는 웹 서버를 테스트할 수 있는 assert.response()를 지원한다. assert.response()를 사용하면 웹 서버에 요청을 보내 의도한 대로 결과가 돌아오는지 테스트할 수 있다.

- `node-jscoverage`를 사용하면 코드의 테스트 커버리지를 확인할 수 있다.
- 보우즈Vows는 BDD 프레임워크다.
- 보우즈는 파일당 하나의 테스트 스위트를 가지며, 테스트 스위트는 다수의 배치를 가질 수 있다. 배치는 추가한 순서대로 실행된다.
- 각 배치는 컨텍스트를 갖고 컨텍스트는 토픽과 보우를 갖는다. 또한 컨텍스트는 서브컨텍스트를 가질 수 있다.
- 토픽은 테스트 대상을 실행하고 보우는 토픽의 결과를 확인한다. 토픽은 다수의 보우를 가질 수 있고 토픽의 결과가 연관된 보우와 서브컨텍스트의 토픽으로 전달된다.
- 비동기 테스트를 위해 토픽에서 `this.callback`을 전달하면 보우의 콜백 함수가 실행된다.
- 각 테스트 스위트에 `run()` 함수를 붙이면 `node` 명령어로 테스트 스위트를 실행할 수 있다.
- 보우즈를 글로벌에 설치하면 `vows` 명령어로 테스트 스위트를 실행할 수 있다. 테스트 스위트는 `export()` 함수로 외부에서 실행할 수 있게 지정해야 한다.

11장

클라우드 서비스 배포

작성한 노드 애플리케이션이 로컬에서 사용할 유틸리티성 애플리케이션이 아니라면 공개적으로 배포해 서비스해야 한다. 사용할 수 있는 서버가 있다면 PC에서 사용했듯 노드 애플리케이션을 실행해 서비스할 수 있고, 이는 5.4절에서 살펴봤다. 서버가 없다면 서비스하려고 할 때 클라우드가 좋은 대안이 될 수 있다. 클라우드의 인기가 점점 높아지는 가운데 클라우드는 여러 가지 장점이 있다. 인프라 구축이나 관리를 신경 쓰지 않아도 되고, 수요에 대한 예측이 어려운 경우에도 클라우드에서는 적절하게 대처할 수 있다. 회사에는 보통 인프라를 관리하는 부서가 따로 있으므로 클라우드를 도입하려면 많은 논의가 필요하지만, 개인 개발자라면 별도의 서버 관리 없이 쉽게 애플리케이션을 서비스할 수 있다는 장점이 있다. 대부분 적은 트래픽 내에서는 무료로 이용할 수 있다는 장점도 있다. 클라우드의 장단점은 이 책의 범위를 벗어나므로 11장에서는 클라우드 서비스의 이용 방법만 설명한다.

현재 노드를 사용할 수 있는 클라우드 서비스가 많다. 이렇게 클라우드가 플랫폼을 제공하는 것을 **PaaS**Platform as a Service라고 부른다. 대부분은 아직 클로즈 베타로 운영되므로 회원가입을 요청하면 서비스 제공자의 상황에 따라 승인해주는 형태를 취한다. 현재는 무료이지만 베타 테스트가 종료되면 가격 정책이 발표될 수도 있다. 그러나 웹 애플리케이션을 서비스하는 데는 문제없다. 11장에서는 클라우드 서비스 중 대표적인 몇 가지만 소개한다.

11.1 VMWare의 클라우드 파운드리

VMWare는 가상머신을 만드는 회사로, 2011년 초 클라우드 파운드리Cloud Foundry (http://www.cloudfoundry.com/)라는 클라우드 서비스를 발표했다. 그림 11.1은 클라우드 파운드리의 특징을 보여주는 클라우드 파운드리 삼각형이다. 클라우드 파운드리는 자바/스프링 프레임워크와 루비 온 레일즈, 노드를 플랫폼으로 지원한다. 스프링 프레임워크를 만드는 스프링소스가 **VMWare**의 자회사이므로 당연한 선택이고, 루비 온 레일즈도 해외에서는 많이 쓰이지만 둘에 비해 새로운 기술이라고 할 수 있는 노드의 채택은 큰 의미를 준다. VMware가 노드의 미래를 긍정적으로 바라본다고 할 수 있다.

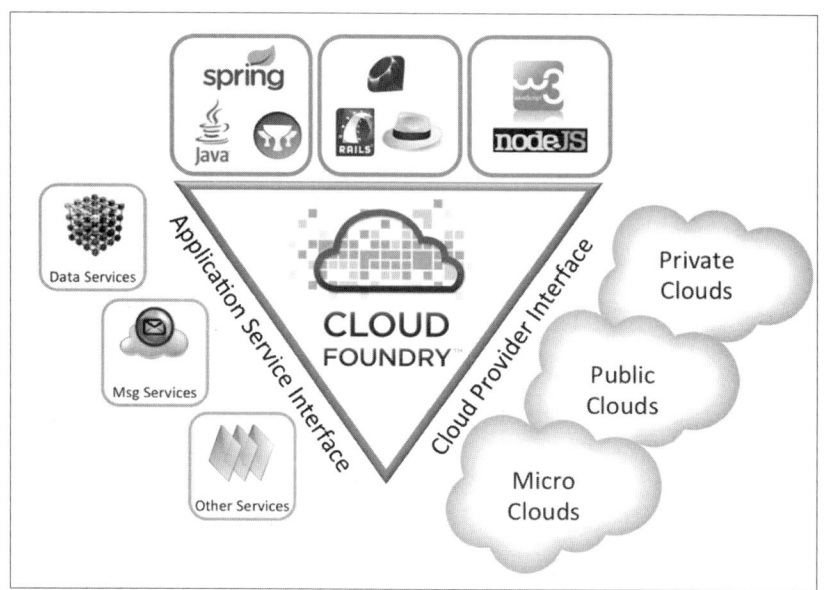

그림 11.1 클라우드 파운드리 삼각형
(출처: http://blog.springsource.com/2011/04/12/launching-cloud-foundry/)

클라우드 파운드리 삼각형에서 보듯 개인/공개 클라우드를 지원하며 데이터베이스와 메시지 큐에 대한 지원까지 포함한다. 현재 클라우드 파운드리는 클로즈 베타 상태다. 회원가입을 신청하면 클라우드 파운드리의 상황에 따라 가입을 허용하는 이메일이 온다. http://www.cloudfoundry.com/signup에서 그림 11.2처럼 회원가입을 요청할 수 있다. 회원가입이 승인되면 이메일로 임시 비밀번호가 제공되고, 이를 통해 클라우드 파운드리를 이용할 수 있다.

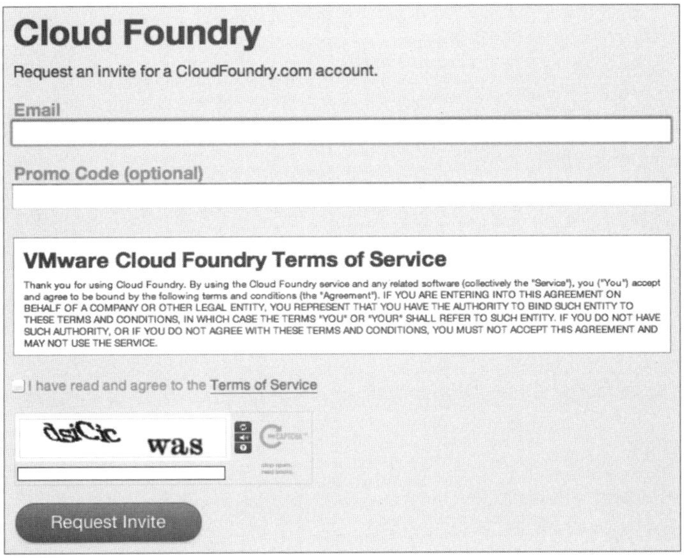

그림 11.2 클라우드 파운드리 회원가입 화면

VMC 설치

클라우드 파운드리를 사용하려면 커맨드라인 도구인 vmc를 설치해야 한다. vmc로 클라우드 파운드리에 접속하고 애플리케이션을 배포하거나 관리한다. vmc는 gem으로 설치한다.

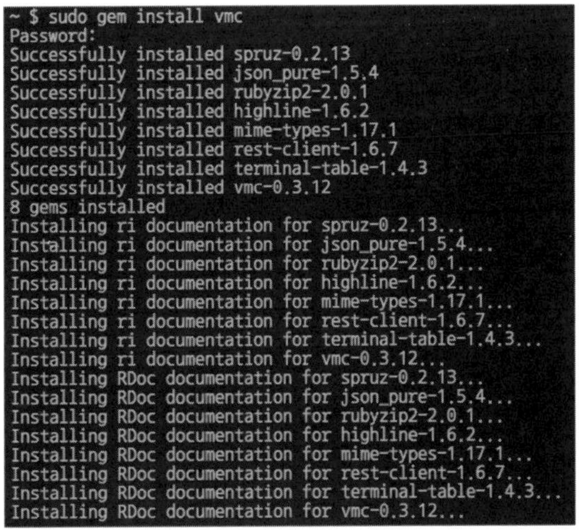

```
~ $ sudo gem install vmc
Password:
Successfully installed spruz-0.2.13
Successfully installed json_pure-1.5.4
Successfully installed rubyzip2-2.0.1
Successfully installed highline-1.6.2
Successfully installed mime-types-1.17.1
Successfully installed rest-client-1.6.7
Successfully installed terminal-table-1.4.3
Successfully installed vmc-0.3.12
8 gems installed
Installing ri documentation for spruz-0.2.13...
Installing ri documentation for json_pure-1.5.4...
Installing ri documentation for rubyzip2-2.0.1...
Installing ri documentation for highline-1.6.2...
Installing ri documentation for mime-types-1.17.1...
Installing ri documentation for rest-client-1.6.7...
Installing ri documentation for terminal-table-1.4.3...
Installing ri documentation for vmc-0.3.12...
Installing RDoc documentation for spruz-0.2.13...
Installing RDoc documentation for json_pure-1.5.4...
Installing RDoc documentation for rubyzip2-2.0.1...
Installing RDoc documentation for highline-1.6.2...
Installing RDoc documentation for mime-types-1.17.1...
Installing RDoc documentation for rest-client-1.6.7...
Installing RDoc documentation for terminal-table-1.4.3...
Installing RDoc documentation for vmc-0.3.12...
```

그림 11.3 gem을 이용한 vmc 설치

그림 11.3처럼 sudo gem install vmc로 **vmc**를 설치한다.

> **gem은 무엇인가?**
>
> gem은 루비젬이라고 부른다. 프로그래밍 언어 중 하나인 루비의 패키지 매니저로, 노드의 npm과 비슷한 역할을 한다. 클라우드 파운드리는 노드만을 위한 서비스가 아니므로 vmc는 gem으로 배포된다. gem을 사용하려면 루비를 설치해야 한다.
>
> **윈도우**
> 윈도우에서는 루비 인스톨러(http://www.rubyinstaller.org/)를 다운받아 설치한다.
>
> **리눅스**
> 데비안 계열의 리눅스에서는 다음 명령어로 루비와 루비젬을 설치한다.
>
>   sudo apt-get install ruby-full
>   sudo apt-get install rubygems
>
> **맥OS**
> 맥OS 10.5 이상에서는 기본적으로 루비와 루비젬이 설치돼 있다.

설치 후 vmc -v로 버전 정보가 나타나면 정상적으로 설치된 것이다. vmc 명령어를 찾지 못한다면 PATH 환경 변수에 vmc 파일의 경로를 추가해야 한다. vmc를 루비젬으로 설치했으므로 루비젬 하위에 있다. 보통 맥OS에서는 ~/.gem/ruby/1.8/bin이고, 리눅스라면 /var/lib/gems/1.8/bin에 있다. vmc의 설치가 완료되면 vmc target api.cloudfoundry.com으로 타겟을 설정한다.

```
~ $ vmc target api.cloudfoundry.com
Succesfully targeted to [http://api.cloudfoundry.com]
```

그림 11.4 vmc 타겟 설정

타겟을 설정했으면 vmc login으로 클라우드 파운드리에 로그인한다. 가입한 이메일과 비밀번호로 로그인할 수 있다.

```
~ $ vmc login
Email: outsideris@gmail.com
Password: ********
Successfully logged into [http://api.cloudfoundry.com]
```

그림 11.5 vmc 로그인

비밀번호를 원하는 것으로 바꾸려면 vmc passwd를 사용한다.

```
~ $ vmc passwd
Changing password for 'outsideris@gmail.com'
New Password: ********
Verify Password: ********
Successfully changed password
```

그림 11.6 vmc 비밀번호 변경

클라우드 파운드리에 노드 애플리케이션 배포

설정이 완료되면 vmc로 노드 애플리케이션을 배포할 수 있다. 클라우드 파운드리는 웹 서비스만 제공하기 때문에 웹 애플리케이션을 배포해야 한다. 배포 과정을 설명하기 위해 6장에서 설명한 익스프레스의 템플릿 소스를 배포한다. 먼저 익스프레스로 simple-webserver라는 프로젝트를 생성한다.

```
$ express simple-webserver
$ cd simple-webserver
```

6장에서 봤듯 'Welcome to Express'가 출력되는 웹페이지다. 클라우드 파운드리에 배포하려면 app.js를 수정해야 한다. 템플릿 소스의 **app.js**는 app.listen(3000)으로 웹 서버가 3000 포트로 동작하게 작성돼 있지만, 클라우드 파운드리가 3000 포트를 제공하지 않으므로 다음처럼 변경한다.

```
app.listen(process.env.VMC_APP_PORT || 3000);
```

클라우드 파운드리가 사용할 수 있는 포트를 VMC_APP_PORT 환경 변수로 제공하므로 process.env.VMC_APP_PORT를 포트로 사용하게 변경한다. 이 코드는 VMC_APP_PORT 환경 변수가 없으면 3000 포트를 사용하므로 로컬에서 개발 테스트를 할 때도 문제가 없다. 애플리케이션을 배포하려면 프로젝트 루트 디렉토리에서 vmc push를 사용한다.

```
simple-webserver $ vmc push outsider
Would you like to deploy from the current directory? [Yn]:
Application Deployed URL: 'outsider.cloudfoundry.com'?
Detected a Node.js Application, is this correct? [Yn]:
Memory Reservation [Default:64M] (64M, 128M, 256M, 512M, 1G or 2G)
Creating Application: OK
Would you like to bind any services to 'outsider'? [yN]:
Uploading Application:
  Checking for available resources: OK
  Processing resources: OK
  Packing application: OK
  Uploading (24K): OK
Push Status: OK
Staging Application: OK
Starting Application: OK
```

그림 11.7 vmc를 통한 배포

그림 11.7은 애플리케이션명을 outsider로 지정해 배포하는 과정이다. 애플리케이션명은 자신이 사용하는 클라우드 파운드리 서비스 내에서 유일해야 하고, 추후에 이 이름으로 애플리케이션을 구분한다. 그림 11.7의 과정을 보면 현재 디렉토리를 배포할 것인지 묻는다. 기본 값인 Y를 사용하려면 Enter만 누른다. 그 다음은 URL을 선택하는데, 애플리케이션이름.cloudfoundry.com이 기본 값이다. 다른 URL을 사용하려면 입력하면 되지만, 애플리케이션이름 부분인 서브도메인만 선택할 수 있고 cloudfoundry.com은 강제된다. 도메인은 전체 클라우드 파운드리에 등록된 애플리케이션 중에서 유일해야 하므로 같은 도메인이 사용 중이라면 배포 중에 실패한다. 그림 11.8은 도메인이 중복돼 실패하는 화면이다.

```
simple-webserver $ vmc push test
Would you like to deploy from the current directory? [Yn]:
Application Deployed URL: 'test.cloudfoundry.com'?
Detected a Node.js Application, is this correct? [Yn]:
Memory Reservation [Default:64M] (64M, 128M, 256M, 512M or 1G)
Creating Application:
Error 701: the URI: 'test.cloudfoundry.com' has already been taken or reserved
```

그림 11.8 vmc로 배포 중 도메인이 겹쳐 실패하는 화면

그림 11.7의 배포 과정을 다시 살펴보면 현재 디렉토리를 vmc가 자동으로 감지해 노드 애플리케이션이 맞는지 물어본다. 사용할 메모리 용량은 기본 값이 64메가

이고 2기가까지 선택할 수 있다. 기본적인 설정이 완료됐으므로 애플리케이션을 생성하고 다른 서비스를 이용할 것인지 묻는다. 여기서 서비스는 데이터베이스나 메시지 큐 등을 의미하는데, 이 부분은 뒤에서 다시 살펴본다. 서비스를 사용하지 않으면 애플리케이션을 업로드하고 시작한다. 배포가 완료되면 웹 브라우저에서 http://애플리케이션이름.cloudfoundry.com으로 접근하면 그림 11.9처럼 배포된 애플리케이션을 확인할 수 있다.

그림 11.9 배포된 express 애플리케이션

vmc로 배포하면 현재 디렉토리의 모든 파일이 같이 배포된다. npm으로 확장 모듈을 설치한 경우 node_modules 폴더도 함께 배포되므로 별도의 모듈 설치 과정은 필요 없다. 배포 후 소스를 수정했으면 다시 서버에 적용해야 하는데, vmc update 애플리케이션명을 사용한다. push 명령어는 최초 생성 시에만 사용하고 그 다음부터는 update 명령어를 사용한다. 그림 11.10은 업데이트 과정을 보여준다. 다시 웹 브라우저로 접속하면 수정된 내용을 확인할 수 있다.

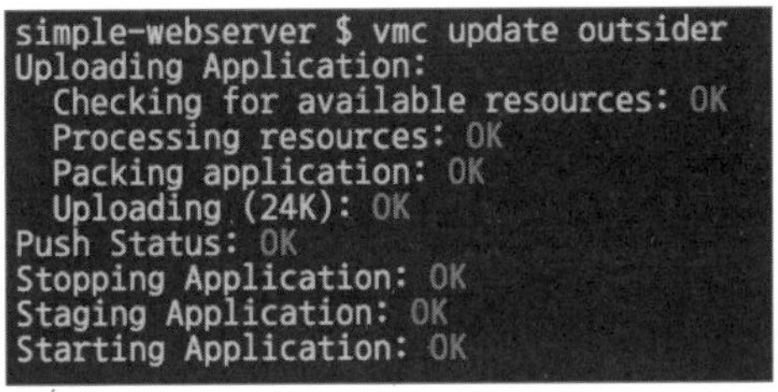

그림 11.10 vmc로 업데이트하는 과정

클라우드 파운드리의 데이터베이스 서비스

그림 11.7에서 애플리케이션을 배포할 때 다른 서비스를 사용할지 물어보는 과정이 있었다. 이는 클라우드 파운드리에서 제공하는 데이터베이스나 메시지 큐를 애플리케이션에서 사용할 것인지 물어보는 과정이다. 그림 11.11은 몽고디비 서비스를 바인딩하는 과정을 보여준다.

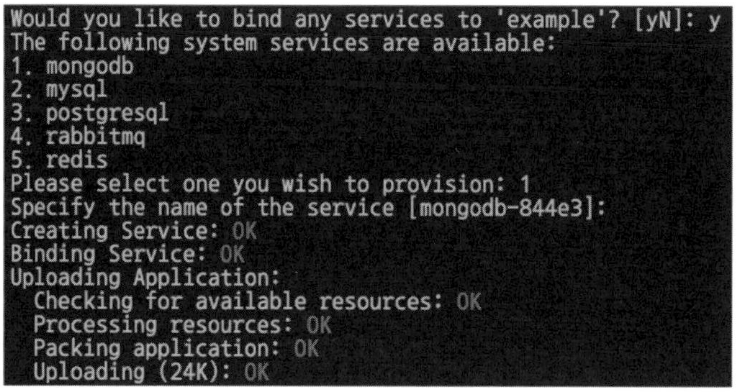

```
Would you like to bind any services to 'example'? [yN]: y
The following system services are available:
1. mongodb
2. mysql
3. postgresql
4. rabbitmq
5. redis
Please select one you wish to provision: 1
Specify the name of the service [mongodb-844e3]:
Creating Service: OK
Binding Service: OK
Uploading Application:
  Checking for available resources: OK
  Processing resources: OK
  Packing application: OK
  Uploading (24K): OK
```

그림 11.11 vmc로 배포 중 애플리케이션 선택 화면

서비스를 사용하기 위해서 y를 입력하면 어떤 서비스를 사용할지 묻는다. 클라우드 파운드리가 제공하는 서비스는 NoSQL인 몽고디비와 레디스Redis, 오픈소스 관계형 데이터베이스인 MySQL과 PostgreSQL, 메시지 큐인 레빗엠큐RabbitMQ가 있다. 바인딩한 서비스의 정보는 VCAP_SERVICES 환경 변수로 제공된다. 몽고디비를 바인딩했을 때 process.env.VCAP_SERVICES를 출력하면 다음과 같다.

```
{ 'mongodb-1.8':
  [ { name: 'mongodb-844e3',
    label: 'mongodb-1.8',
    plan: 'free',
    tags: ["mongodb","mongodb-1.8","nosql"],
    credentials: {"hostname":"172.30.48.75",
      "host":"172.30.48.75",
      "port":25104,
      "username":"a1245fa...",
```

```
            "password":"5fba027...",
            "name":"87a613d9-33f3-46...",
            "db":"db"}
    } ]
}
```

이처럼 VCAP_SERVICES 환경 변수로 몽고디비의 접근 정보를 알 수 있다. 6장에서 사용한 몽고리안을 사용하면 다음처럼 로컬디비에 접속한다.

```
var db = new Mongolian('mongo://유저명:비밀번호@localhost:27017/db');
  , users = db.collection('컬렉션명');
```

클라우드 파운드리에서 몽고디비를 사용하려면 다음과 같이 작성한다.

```
if (process.env.VCAP_SERVICES) {
  var env = JSON.parse(process.env.VCAP_SERVICES)
    , mongo = env['mongodb-1.8'][0]['credentials']
    , MONGO_URL = 'mongodb://' + mongo.username + ':' +
        mongo.password + '@' + mongo.hostname + ':' +
        mongo.port + '/' + mongo.db
    , db = new Mongolian(MONGO_URL)
    , users = db.collection('컬렉션명');
} else {
  var db = new Mongolian('mongo://유저명:비밀번호@localhost:27017/db');
    , users = db.collection('컬렉션명');
}
```

로컬에서도 개발하기 위해 process.env.VCAP_SERVICES 환경 변수가 없을 경우 로컬 환경을 사용했다. VCAP_SERVICES 환경 변수가 있다면 JSON으로 파싱한 뒤 디비 정보가 들어있는 credentials 부분으로 몽고디비 접속 URL을 만든다. 몽고디비가 아닌 다른 서비스를 이용해도 비슷하게 JSON을 파싱해 사용한다.

vmc를 통한 클라우드 파운드리 관리

vmc로 클라우드 파운드리에 배포한 웹 애플리케이션을 관리할 수 있다. vmc apps로 현재 클라우드 파운드리에 배포한 애플리케이션 정보를 확인할 수 있고 vmc services로 클라우드 파운드리에서 이용 가능한 서비스와 이용 중인 서비스를 확인할 수 있다.

```
simple-webserver $ vmc apps
+-------------+---+---------+-------------------------+----------------+
| Application | # | Health  | URLS                    | Services       |
+-------------+---+---------+-------------------------+----------------+
| example     | 1 | RUNNING | nodebook.cloudfoundry.com | mongodb-844e3 |
| outsider    | 1 | RUNNING | outsider.cloudfoundry.com |               |
+-------------+---+---------+-------------------------+----------------+

simple-webserver $ vmc services
============ System Services ============
+------------+---------+------------------------------------------+
| Service    | Version | Description                              |
+------------+---------+------------------------------------------+
| mongodb    | 1.8     | MongoDB NoSQL store                      |
| mysql      | 5.1     | MySQL database service                   |
| postgresql | 9.0     | PostgreSQL database service (vFabric)    |
| rabbitmq   | 2.4     | RabbitMQ messaging service               |
| redis      | 2.2     | Redis key-value store service            |
+------------+---------+------------------------------------------+

========== Provisioned Services ==========
+----------------+---------+
| Name           | Service |
+----------------+---------+
| mongodb-844e3  | mongodb |
+----------------+---------+
```

그림 11.12 클라우드 파운드리에서 사용하는 애플리케이션과 서비스 정보

vmc apps로 현재 두 개의 애플리케이션이 동작하고 example 애플리케이션은 몽고디비를 이용 중임을 확인할 수 있다.

다음 명령어들로 애플리케이션을 관리한다.

- vmc start 애플리케이션명   애플리케이션을 시작한다.
- vmc stop 애플리케이션명   애플리케이션을 종료한다.
- vmc restart 애플리케이션명   애플리케이션을 재시작한다.
- vmc delete 애플리케이션명   애플리케이션을 삭제한다.

- **vmc rename 애플리케이션명 새로운애플리케이션명** 애플리케이션의 이름을 변경한다.

서비스 중 에러가 발생하면 에러 메시지를 확인해야 한다. 클라우드 파운드리는 별도로 서버에 접속하는 방법을 제공하지 않으므로 로그나 서버의 상태도 vmc로 확인한다. `console.log` 같은 표준 출력으로 출력한 메시지를 자동으로 로그 파일에 저장하므로 `vmc logs` 애플리케이션명으로 로그를 확인할 수 있고 `vmc stats` 애플리케이션명을 사용하면 메모리나 디스크의 사용량 등 서버의 상태를 확인할 수 있다.

```
simple-webserver $ vmc logs outsider
===> logs/stdout.log <===
Express server listening on port 60557 in development mode

simple-webserver $ vmc stats outsider
+----------+-------------+----------------+--------------+-------------+
| Instance | CPU (Cores) | Memory (limit) | Disk (limit) | Uptime      |
+----------+-------------+----------------+--------------+-------------+
| 0        | 0.0% (4)    | 15.0M (64M)    | 7.0M (2G)    | 0d:1h:58m:59s |
+----------+-------------+----------------+--------------+-------------+
```

그림 11.13 클라우드 로그와 상태 확인

그림 11.13은 표준 출력인 stdout만 출력됐지만 에러 로그가 있다면 stderr이라고 표시되면 에러 로그가 나타난다. 클라우드 서비스를 사용할 때의 가장 큰 장점은 상황에 따라 스케일아웃을 할 수 있다는 점이다. 스케일아웃은 서버의 대수를 늘려 성능을 높이는 것을 의미한다. 클라우드 파운드리는 더 많은 요청을 처리하기 위해 서버의 인스턴스 수를 조정하는 기능을 제공한다. 물론 애플리케이션도 다중 인스턴스를 고려해서 작성해야 한다. `vmc instances` 애플리케이션명으로 현재 인스턴스 목록을 확인하고 `vmc instances` 애플리케이션명 인스턴스 개수로 인스턴스 개수를 변경한다.

```
simple-webserver $ vmc instances outsider
+-------+---------+---------------------+
| Index | State   | Start Time          |
+-------+---------+---------------------+
| 0     | RUNNING | 10/28/2011 09:50PM  |
+-------+---------+---------------------+

simple-webserver $ vmc instances outsider 3
Scaling Application instances up to 3: OK
simple-webserver $ vmc instances outsider
+-------+---------+---------------------+
| Index | State   | Start Time          |
+-------+---------+---------------------+
| 0     | RUNNING | 10/28/2011 09:50PM  |
| 1     | RUNNING | 10/28/2011 10:12PM  |
| 2     | RUNNING | 10/28/2011 10:13PM  |
+-------+---------+---------------------+
```

그림 11.14 vmc를 통한 인스턴스 개수 변경

처음에 인스턴스가 하나였지만 vmc instances outsider 3을 입력하자 인스턴스 개수를 세 개로 확장한다. 그 밖의 명령어는 vmc -h로 확인할 수 있다. 클라우드 파운드리는 아직 문서화가 많이 돼 있지 않다. 하지만 VMWare라는 대형업체가 제공하는 서비스이므로 앞으로가 기대되는 서비스다.

11.2 허로쿠

허로쿠Heroku도 클라우드 파운드리처럼 PaaS를 제공하는 클라우드 서비스 업체다. 국내에는 많이 알려지지 않았지만 루비 온 레일즈를 오래전부터 제공해 루비 개발자 사이에서는 많이 알려진 서비스로, 최근에는 노드도 지원한다. 오랫동안 클라우드 서비스를 제공한 노하우를 바탕으로 현재 노드를 지원하는 유일한 상용 서비스다.

허로쿠의 프로세스 개념인 다이노Dyno는 웹다이노와 워커다이노가 있다. 웹다이노는 웹 애플리케이션을 실행하는 프로세스고, 워커다이노는 백그라운드에서 실행되는 프로세스다. 상용 서비스이지만, 두 다이노를 조합해 한 달에 750시간까지는 무료로 사용할 수 있다. 예를 들어 웹다이노를 31일 동안 사용하면 남는 6시간은 워커다이노를 이용할 수 있다. 750시간 이상 사용하거나 다이노를 1개 이상 사용해 병렬로 처리하려면 비용을 지불해야 한다. 오랜 노하우를 가진 상용 서비스인 만큼 아직 베타 상태인 타 서비스에 비해 신뢰할 수 있지만 비용이 싸진 않다. 현재 허로쿠는 0.4.7 버전을 지원하므로 허로쿠에 올리려면 노드 0.4.7 버전에서 동작해야 한다.

허로쿠 환경 설정

허로쿠를 이용하려면 허로쿠 커맨드라인 클라이언트를 설치해야 한다. 다음 URL에서 운영체제별로 다운로드해 설치한다.[1]

- 윈도우   http://toolbelt.herokuapp.com/windows/download
- 맥OS   http://toolbelt.herokuapp.com/osx/download
- 우분투   http://assets.heroku.com/heroku-client/heroku-client.tgz

설치가 완료되면 커맨드라인에서 `heroku` 명령어를 사용할 수 있다. 정상적으로 설치됐으면 `heroku version`으로 버전이 표시된다.

```
$ heroku version
heroku-gem/2.11.0
```

허로쿠를 이용하려면 https://api.heroku.com/signup에서 이메일을 입력하고, 메일로 받은 확인 링크를 통해 가입한다. 가입이 완료되면 `heroku login`으로 로그인할 수 있다.

```
heroku $ heroku login
Enter your Heroku credentials.
Email: outsideris@gmail.com
Password:
Found the following SSH public keys:
1) github_rsa.pub
2) id_rsa.pub
Which would you like to use with your Heroku account? 2
Uploading ssh public key /Users/outsider/.ssh/id_rsa.pub
```

그림 11.15 허로쿠 로그인

---

1. 다운로드 링크가 연결 안 될 경우에는 다음 가이드를 참조한다.
   http://devcenter.heroku.com/articles/node-js

최소 로그인 시에는 보안 인증을 위해 SSH 공개키를 등록해야 한다. 허로쿠는 PC에 있는 SSH 공개키를 자동으로 찾아 보여주고 원하는 키를 선택하면 된다. 선택한 SSH 공개키가 업로드되면 허로쿠를 사용하기 위한 설정이 완료된다.

> **SSH 공개키란?**

보안을 위해 공개키를 서버에 올리고 클라이언트는 비밀키로 로그인하는 인증 방식이다. 공개키가 유출돼도 보안에 문제가 없으므로 상당히 안전한 방식이고, 클라이언트는 비밀키가 없으면 인증을 할 수 없다.

리눅스나 맥OS에서는 ssh-keygen 명령어로 SSH 공개키를 생성한다.

ssh-keygen -t rsa -C "이메일주소"

SSH키를 생성하면 사용자 홈 디렉토리의 .ssh 디렉토리에 공개키가 생성된다. id_rsa가 비밀키라면 id_rsa.pub는 공개키다.

윈도우에서는 SSH 공개키를 만들기가 약간 까다로운데 PuTTYgen 프로그램을 다운로드(http://www.chiark.greenend.org.uk/~sgtatham/putty/download.html) 해 실행하면 공개키를 생성할 수 있다.

배포 과정을 설명하기 위해 11.1절처럼 express simple-webserver로 생성한 웹 애플리케이션을 사용한다. 허로쿠는 애플리케이션이 사용할 수 있는 포트를 PORT 환경 변수로 제공한다. 소스에서는 process.env.PORT로 접근하고 로컬에서도 개발하기 위해 app.js를 다음과 같이 수정한다.

```
app.listen(process.env.PORT || 3000);
```

허로쿠는 package.json 파일의 존재 여부로 노드 애플리케이션인지 확인하므로 프로젝트의 루트 디렉토리에 반드시 package.json 파일이 있어야 한다. package.json을 사용하지 않는다면 다음과 같이 간단한 package.json을 생성한다.

```
{ "name": "node-example",
  "version": "0.0.1",
  "dependencies": { }
}
```

허로쿠는 애플리케이션 관리에 포어맨Foreman이라는 도구를 사용한다. 포어맨은 허로쿠 커맨드라인 도구를 설치할 때 같이 설치된다(윈도우 인스톨러에는 포어맨이 포함돼 있지 않다. 허로쿠 내에서 포어맨을 사용하므로 설정 파일은 만들어야 한다). 포어맨은 Procfile 파일을 설정 파일로 사용하므로 프로젝트 루트디렉토리에 다음과 같은 내용으로 Procfile 파일을 생성한다.

```
web: node app.js
```

허로쿠의 실행 프로세스는 웹다이노와 워커다이노가 있다고 설명했는데, 이 설정은 웹다이노를 위한 설정이다. 워커다이노도 사용하려면 다음과 같이 추가한다.

```
web: node app.js
woker: node batch-job.js
```

Procfile을 생성하면 `node app.js`로 실행하는 대신 `foreman start`로 실행할 수 있다. 포어맨이 설정 파일에 지정된 명령어를 찾아 실행하고, 포어맨은 5000 포트를 기본으로 사용한다. 소스는 `PORT` 환경 변수가 없으면 3000 포트를 사용하게 작성했다. 웹 브라우저에서 http://localhost:5000으로 접속해 동작 여부를 확인할 수 있다.

```
simple-webserver $ foreman start
22:21:10 web.1     | started with pid 9598
22:21:11 web.1     | Express server listening on port 5000 in development mode
```

그림 11.16 foreman으로 실행

포어맨까지 설정했으면 소스를 허로쿠에 배포해야 한다. 허로쿠는 소스 배포에 깃Git을 이용한다. 프로젝트 소스를 깃으로 관리하고 허로쿠에 생성된 깃 저장소에 소스를 배포하는 방식이다(윈도우 인스톨러는 깃을 포함하고 있으므로 허로쿠 클라이언트를 설치했으면 바로 사용할 수 있다).

 > 깃이란?

> 깃(Git, http://git-scm.com/)은 분산형 버전 관리 시스템이다. 코딩을 하면 소스의 히스토리 관리를 위해 서브버전 같은 버전 관리 도구를 사용한다. 큰 개념에서 깃도 서브버전 같은 소스 버전 관리 시스템이다. 하지만 서브버전이 중앙에 저장소 서브를 두고 각 개발자가 중앙저장소에 연결해 사용하는 중앙 집중식이라면 깃은 각 개발자가 자신의 저장소를 가지고 원격저장소에 소스를 올리는 분산형이다. 깃은 최근 오픈소스를 중심으로 인기를 얻고 있다.
>
> 최근 대부분의 오픈소스가 깃으로 관리되므로 능숙하진 않아도 간단한 사용법 정도는 익혀두는 것이 좋다. 이 책에서 깃의 세부 내용을 다루는 것은 무리이므로 배포 과정 중 나오는 명령어의 의미 정도만 설명한다.[2]

깃에 등록된 파일은 모두 허로쿠로 배포된다. npm을 설치한 확장 모듈은 깃의 소스 관리 대상에 포함시킬 필요가 없다. 허로쿠는 프로젝트가 의존하는 확장 모듈을 package.json 파일에 명시된 의존성을 참고해 자동으로 설치하므로, 확장 모듈 디렉터리인 node_modules는 관리 대상에서 제외하고 package.json 파일에 의존성 정보를 정확히 명시한다. 깃은 관리 대상에 제외하지 않을 파일이나 디렉터리를 .gitignore 파일에서 관리한다. 프로젝트 루트 디렉터리에 .gitignore 파일을 다음 내용으로 생성한다.

```
node_modules
```

프로젝트 루트에서 `git init`을 실행하면 현 위치에 로컬 저장소를 생성하고 `git add .`를 실행하면 현 디렉터리의 모든 파일을 추가한다. `git commit -m "커밋 메시지"`를 실행하면 소스를 로컬 저장소에 커밋한다. 커밋 후 소스를 수정하면 다시

---

2. 국내에 출간된 도서로는 『Git, 분산 버전 관리 시스템』이 있다.

추가하고 커밋해야 한다.

허로쿠에 배포

허로쿠에서는 셀라든 세다Celadon Cedar 스택이라는 프로세스 모델상에서 애플리케이션이 동작한다. 포어맨 기반으로 실행되는 웹다이노나 워커다이노를 세다 스택이 수평적으로 확장하는 구조이므로 세다 스택을 먼저 사용해야 한다. `heroku create --stack cedar`로 세다 스택을 생성할 수 있다. 세다 스택이 생성되면 스택의 URL과 깃 저장소 주소를 알려주고 자동으로 현 로컬 깃 저장소에 원격저장소 주소로 추가한다. 애플리케이션 이름을 지정하고 싶다면 `heroku create --stack cedar appname`처럼 appname을 지정한다. 사용 중인 애플리케이션명이 있다면 에러가 발생한다. 깃에 원격저장소가 추가됐는지 확인하기 위해 `git remote`를 입력하면 heroku 원격저장소가 추가된 것을 확인할 수 있다. 그림 11.17은 이 과정을 보여준다.

```
simple-webserver $ heroku create --stack cedar
Creating stark-journey-9525... done, stack is cedar
http://stark-journey-9525.herokuapp.com/ | git@heroku.com:stark-journey-9525.git
Git remote heroku added
simple-webserver $ git remote
heroku
```

그림 11.17 세다 스택 추가 후 등록된 깃 원격저장소

이제 깃으로 소스를 배포할 차례이다. `git push heroku master` 명령어로 heroku 원격저장소의 master 브랜치에 소스를 올린다. 그림 11.18은 소스를 배포하는 과정이다.

```
simple-webserver $ git push heroku master
Counting objects: 12, done.
Delta compression using up to 2 threads.
Compressing objects: 100% (7/7), done.
Writing objects: 100% (12/12), 1.33 KiB, done.
Total 12 (delta 0), reused 0 (delta 0)
-----> Heroku receiving push
-----> Node.js app detected
-----> Fetching Node.js binaries
-----> Vendoring node 0.4.7
-----> Installing dependencies with npm 1.0.94
       jade@0.16.4 ./node_modules/jade
       ├── mkdirp@0.0.7
       └── commander@0.2.1
       express@2.4.7 ./node_modules/express
       ├── mkdirp@0.0.7
       ├── connect@1.7.2
       ├── mime@1.2.4
       └── qs@0.3.1
       Dependencies installed
-----> Discovering process types
       Procfile declares types -> web
-----> Compiled slug size is 4.7MB
-----> Launching... done, v4
       http://stark-journey-9525.heroku.com deployed to Heroku

To git@heroku.com:stark-journey-9525.git
 * [new branch]      master -> master
```

그림 11.18 허로쿠에 소스를 푸시하는 과정

소스 배포가 완료됐으면 `heroku ps:scale web=1`로 웹 프로세스의 개수를 한 개로 지정한다. `heroku ps`를 입력하면 현재 사용 중인 프로세스의 수를 확인할 수 있다. 특정 애플리케이션을 지정하려면 `heroku ps --app appname`처럼 사용한다.

```
simple-webserver $ heroku ps:scale web=1
Scaling web processes... done, now running 1
simple-webserver $ heroku ps
Process       State              Command
------------  -----------------  -------------
web.1         up for 6m          node app.js
simple-webserver $
```

그림 11.19 허로쿠 프로세스 지정

허로쿠 관리

허로쿠에 배포한 애플리케이션은 heroku 도구로 관리한다. 서버의 로그 메시지를 보고 싶다면 `heroku logs`를 입력한다.

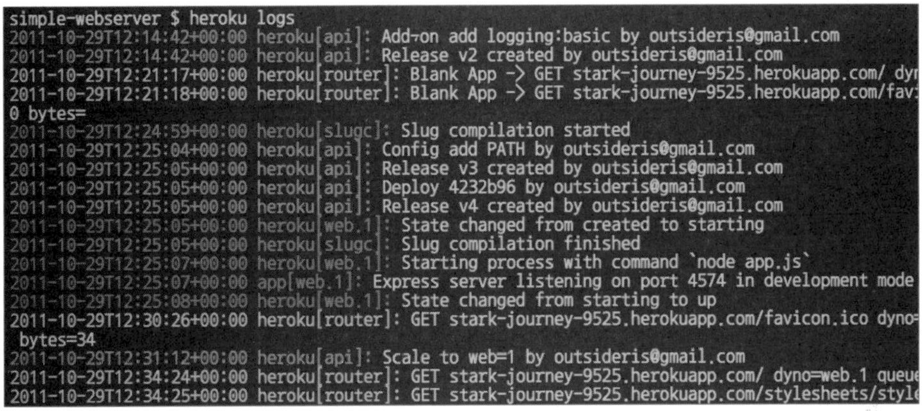

```
simple-webserver $ heroku logs
2011-10-29T12:14:42+00:00 heroku[api]: Add-on add logging:basic by outsideris@gmail.com
2011-10-29T12:14:42+00:00 heroku[api]: Release v2 created by outsideris@gmail.com
2011-10-29T12:21:17+00:00 heroku[router]: Blank App -> GET stark-journey-9525.herokuapp.com/ dyn
2011-10-29T12:21:18+00:00 heroku[router]: Blank App -> GET stark-journey-9525.herokuapp.com/favi
0 bytes=
2011-10-29T12:24:59+00:00 heroku[slugc]: Slug compilation started
2011-10-29T12:25:04+00:00 heroku[api]: Config add PATH by outsideris@gmail.com
2011-10-29T12:25:05+00:00 heroku[api]: Release v3 created by outsideris@gmail.com
2011-10-29T12:25:05+00:00 heroku[api]: Deploy 4232b96 by outsideris@gmail.com
2011-10-29T12:25:05+00:00 heroku[api]: Release v4 created by outsideris@gmail.com
2011-10-29T12:25:05+00:00 heroku[web.1]: State changed from created to starting
2011-10-29T12:25:05+00:00 heroku[slugc]: Slug compilation finished
2011-10-29T12:25:07+00:00 heroku[web.1]: Starting process with command `node app.js`
2011-10-29T12:25:07+00:00 app[web.1]: Express server listening on port 4574 in development mode
2011-10-29T12:25:08+00:00 heroku[web.1]: State changed from starting to up
2011-10-29T12:30:26+00:00 heroku[router]: GET stark-journey-9525.herokuapp.com/favicon.ico dyno
bytes=34
2011-10-29T12:31:12+00:00 heroku[api]: Scale to web=1 by outsideris@gmail.com
2011-10-29T12:34:24+00:00 heroku[router]: GET stark-journey-9525.herokuapp.com/ dyno=web.1 queue
2011-10-29T12:34:25+00:00 heroku[router]: GET stark-journey-9525.herokuapp.com/stylesheets/style
```

그림 11.20 허로쿠 로그 화면

웹 애플리케이션의 URL이 기억나지 않으면 `heroku open`을 입력하면 자동으로 기본 웹 브라우저가 실행되면서 허로쿠 웹 애플리케이션으로 이동한다. 애플리케이션에서 환경 변수를 사용한다면 `heroku config:add NODE_ENV=production`으로 지정할 수 있다. `heroku run node`는 허로쿠 서버의 노드 REPL 프로세스를 현재의 커맨드라인에 연결한다. 연결된 REPL은 노드 기본 모듈 외에는 연결돼 있지 않으므로 필요한 모듈은 직접 `require`해 테스트해야 한다. `heroku apps`나 `heroku list`로 현재 사용하는 애플리케이션의 리스트를 볼 수 있고, `heroku info`로 사용 중인 애플리케이션의 정보를 볼 수 있다.

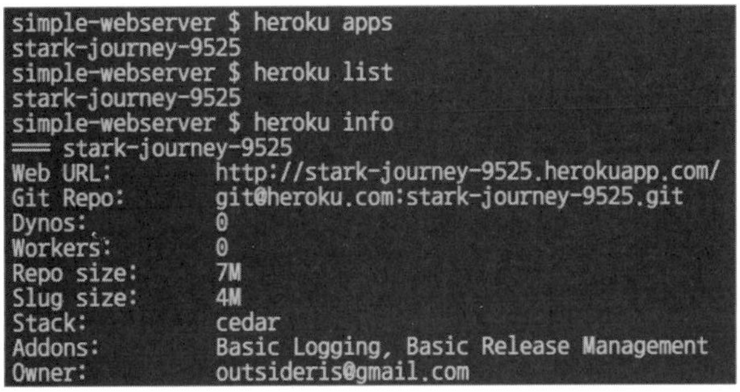

```
simple-webserver $ heroku apps
stark-journey-9525
simple-webserver $ heroku list
stark-journey-9525
simple-webserver $ heroku info
=== stark-journey-9525
Web URL:    http://stark-journey-9525.herokuapp.com/
Git Repo:   git@heroku.com:stark-journey-9525.git
Dynos:      0
Workers:    0
Repo size:  7M
Slug size:  4M
Stack:      cedar
Addons:     Basic Logging, Basic Release Management
Owner:      outsideris@gmail.com
```

그림 11.21 허로쿠 명령어 실행 화면

허로쿠는 PostgreSQL나 레디스 같은 데이터베이스를 지원한다. `heroku`

`addons:add shared-database`를 입력하면 애플리케이션에서 PostgresSQL을 사용할 수 있고, 접근 주소는 `DATABASE_URL` 환경 변수로 제공한다. 레디스 같은 경우는 `heroku addons:add redistogo`로 연결하고 `REDISTOGO_URL` 환경 변수로 접근 주소를 제공한다. 그 밖의 애드온은 http://addons.heroku.com/에서 확인할 수 있다.

11.3 조이엔트의 no.de

no.de는 노드의 메인 스폰서인 조이엔트의 클라우드 서비스다. 조이엔트는 노드의 메인 스폰서인 만큼 자사의 클라우드 서비스의 플랫폼으로 노드를 채택했다. 앞서 소개한 두 서비스는 웹소켓을 지원하지 않지만 현재 no.de는 그런 제약이 없다.

no.de를 위한 환경 설정

no.de 클라우드 서비스를 이용하기 위해 회원가입을 한 뒤 https://no.de/sshkeys 에서 인증을 위한 SSH 키를 등록한다.

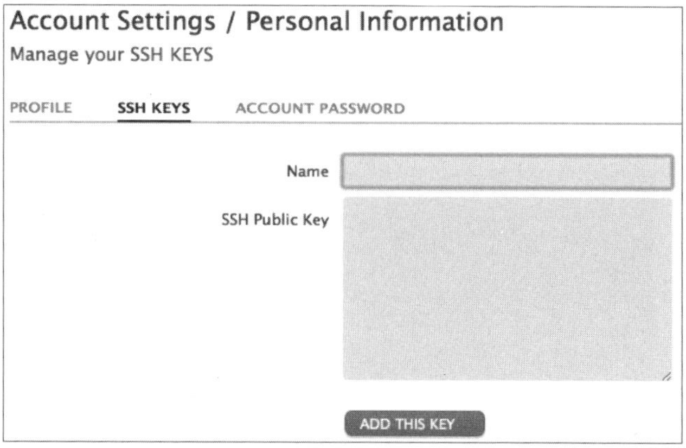

그림 11.22 no.de의 SSH 키 등록 화면

name 부분에는 SSH 키를 구별할 수 있는 이름을 임의로 입력한다. SSH Public Key는 SSH 공개키, 즉 생성한 SSH 키의 .pub 파일 내용을 입력한다. SSH 공개키를 등록하면 스마트머신SmartMachine을 생성한다. 스마트머신은 조이엔트에서 개발한 가상화 기술로, 애플리케이션을 스마트머신 단위로 배포하고 관리한다. no.de는 스마트머신 관리를 웹페이지에서 할 수 있으므로 사용하기가 편하다.

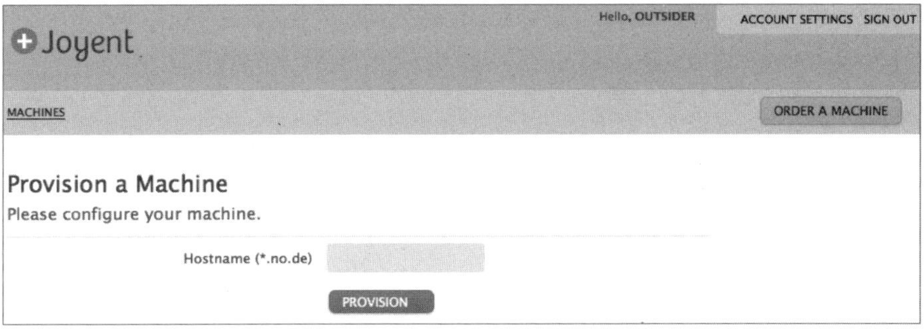

그림 11.23 스마트머신 생성 메뉴

https://no.de/smartmachines/new에 접근하거나 우측 상단에 있는 ORDER A MACHINE을 클릭하면 그림 11.23처럼 스마트머신을 생성하는 화면을 볼 수 있다. 원하는 호스트명을 입력하고 PROVISION 버튼을 클릭하면 입력한 이름이 서브도메인으로 생성된다. URL이므로 이미 사용 중인 이름은 사용할 수 없다. 예를 들어 outsider라고 입력하면 웹 애플리케이션의 도메인은 http://outsider.no.de가 된다.

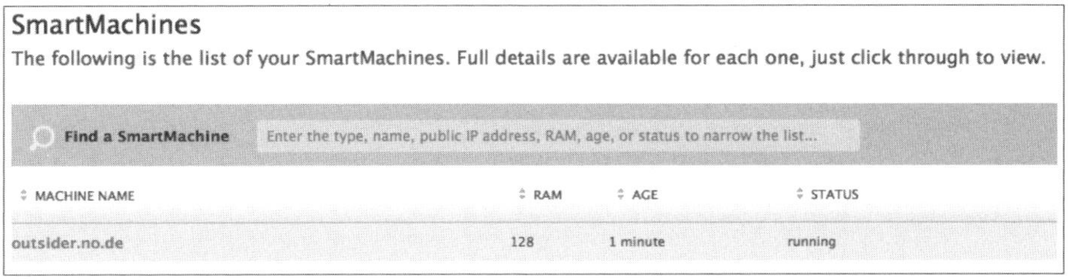

그림 11.24 스마트머신 리스트

스마트머신을 생성하면 https://no.de/smartmachines에서 생성한 리스트를 볼 수 있다. 리스트에 나타난 스마트머신을 클릭하면 그림 11.25처럼 스마트머신의 자세한 정보를 볼 수 있다.

```
outsider.no.de

Append this to your $HOME/.ssh/config file

 Host outsider.no.de
   Port 16940
   User node
   ForwardAgent yes

To run an existing GIT repository with a file called server.js in the root then do this:

 cd repo
 git remote add outsider.no.de outsider.no.de:repo
 git push outsider.no.de master

If everything goes correctly your server will be running at http://outsider.no.de/

To SSH into your machine do:

 ssh outsider.no.de
```

그림 11.25 스마트머신 상세 정보

스마트머신의 호스트와 포트 정보, 깃 저장소 주소를 알 수 있다. 허로쿠처럼 no.de도 깃으로 소스를 스마트머신에 배포한다. 그리고 no.de는 서버가 고정된 IP로 동작하지 않고 프록시 HTTP를 사용하므로 $HOME/.ssh/config 파일에 다음 내용을 추가해야 SSH 인증을 할 수 있다(파일이 없으면 생성한다). 이 정보는 생성한 스마트머신에 따라 다를 수 있다.

```
Host outsider.no.de
  Port 16940
  User node
  ForwardAgent yes
```

no.de에 애플리케이션 배포

11.1, 11.2절과 같은 방법으로 익스프레스 템플릿 소스를 배포한다. 클라우드 파운드리와 허로쿠는 포트를 환경 변수로 제공했지만, no.de는 서버 호스팅을 받는 것처럼 동작하므로 별도의 환경 변수를 제공하지 않는다. 물론 필요하다면 직접 설정할 수 있다. 공개적으로 서비스하기 위해 app.js의 포트를 80 포트로 변경한다.

```
app.listen(80);
```

no.de는 다양한 버전의 노드를 지원하므로 정확한 노드의 버전을 명시해야 한다. 프로젝트의 루트 디렉토리에 config.json 파일을 생성하고 다음과 같이 노드의 버전을 명시한다. 현재 no.de가 지원하는 최신 안정 버전인 0.4.11 버전을 지정했다.

```
{ "version": "v0.4.11" }
```

no.de는 npm의 표준을 따르므로 package.json 파일을 정확히 작성해야 한다. 이 배포 과정에서는 다음과 같은 package.json 파일을 생성했다.

```
{
  "name": "application-name",
  "version": "v0.4.11",
  "private": true,
  "dependencies": {
    "express": "~2.5.2",
    "jade": "~0.19.0"
  },
  "scripts": { "start": "node app.js" }
}
```

필요한 확장 모듈인 익스프레스와 제이드를 의존성에 추가했다. no.de는 프로젝트 루트 디렉토리에 server.js 파일이 있으면 자동으로 실행 파일로 사용하므로 다른 파일을 실행 파일로 사용한다면 scripts의 start 명령어를 지정한다. package.json 파일을 작성했으면 소스를 깃으로 관리하기 위해 다음처럼 깃 저장소를 생성하고 소스를 커밋한다. 그 전에 허로쿠와 동일하게 .gitignore 파일을 생성해 node_modules를 깃 관리 대상에서 제외시킨다.

```
simple-webserver $ git init
simple-webserver $ git add .
simple-webserver $ git commit -m "init"
```

스마트머신 정보에서 나타난 깃 원격저장소를 다음과 같이 추가한다. 원격저장소명인 outsider.no.de는 구별하기 쉬운 이름을 사용하면 된다.

```
simple-webserver $ git remote add outsider.no.de outsider.no.de:repo
simple-webserver $ git push outsider.no.de master
```

정상적으로 SSH 키가 등록되고 package.json 파일이 작성됐다면 그림 11.26처럼 소스가 업로드되고 npm으로 의존 모듈이 설치된 후 서버가 시작됐다는 메시지를 볼 수 있다. 배포가 완료되면 웹 브라우저에서 http://outsider.no.de에 접속해 확인할 수 있다.

```
simple-webserver $ git push outsider.no.de master
Counting objects: 4, done.
Delta compression using up to 2 threads.
Compressing objects: 100% (2/2), done.
Writing objects: 100% (3/3), 299 bytes, done.
Total 3 (delta 1), reused 0 (delta 0)
remote: Deploying node-service.
remote:       revision:  9725df6317c1ea8e9dd303424ae03a9dc1ad841b
remote:       timestamp: 2011-10-30T10-36-11.129080808
remote: Installing node module deps (from package.json).
remote:     ./node_modules/jade -> /home/node/local/lib/node_modules/jade
remote:     ./node_modules/express -> /home/node/local/lib/node_modules/express
remote:     jade@0.16.4 ./node_modules/jade
remote:     express@2.4.7 ./node_modules/express
remote: Starting node-service.
remote: Win!
To outsider.no.de:repo
   d643c5f..9725df6  master -> master
simple-webserver $ clear
simple-webserver $
```

그림 11.26 no.de에 푸시하는 화면

no.de 클라우드 서비스 관리

no.de는 직접 서버 호스팅을 받는 것처럼 자유로운 환경을 제공한다. 스마트머신은 가상 환경으로 개별 운영체제처럼 동작하므로 SSH로 접속할 수 있다.

```
$ ssh outsider.no.de
```

SSH로 스마트머신에 접속해 필요한 설정을 직접 하면 된다. 다른 클라우드 서비스처럼 자동으로 제공하는 기능들은 없지만 직접 설정해 사용할 수 있다. 예를 들어 데이터베이스 같은 서비스를 별도로 제공하지 않으므로 데이터베이스가 필요하다면 직접 설치한다.

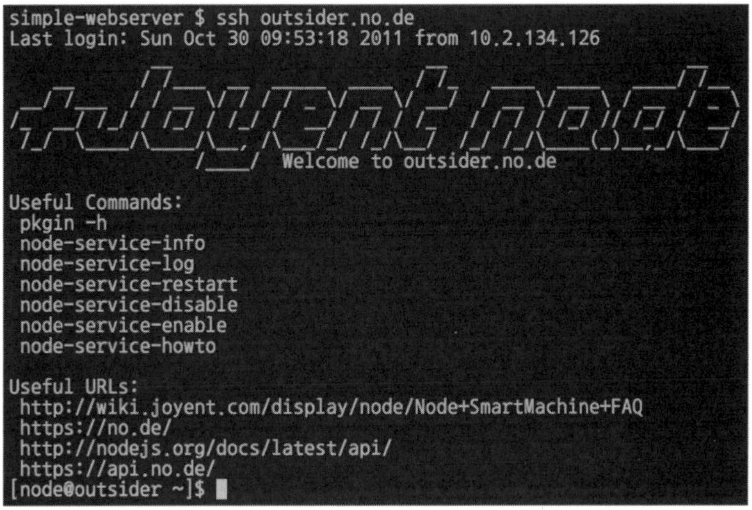

그림 11.27 no.de에 SSH로 접속

그림 11.27에서 보듯이 이미 pkgin(http://pkgin.net/)이 설치돼 있어 pkgin으로 필요한 프로그램을 설치할 수 있다. VI나 파이썬 등은 이미 설치돼 있고 `pkgin list`로 설치된 프로그램을 확인할 수 있다. 스마트머신에서 사용 가능한 노드 버전은 `cat /opt/nodejs/NODE-BUILDS`로 확인할 수 있다. 그림 11.28은 현재 no.de가 지원하는 노드 버전을 보여준다.

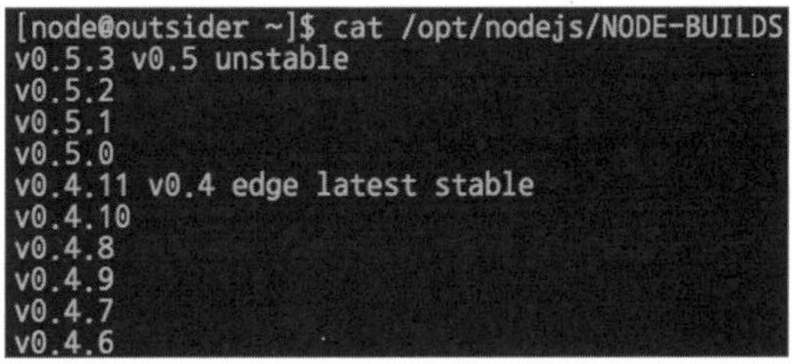

그림 11.28 no.de에서 사용할 수 있는 노드 버전 확인

SSH에서 애플리케이션의 관리도 할 수 있다. 애플리케이션 관련 명령어는

node-service-접두사가 붙는다. node-service-deploy를 실행하면 그림 11.10처럼 최근에 배포한 소스를 다시 배포하고 서버를 재시작한다.

```
[node@outsider ~]$ node-service-deploy
Deploying node-service.
    revision:  master
    timestamp: 2011-10-30T10-47-02.787398844
Installing node module deps (from package.json).
    ./node_modules/express -> /home/node/local/lib/node_modules/express
    ./node_modules/jade -> /home/node/local/lib/node_modules/jade
    express@2.4.7 ./node_modules/express
    jade@0.16.4 ./node_modules/jade
Starting node-service.
Win!
```

그림 11.29 no.de에 SSH에서 소스 재배포

그 밖에 node-service-restart로 재시작을 하거나 node-service-disable, node-service-enable로 애플리케이션을 종료하거나 시작한다. node-service-info로 애플리케이션의 정보를 확인하고, node-service-log로 로그 메시지를 확인한다. node-service-log는 tail -f node_log_file의 별칭이므로 새로 추가되는 로그 메시지를 계속 갱신해서 볼 수 있다(그만 보려면 Ctrl+C를 누른다).

```
[node@outsider ~]$ node-service-info
fmri             svc:/site/node-service:default
name             node.js service
enabled          true
state            online
next_state       none
state_time       October 30, 2011 10:47:54 AM UTC
logfile          /var/svc/log/site-node-service:default.log
restarter        svc:/system/svc/restarter:default
contract_id      1149405
dependency       require_all/refresh svc:/milestone/network:default (online)
dependency       require_all/refresh svc:/system/filesystem/local (online)
process          4253 /bin/bash /opt/nodejs/service-starter
process          4255 /opt/nodejs/v0.4/bin/node /opt/nodejs/bin/npm start --node-version v0.4.11
process          4256 node app.js
application      (application)

Use 'pfiles pid' to learn more about a process
[node@outsider ~]$ node-service-log
Listening on port 80
[ Oct 30 09:22:39 Stopping because service disabled. ]
[ Oct 30 09:22:39 Executing stop method (:kill). ]
[ Oct 30 09:22:39 Rereading configuration. ]
[ Oct 30 09:22:39 Rereading configuration. ]
[ Oct 30 09:22:39 Enabled. ]
[ Oct 30 09:22:39 Executing start method ("/opt/nodejs/service-starter"). ]
npm WARN invalid config node-version="v0.4"
[ Oct 30 09:22:41 Method "start" exited with status 0. ]
[ Oct 30 09:22:41 Stopping because all processes in service exited. ]
[ Oct 30 09:22:41 Executing stop method (:kill). ]
[ Oct 30 09:22:41 Executing start method ("/opt/nodejs/service-starter"). ]
```

그림 11.30 no.de의 SSH에서 정보와 로그 확인

SSH 사용에 익숙하지 않다면 웹페이지에서도 기본적인 관리를 할 수 있다. 생성한 스마트머신 상세 정보의 하단을 보면 그림 11.31과 같은 화면을 볼 수 있다.

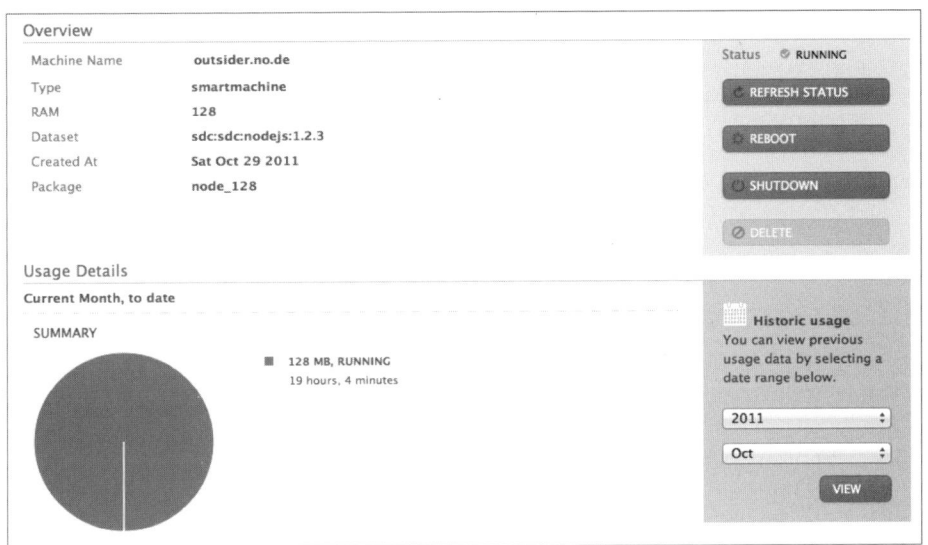

그림 11.31 no.de 웹사이트의 스마트 머신 관리 메뉴

현재 스마트머신의 상태가 나타나고 서버를 재시작하거나 종료할 수 있는 메뉴를 제공한다. no.de 사이트에서 통계 메뉴(https://no.de/analytics)에 접속하면 자세한 서버의 통계를 확인할 수 있다.

그림 11.32는 통계 메뉴에서 확인할 수 있는 다양한 통계의 종류를 보여준다.

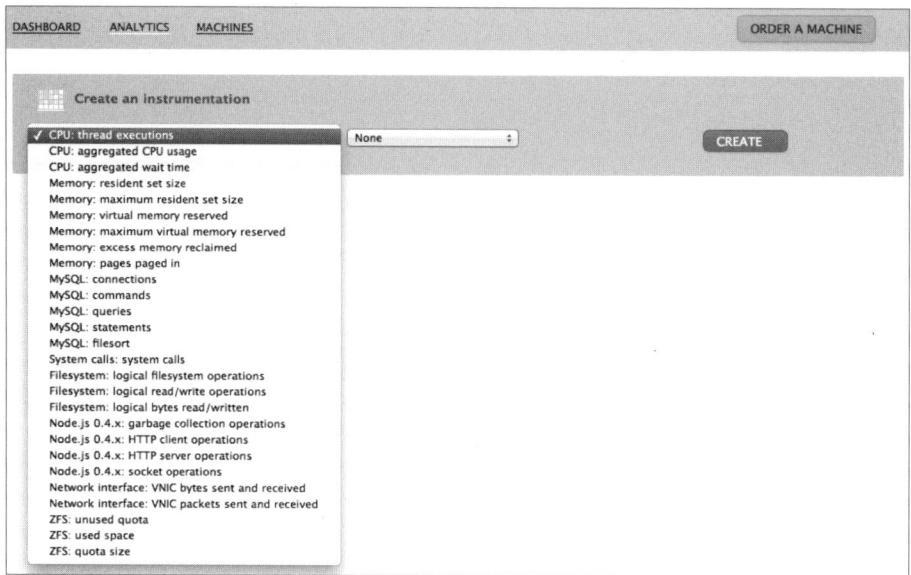

그림 11.32 no.de의 통계 메뉴

보고자 하는 통계를 선택하고 CREATE 버튼을 누르면 그림 11.33처럼 실시간 통계를 모니터링할 수 있다.

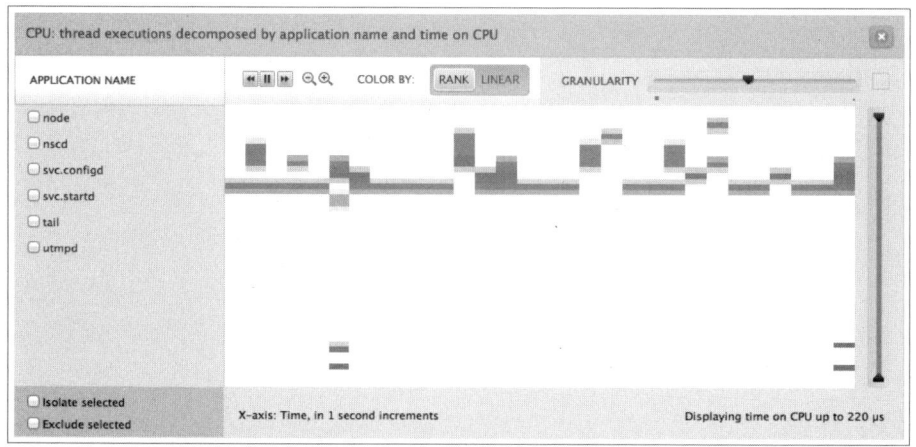

그림 11.33 no.de의 실시간 통계 화면

11.4 정리

11장에서는 노드 애플리케이션을 서비스할 수 있는 클라우드 서비스를 살펴봤다. 클라우드 서비스의 단점도 있으므로 노드 애플리케이션을 어디서 서비스할지는 많은 고려를 해야 한다. 하지만 노드의 이벤트 기반 특성상 다중 프로세스에서 동작하는 분산 애플리케이션에 적합하고 쉽게 확장성 있는 애플리케이션을 만들 수 있다. 이런 노드의 장점은 클라우드 서비스에 아주 적합하다. 이 책에서는 다루지 않았지만 노드짓수(http://nodejitsu.com/)나 노드스터(http://nodester.com/) 같은 클라우드 서비스도 있다. 사용법은 많이 다르지 않으므로 서비스의 가이드를 참고하면 쉽게 사용할 수 있다.

부록 A

프로덕션 레벨의
참고 사이트

노드를 설명하면서 가장 많이 받은 질문 중 하나가 "실제 쓰이는 곳이 있는가"였다. 노드는 아직 역사가 짧기 때문에 기술의 이론적인 장점 외에도 실제로 서비스에 사용했을 때 어떤 장단점이 있는가와 함께 얼마나 안정적인가도 중요한 요소다. 그래서 실제 서비스에 사용되는 레퍼런스 사례가 중요하다. 현재 노드를 서비스에 사용하고 있는 서비스와 회사를 소개한다.

링크드인

링크드인LinkedIn(http://www.linkedin.com/)은 개인의 이력서를 관리하는 사이트다. 링크드인은 2011년 8월에 새로운 모바일 웹앱과 네이티브앱(iOS, 안드로이드)을 발표하면서 서버 사이드를 루비온 레일즈에서 노드로 바꿨다. 물리적 서버 15대에 가상 인스턴스를 15개씩 사용하다 노드로 바꾼 후 4개의 인스턴스만으로 2배의 트래픽을 감당할 수 있게 됐다고 발표했다(http://venturebeat.com/2011/08/16/linkedin-node/). 트래픽 측정은 링크드인 팀 내에서 진행한 부하 테스트를 기준으로 한다. 현재 링크드인의 모바일(웹앱, iOS, 안드로이드)에 관련된 모든 서버 사이드에는 노드를 사용한다.

트렐로

조엘 온 소프트웨어(http://www.joelonsoftware.com/)라는 블로그로 유명한 조엘 스폴스키의 포그 크릭 소프트웨어Fog Creek Software에서 2011년 오픈한 협업 도구인 트렐로Trello(https://trello.com/)는 노드로 만들었고, 익스프레스 웹 프레임워크와 Socket.IO를 사용한다(http://news.ycombinator.com/item?id=2993732).

깃허브의 노드로드

깃허브(https://github.com/)는 깃 저장소의 파일들을 압축해 다운로드할 수 있게 노드로드Nodeload 프로젝트를 노드로 작성해 압축된 파일을 서비스한다. 2010년에 작성한 노드로드가 더 이상 서버 부하를 감당하지 못하자 2011년 재작성해 노드로드 2로 현재 서비스한다. 노드로드 2도 노드로 만들었다(https://github.com/blog/900-nodeload2-downloads-reloaded).

야머

회사나 조직에서 쓸 수 있는 비공개 소셜 네트워크인 야머yammer(https://www.yammer.com/)는 에이잭스 크로스 도메인 호출을 위한 프록시에 노드를 사용한다.

37Signals의 Pow

37Signals(http://www.37signals.com/)는 맥OS에서 루비를 위한 랙Rack 서버를 설정하는 Pow 도구를 노드로 작성했다.

런부스트

교육 서비스를 만드는 런부스트LearnBoost(http://www.learnboost.com/)는 노드로만 운영된다. 런부스트는 익스프레스 웹 프레임워크와 Socket.IO, 제이드 등을 자사의 서비스를 위해 직접 만들어 오픈소스로 제공한다.

플럭의 채팅 서비스

소셜 네트워크 서비스인 플럭Plurk(http://www.plurk.com/)은 채팅 서비스를 위한 코멧 시스템을 자바와 네티Netty 조합에서 노드로 바꿨다(http://amix.dk/blog/post/19490#Plurk-Instant-conversations-using-comet).

도큐먼트 클라우드

문서 관리와 공유 사이트인 도큐먼트 클라우드(http://www.documentcloud.org/home)는 문서의 픽셀을 추적하는 픽셀 핑 프로젝트(http://documentcloud.github.com/pixel-ping/)에 노드를 사용한다.

스토리파이

트위터나 페이스북, 유투브, 플리커 등을 기반으로 자신만의 스토리를 작성하는 스토리파이(http://storify.com/)는 노드와 익스프레스로만 운영된다.

야후의 라이브스탠드

야후는 아이패드에서 사용할 수 있는 개인화 잡지 애플리케이션인 라이브스탠드(http://www.livestand.com/)의 인프라로 사용되는 모지토 프로젝트(http://developer.yahoo.com/blogs/ydn/posts/2011/11/yahoo-announces-cocktails-%E2%80%93-shaken-not-stirred/)에서 노드를 사용한다.

클라우트

트위터 등 소셜 네트워크의 명성을 평가하는 클라우트(http://klout.com/)는 노드와 Socket.IO를 사용한다.

클라우드9 IDE

웹 브라우저 기반의 IDE인 클라우드9(http://c9.io)의 서버 사이드는 노드와 Socket.IO로 운영된다. 클라우드9은 노드 개발을 지원한다.

박서

아이폰과 안드로이드에서 워키토키처럼 사용할 수 있는 리얼타임 보이스/텍스트 메일 앱인 박서Voxer(http://voxer.com/)는 서버 사이드를 C++에서 파이썬으로 바꿨다가 현재는 노드를 사용한다(http://www.theregister.co.uk/2011/03/01/the_rise_and_rise_of_node_dot_js/).

img.ly의 리얼타임 활동 모니터링

소셜 사진 공유 사이트인 img.ly(http://img.ly/)의 활동을 리얼타임으로 보여주는 서비스인 http://node.9elements.com/는 노드와 Socket.IO를 사용했다.

트랜스로드잇

파일업로드 서비스인 트랜스로드잇Transloadit(http://transloadit.com/press)은 노드를 사용한다.

긱리스트

소셜 포트폴리오 사이트인 긱리스트Geeklist(http://geekli.st/)는 서비스 전체를 노드와 익스프레스로 만들었다.

모킹버드

온라인에서 협업으로 웹사이트의 목업을 만드는 서비스인 모킹버드Mockingbird (https://gomockingbird.com/)는 실시간 서비스를 위해 노드를 사용한다.

사이트팬의 퍼시브

사이트팬Sitepen이 만든 데이터 주도 자바스크립트 애플리케이션 제작 도구인 퍼시브Persevere(http://persvr.org/)는 노드로 만들어졌다.

이 밖에도 노드를 사용하는 회사와 프로젝트에 대한 정보는 노드 위키의 'Projects, Applications, and Companies Using Node'(https://github.com/joyent/node/wiki/Projects,-Applications,-and-Companies-Using-Node)에서 확인할 수 있다.

부록 B

노드 학습을 위한
참고 사이트

이 책에서 다루지 못한 내용도 많이 있지만, 노드는 아주 빠르게 발전 중이다. 이 책을 본 이후에 노드를 학습하거나 관련 정보를 얻는 데 유용한 정보를 소개한다.

알아둬야 할 개발자

노드와 모듈에 대해 많은 개발자가 활발하게 활동하지만 그 중에서 특히 왕성한 활동을 하는 개발자들을 소개한다. 노드 프로젝트와 노드의 생태계에서 적극적으로 활동하는 개발자이므로 이들이 공유하는 내용에서 많은 정보를 얻을 수 있다.

라이언 달(Ryan Dahl)

노드를 만든 창시자로, 현재 조이엔트에서 풀타임으로 노드를 개발한다. 노드 초창기부터 데모로 운영되는 노드챗(http://chat.nodejs.org/)도 만들었다.

- 트위터   http://twitter.com/ryah
- 블로그   http://tinyclouds.org/
- 깃허브   https://github.com/ry

아이작 슐레터(Isaac Schlueter)

노드의 메인 커미터 중 한 명으로 npm을 만들어 써드파티 모듈을 이용한 노드 생태계에 크게 기여했다. 조이엔트에서 라이언과 함께 풀타임으로 노드를 개발하며, 노드 가상 환경 도구인 nave(https://github.com/isaacs/nave)와 소스 핫디플로우 도구인 node-supervisor(https://github.com/isaacs/node-supervisor)도 만들었다.

- 트위터   http://twitter.com/izs
- 블로그   http://blog.izs.me/
- 깃허브   https://github.com/isaacs/

버트 벨더(Bert Belder)

노드의 메인 커미터 중 한 명이다.

- 트위터   http://twitter.com/piscisaureus
- 깃허브   https://github.com/piscisaureus

펠릭스 게이슨도퍼(Felix Geisendoerfer)

노드의 메인 커미터 중 한 명으로 노드 개발과 컨설팅을 하는 디버거블(http://debuggable.com/)이라는 회사의 공동 창립자다. 디버거블에서는 부록 A에서 소개한 트랜스로드잇을 서비스한다. 이 책에서 소개한 node-mysql과 카우치디비의 클라이언트인 node-couchdb(https://github.com/felixge/node-couchdb)도 만들었다.

- 트위터　http://twitter.com/felixge
- 깃허브　https://github.com/felixge

코이치 코바야시(Koichi Kobayashi)

노드의 메인 커미터 중 한 명으로 커미터 중 유일한 일본인이다.

- 블로그　http://d.hatena.ne.jp/koichik/
- 깃허브　https://github.com/koichik

벤 누드이스(Ben Noordhuis)

노드의 메인 커미터 중 한 명이다.

- 깃허브　https://github.com/bnoordhuis

폴 쿼나(Paul Querna)

노드의 메인 커미터 중 한 명으로 SSL/TLS 라이브러리인 selene(https://github.com/pquerna/selene)도 만들었다.

- 트위터　http://twitter.com/pquerna
- 블로그　http://journal.paul.querna.org/
- 깃허브　https://github.com/pquerna

구일레르모 라흐(Guillermo Rauch)

런부스트의 CTO로 Socket.IO와 몽고디비 라이브러리인 몽구스, CSS 언어인 Stylus 등을 만들었다.

- **트위터** http://twitter.com/rauchg
- **블로그** http://devthought.com/
- **깃허브** https://github.com/guille

TJ 할로웨이척(TJ Holowaychuk)

런부스트의 개발자로, 웹 프레임워크인 런부스트와 테스트 프레임워크인 익스프레소, HTML 전처리기 제이드 등을 만들었다.

- **트위터** http://twitter.com/tjholowaychuk
- **블로그** http://tjholowaychuk.com/
- **깃허브** https://github.com/visionmedia

미카엘 로저스(Mikeal Rogers)

노드 관련 글을 모아주는 Planet node.js를 운영하며, HTTP 요청 클라이언트인 request(https://github.com/mikeal/request) 등의 모듈을 만들었다.

- **트위터** http://twitter.com/mikeal
- **블로그** http://www.mikealrogers.com/
- **깃허브** http://github.com/mikeal

톰 휴게스 크라우처(Tom Hughes Croucher)

야후의 에반젤리스트로 오레일리에서 나오는 『Node: Up and Running』의 저자다.

- **트위터** http://twitter.com/sh1mmer
- **블로그** http://kid666.com/
- **깃허브** https://github.com/sh1mmer

찰리 로빈스(Charlie Robbins)

노드짓수(http://www.nodejitsu.com/)의 CEO이자 공동 창업자로, 노드프로세스 관리도구인 forever도 만들었다.

- **트위터**　http://twitter.com/indexzero
- **깃허브**　https://github.com/indexzero

파올로 프라고메니(Paolo Fragomeni)

노드짓수의 공동 창업자이면서 CTO다. 노드의 이벤트에미터EventEmmitter를 보완한 이벤트에미터2EventEmitter2(https://github.com/hij1nx/EventEmitter2)를 만들었다.

- **트위터**　http://twitter.com/hij1nx
- **깃허브**　https://github.com/hij1nx

제임스 할리데이(James Halliday)

크로스 브라우저 테스트 도구인 browserling(http://browserling.com/)을 비롯해 다수의 노드 모듈을 개발했으며, 현재 npm 기준으로 가장 많은 모듈을 만든 개발자다. substack이라는 닉네임으로 더 유명하다.

- **트위터**　http://twitter.com/substack
- **깃허브**　https://github.com/substack

마락 스퀴레스(Marak Squires)

노드짓수의 공동 창업자이고, 분산 이벤트에미터와 I/O 프레임워크인 hook.io(https://github.com/hookio/hook.io), 자바스크립트로 PDF를 만들어주는 pdf.js(https://github.com/Marak/pdf.js)를 만들었다.

- **트위터**　http://twitter.com/maraksquires
- **깃허브**　https://github.com/marak

팀 카즈웰(Tim Caswell)

HP에서 WebOS를 개발하며 노드에 대한 팀 블로그인 How to Node를 운영한다. 노드 버전 관리자인 nvm(https://github.com/creationix/nvm)과 How to Node에서 사용 중인 블로그 엔진 wheat(https://github.com/creationix/wheat), 비동기 흐름 제어 라이브러리 step(https://github.com/creationix/step) 등을 만들었다.

- 트위터 http://twitter.com/creationix
- 블로그 http://howtonode.org/
- 깃허브 https://github.com/creationix

엘리자 인수아(Elijah Insua)

노드에서 DOM을 사용할 수 있는 jsdom(https://github.com/tmpvar/jsdom)을 만들었고, 보통 tmpvar라는 닉네임으로 더 유명하다.

- 트위터 http://twitter.com/tmpvar
- 블로그 http://tmpvar.com/
- 깃허브 https://github.com/tmpvar

다니엘 쇼(Daniel Shaw)

비디오 공유 사이트인 Spreecast의 노드 개발자로 많은 노드 모듈의 개발에 참여한다.

- 트위터 http://twitter.com/dshaw
- 블로그 http://dshaw.com/
- 깃허브 https://github.com/dshaw

데본 고벳(Devon Govett)

노드 개발자로 노드에서 PDF 파일을 만드는 라이브러리인 PDFKit(https://github.com/devongovett/pdfkit)을 만들었다.

- 트위터 http://twitter.com/devongovett
- 블로그 http://devongovett.wordpress.com/
- 깃허브 https://github.com/devongovett/

아르나웃 카제미어(Arnout Kazemier)

Socket.io의 메인 커미터로 웹 브라우저 유저 에이전트 파서인 useragent (https://github.com/3rd-Eden/useragent)를 만들었다.

- 트위터　http://twitter.com/3rdEden
- 블로그　http://blog.3rd-eden.com/
- 깃허브　https://github.com/3rd-Eden

마르코 로저스(Marco Rogers)

노드 개발자로 다수의 노드 모듈 개발에 참여한다.

- 트위터　http://twitter.com/polotek
- 블로그　http://marcorogers.com/
- 깃허브　https://github.com/polotek

노드 정보가 올라오는 사이트

이 책에서 노드에 대한 모든 것을 다룰 수는 없기 때문에 다음 사이트들을 참고하면 이 책에서 다루지 못한 부분에 대해 정보를 얻을 수 있다.

노드 공식 트위터: http://twitter.com/nodejs

공식 트위터로 노드 관련 소식이 올라온다.

노드 유저 메일링: http://groups.google.com/group/nodejs

노드를 사용하는 개발자들을 위한 공식 메일링으로 커뮤니티가 활발하기 때문에 다양한 소식과 질문을 통해 정보를 얻을 수 있다.

노드 개발 메일링: http://groups.google.com/group/nodejs-dev

노드 개발자들을 위한 공식 메일링으로 노드의 버그나 차후 노드의 방향에 대한 논의가 오간다.

노드 공식 블로그: http://blog.nodejs.org/

노드 공식 블로그로 노드에 대한 새로운 소식들이 올라온다.

노드짓수: http://blog.nodejitsu.com/

노드 클라우드 서비스 회사인 노드짓수의 블로그로, 노드에 대한 다양한 정보와 튜토리얼들이 올라온다. 또한 노드짓수의 문서(http://docs.nodejitsu.com/)에서도 노드 개발에 대한 다양한 가이드를 제공한다.

How to Node: http://howtonode.org/
누구나 포스팅을 할 수 있는 팀 블로그로 노드에 대한 다양한 강의가 올라온다.

NODE NERD: http://nodenerd.net/
개인이 운영하는 블로그로 노드 관련 링크와 튜토리얼이 올라온다.

NODE TUTS: http://nodetuts.com/
페드로 테이세이라Pedro Teixeira가 직접 만든 노드 개발에 대한 스크린 캐스트를 정기적으로 올린다. 스크린 캐스트로 개발하는 과정을 보여주기 때문에 유용하다.

Planet node.js: http://www.planetnodejs.com/
미카엘 로저스가 운영하는 블로그로, 노드 개발자의 블로그나 노드 관련 블로그들의 글을 모아 올려준다.

Mastering node.js: http://visionmedia.github.com/masteringnode/
오픈소스로 공개된 노드 개발에 대한 이북으로, 무료로 이용할 수 있다.

NODEUP: http://nodeup.com/
노드에 대한 팟캐스트를 정기적으로 제공한다.

Node.js Manual: http://nodemanual.org/
커뮤니티 기반으로 운영되며 API 레퍼런스 설명과 노드 가이드가 업데이트된다.

YNAD: http://yand.info
노드 API 레퍼런스를 검색해볼 수 있는 사이트다.

노드 정보를 얻을 수 있는 한글 사이트

해외에 비해 한글 자료가 많지는 않지만, 국내에서도 노드와 관련된 많은 정보가 공유되고 있다.

Outsider's Dev Story: http://blog.outsider.ne.kr/
이 책 저자의 블로그다.

Node.js Q&A: http://nodeqa.com/
박난하 님이 운영하는 사이트로, 많은 사람이 올린 질문에 정성스러운 답변을 해주고 있다.

Firejune: http://firejune.com/
자바스크립트 개발자인 파이어준 님이 운영하는 블로그로, 노드에 대한 유용한 노하우들이 올라온다.

여름으로 가는 문: http://blog.doortts.com/tag/node.js
채수원 님이 운영하는 블로그로, Octobersky.js라는 이름으로 노드 온라인 스터디를 진행하면서 번역된 문서가 다수 올라온다.

Inside.JS: http://nodejs-kr.org/insidejs/
송형주 님이 운영하는 블로그로, 현재 피터리스 크르민스(http://www.catonmat.net/blog/)가 올리는 노드 확장 모듈 소개의 번역문이 올라온다.

Programmer이고 싶다: http://juhoi.tistory.com/
김주희 님이 운영하는 블로그로 노드 관련 글이 올라온다.

DRYPOT'S DIGGING: http://drypot.tumblr.com/tagged/node
drypot 님의 블로그로 다수의 노드 글이 올라와 있다.

Felix's Node Guide: http://nodeguide.atelier.weaveus.com/
펠릭스가 작성한 노드 가이드(http://nodeguide.com/)를 박창우 님이 번역한 문서다.

The Node Beginner Book: http://www.nodebeginner.org/index-kr.html
온라인에 공개된 전자책을 채수원 님과 심형석 님이 번역해 공개한 문서다.

베타리더 한마디

드디어 Node.js를 직수입양서가 아닌 국내서로 만날 수 있게 되어 매우 뿌듯합니다. 노드를 좋아해서 사람들을 만났고, 베타리딩의 기회까지 접하게 되어 매우 뜻 깊은 경험이었습니다.

아직 국내에서 노드의 적용 사례를 많이 볼 수는 없지만, 이 책을 통해 노드 보급에 많은 보탬이 되었으면 하는 바람입니다. 감사합니다. KIN플~~

박난하 / 심플렉스인터넷(주) (카페24)

클라이언트 개발자로 자바스크립트는 쓰고 있지만 서버 개발에 대한 배경 지식이 전무한 나로서는 노드를 접근하기에 어려움이 많았는데, 변정훈(아웃사이더) 님의 베타리더 제의를 받고 한층 더 쉽고 빠르게 노드를 배우고 학습해 나갈 수 있는 좋은 기회였습니다.

이 책을 통해 자바스크립트 개발자도 서버 또는 그 이상으로 나아갈 수 있는 시발점이 되리라 생각합니다.

책을 써주신 변정훈 님께 감사 드립니다.

김태선 / 엔씨소프트 모바일서비스팀

아웃사이더 님이 노드를 이용해 빠르게 애플리케이션 개발에 도전할 수 있는 첫 국내서를 쓰고 있다는 이야기에 '반.드.시' 베타리딩에 참여하겠다고 다짐을 하고 슬며시 저자에게도 기별을 넣어놨습니다. 그간 컨퍼런스와 세미나에서 노드를 이용해 리얼타임 웹 애플리케이션을 실시간으로 구현하는 모습을 자주 봐왔습니다. 그리고 이런저런 모임에서 종종 뵙게 되면서 '저런 프로그래머도 있구나'하고 생각했습니다. 나쁜 의미는 아닙니다. +_+]a 차근차근 노드에 대해 설명하고 이것으로 할 수 있는 것들을 설명하는 글을 찬찬히 읽어보면 아웃사이더 님이 품고 있는 '중후한 프로그래머의 내공'을 느낄 수 있습니다. 자신이 알고 있는 것을 모두 가르쳐 주고 싶어 안달 난 '사부의 마음'을 느껴볼 수 있는 책입니다. 꼭 읽어보세요.

김지헌 / 드림인프라

서버 아키텍처는 클라우드 시장과 함께 네 번째 전환점에 와 있습니다. 거기에 더불어 HTML5와 스마트폰 시장은 '리얼타임 웹' 시장에 불을 지폈고, 이런 변화를 통해 클라이언트와 서버가 더욱 긴밀히 움직일 수 있기를 간절히 바라왔습니다. 2년 전부터 시작된 서버 측 자바스크립트 Node.js는 이런 바람을 충족시켜줄 것입니다. 국내에서도 집필서가 출간돼 기쁘고, 서버 측 자바스크립트 시장에 활시위를 당기길 기대해봅니다.

Rhio.kim(김양원) / KTH 웹 플랫폼 팀

찾아보기

기호/숫자

#nodejs 144
./configure 52
--debug 282
--debug-brk 282
--prefix 옵션 52
__dirname 76
__filename 76

ㄱ

가상머신 315
개발자 도구 281
개인키 75
경로 92
공개키 75
공백 문자 85
관계형 데이터베이스 322
기본 모듈 75
깃 329
깃 관리 대상 337

ㄴ

나가기 화면 260
넌블로킹 I/O 39, 42
네임스페이스 56, 219
네임스페이스를 통해 출력된 메시지 221
노드 버전 확인 49
노드 웹 서버 60
노드 윈도우 인스톨러 48
노드 인스펙터 281
노드 프로세스 76
노드의 기본 모듈 75
노드의 실행 스택 66
노드의 아키텍처 스택 65
노드의 장점 42
닉네임 231, 234
닉네임 입력 성공 237
닉네임 입력 실패 238

ㄷ

다이노 326
다중 프로세스 106
단언문 75
닷매트릭스 방식 309
데몬 151
데이터그램 소켓 75
데이터베이스 179
도메인 네임 서버 75
동등 비교 70
들여쓰기 70, 171
디버그 옵션 282
디버그 환경 변수 107

ㄹ

라이브러리 50
라이언 달 31
레디스 322

레빗엠큐　322
로그 메시지　277
로드밸런싱　106
로우 데이터　85
롱폴링　197
루비 온 레일즈　33
리스너　83
리스너 배열　84
리스너 함수　84
리얼타임 웹　197
리틀 엔디언　85

ㅁ

맥OS 인스톨러　50
멀티스레드　35
메이븐　119
몽고디비　182
몽고리안　182
방 기능의 동작 화면　226
방 만들기 화면　238
방을 생성한 화면　242
배포된 express 애플리케이션　321
버퍼　85
벤치마킹 테스트　65
변수　70
보우　304
보우즈　301
뷰 템플릿 엔진　166
블로킹 I/O　34, 39
비동기 I/O　40
비동기 네트워크 통신　75
비동기 테스트　307
빌드 환경　50

ㅅ

사용자 리스트　253
상수　70
생성된 방　242
서버 로그에 출력된 메시지　211
서버 푸시　198
서버사이드 자바스크립트　29
세미콜론　70
스마트머신 리스트　335
스마트머신 상세 정보　336
스마트머신 생성 메뉴　335
스케일아웃　325
스케일업　42
스택 트레이스　275
스트리밍　197
스트림　87
실행 스택　66
실행된 웹 서버에 접속한 화면　61
싱글 스레드　35, 41
싱글 스택　41

ㅇ

아이작 슐레터　31, 119
아키텍처 스택　65
아파치 웹서버　37
아파치벤치　63
에러 스택 트레이스　275
에러 스택 트레이스를 확인하기 위한 코드　275
에러 파라미터　70
엔진엑스　37
연결이 됐을 때 서버 로그　209
연결이 성공한 화면　208
오픈소스 프로젝트　32

옥텟 스트림 75, 85
요청 변수 164
워커 프로세스 107
워커다이노 326
원격저장소 331
웹다이노 326
웹소켓 198
웹킷의 개발자 도구 281
윈도우 인스톨러의 설치 완료 화면 48
윈도우의 환경 변수 등록 49
유닛 테스트 291
유틸리티 기본 모듈 82
유틸리티 모듈 278
의존성 라이브러리 관리 기능 119
이밋 83
이벤트 기반 프로그래밍 36
이벤트 루프 36, 38, 67
이벤트 루프의 동작 방식 40
이벤트 리스너 79
이벤트 처리 78
익스프레소 291
익스프레스 157
익스프레스 웹 서버의 인덱스 페이지 접속
    화면 159
익스프레스 템플릿 소스 233
일반 웹 서버와 클러스터를 사용한 웹
    서버의 응답 속도 비교 111

ㅈ

자바스크립트 41
자바스크립트 콘솔 53
자식 프로세스 75
전역 객체 75, 76
전역 범위 56

절대 경로 77
제이드 166
제이드 확장 모듈 172
제이드와 HTML의 비교 168
조이엔트 31, 334
중괄호 70

ㅊ

참가자 보여주기 257
채팅 사이트의 채팅방 231
채팅 사이트의 채팅방 리스트 231
채팅 사이트의 첫 화면 231
채팅방 리스트 231
채팅방 리스트 출력 화면 245
채팅방 입장 246
채팅방 참가자 253
채팅하는 화면 252
챗윈도우 246
추상 인터페이스 75

ㅋ

카멜케이스 70
커맨드라인 51
커스텀 이벤트로 서버 로그에 출력된
    메시지 216
커스텀 이벤트로 웹 브라우저에 출력된
    메시지 215
코드 커버리지 299
코멧 197
콜백 함수 70
콤마 71
쿼리 문자열 75, 102
클라우드 315
클라우드 로그와 상태 확인 325

클라우드 파운드리 315
클라우드 파운드리 삼각형 316
클라우드 파운드리 회원가입 화면 317
클라이언트 95
클래스 70
클러스터 106
클러스터 기능 76

ㅌ

테스트 스위트 297
테스트 주도 개발 291
테스트 커버리지 299
텔넷 95
토픽 304

ㅍ

파싱 323
파이어버그 53
파일시스템 89
파일의 경로 75
포어맨 329
포에버 152
포에버 아이프레임 197
폴링 197
표준 입력 80
표현 언어 168
프로퍼티 70

ㅎ

함수와 플래그에 따른 메시지 전송
    다이어그램 219
행위 주도 개발 291, 301
허로쿠 326

허로쿠 로그 화면 333
허로쿠 로그인 327
허로쿠 명령어 실행 화면 333
허로쿠 프로세스 지정 332
허로쿠에 소스를 푸시하는 과정 332
호환성 테스트 52
확장 모듈 50
환경 변수 49
회원가입 폼 174

A

addListener() 83
Apache 웹서버 37
app.configure() 162
app.get() 164
app.js 143, 144, 160, 260
app.listen 165
app.post() 164
app.put() 164
app.set() 162
app.use() 162
argv.js 81
ascii 85
assert.eql() 295
assert.response 298
assert 75, 292
attendants 배열 253
author 131

B

base64 85
BDD 291
BDD 프레임워크 301
Behavior Driven Development 301

binary 85
Blocking I/O 34
broadcast 218
Buffer 클래스 85
buffer.copy 87
Buffer.isBuffer() 87
buffer.slice() 87
Buffers 75

C

camel case 70
cat 명령어 105
chat.js 235, 249, 263
Chat.leaveRoom() 259
Child Processes 75
child.kill() 105
child_process.exec 104
child_process.spawn 104
ChildProcess 103
chown 52
chunked 62
class 168
clog 280
clog로 출력한 로그 280
close 이벤트 87, 97
Cloud Foundry 315
Cluster 76
cluster.fork() 107
cluster.js 106
cluster-server.js 110
Comet 197
CommonJS 30, 56, 130
config 133
configure 52

connection 이벤트 97
console.js 277
console.log() 54
contributors 132
CPU 처리량 60
createServer.js 95
Crypto 75
CSS 셀렉터 168

D

data 이벤트 80, 87
Datagram Socket 75
DEBUG 278
dependencies 134
description 131
devDependencies 135
DNS 75
Doctype 167
dot-matrix 방식 309
Dyno 326

E

emit 83, 214
emitter.addListener() 83
emitter.on() 83
emitter.once 84
emitter.removeListener 84
emitter.setMaxListeners 84
end 이벤트 80, 87
engine 136
EOF 87
error 이벤트 87, 97
ev_loop() 66
Event Loop 36

EventEmitter   78, 189
events.EventEmitter   83
Events   75
exec.js   105
execFile( )   105
Execution Stack   66
exit 이벤트   78
exit.js   78
exports   58
express.createServer( )   162
express.errorHandler( )   163
express   157
Expression Language   168
expresso   291, 297
express의 템플릿 구조   160

F

File System   75
file_loaded( )   69
FIN   87
forEach( )   259
foreman으로 실행   329
forever   152
forever iframe   197
fs 모듈   58
fs.close( )   146
fs.open( )   145
fs.readFile( )   59, 91, 148
fs.realpath( )   92
fs.rmdir( )   92
fs.Stats   90
fs.unlink( )   92
fs.write( )   145
fs.writeFile( )   91, 145

fs.write의 파라미터 형식   146
function( )   56

G

gem   317
gem을 이용한 vmc 설치   317
getTweets( )   144, 148
git remote   331
Git   329
global   76
global.console.log   76
global.js   77

H

haed.jade   170
hasNameAndEmail( )   181
helloworld.js   54
helloworld-timeout.js   55
Heroku   326
hex   85
homepage   131
HTTP   75
HTTP 내장 모듈   60
HTTP 메소드   99
HTTP 모듈   98
HTTP 요청   87
HTTP 웹 서버   60
http.Server   98
http.ServerRequest   99
http.ServerResponse   100
HTTPS   75
HTTPS 모듈   98

I

I/O 34
insertUser() 181
io.configure() 202
io.listen 202
io.sockets 208
io.sockets.emit() 226
io.sockets.in 226
io.sockets.send() 226
Isaac Z. Schlueter 119
isOpened 148
Issac Z. Schlueter 31

J

join-form 173
Joyent 31
JSConf 33
JSONP 폴링 197

K

keywords 131
killSignal 105

L

layout.jade 170
leave() 259
libeio 66
libev 66
listen() 61
listener 83
listening 96
listening 이벤트 96

little endian 85
localhost 61
Long Polling 197

M

make install 52
Maven 119
message.js 108
module.exports 56, 179
MongoDB 182
mongolian 182
MySQL 177

N

name 131
Net 75
net 모듈 94
net.Server 96
net.Socket 97, 98
newListener 이벤트 84
nextTick.js 81
NginX 37
no.de 334
no.de에 SSH로 접속 339
no.de에 SSH에서 소스 재배포 340
no.de의 SSH 키 등록 화면 334
no.de의 통계 메뉴 342
node server 61
node 명령 52
NODE_DEBUG 환경 변수 107
node_modules 123, 125
Nodeconf 33
node-inspector 283
node-inspector 사이드바 285

node-inspector 중단점 284
node-inspector 콘솔 286
node-inspector 파일 선택 283
node-jscoverage 299
node-jscoverage의 코드 커버리지 리포팅 300
nodemon 124
node-mongodb-native 183
nodemon을 글로벌로 설치하는 화면 124
node-mysql 177
node-schedule 149
nohup 151
NoSQL 182, 322
npm init 136
npm install 123
npm la 124
npm list 124
npm ls 124
npm registry 126
npm registry 사이트 127
npm search 127
npm search twitter 128
npm start 133
npm stop 133
npm uninstall 130
npm update 129
npm 설치 화면 121

O

octet stream 75, 85
of() 220
on() 83
OS 76

P

PaaS 33, 315
package.json 130, 337
package.json 자동 생성 136
parseQueryString 101
Path 52, 75, 92
path.basename 94
path.dirname 93
path.exists 94
path.extname 94
path.join 93
path.normalize(p) 92
path.relative 93
path.resolve 93
pause() 98
pipe 이벤트 88
plain-server.js 109
Platform as a Service 33, 315
Polling 197
popular watched 순위 32
PostgreSQL 322
private 133
process.nextTick() 81
process.send() 109
process.stdin 80
process.stdin.resume() 80
Process 75, 78
Procfile 329

Q

Query Strings 75
QueryString 100, 103

R

RabbitMQ 322
raw 데이터 85
Readable Stream 87
Read-Eval-Print-Loop 53
readFile( ) 58
readFile.js 58
readFile-infiniteloop.js 59
Readline 75
Redis 322
rename.js 89
repeater( ) 192
REPL 53
repository 132
repository.js 178, 184
require( ) 56
res.end( ) 61
res.render( ) 165
res.writeHead( ) 61
restler 142
resume( ) 98
room.jade 242, 269
rooms.js 248, 249, 265
routes/index.js 165, 172, 175
Ryan Dahl 31

S

scripts 132
Server Side JavaScript 29
server 변수 60
server.close( ) 96
server.createServer( ) 60
server.js 60, 199
server.listen 96

setEncoding( ) 87
setInterval 217
setTimeout( ) 55
simple-chat 259
sinceId 147
slashesDenoteHost 101
socket.broadcast.emit( ) 218
socket.broadcast.send( ) 218
socket.broadcast.to 224, 249
socket.bufferSize 98
socket.emit('message') 214
socket.end 97
socket.get( ) 222
Socket.IO 197
Socket.IO 서버의 설정 속성 205
Socket.IO 클라이언트의 설정 속성 207
socket.io.js 205
socket.join 224, 249
socket.leave 224
socket.on('message') 210
socket.send( ) 210
socket.set( ) 222
socket.volatile.emit( ) 217
socket.volatile.send( ) 217
socket.write 97
spawn.js 103
spec/callback.js 307
splice( ) 259
src/sum.js 296
SSH 공개키 328
SSJS 29
stat.js 90
stats 파라미터 90
stderr 105
stdin.js 80

stdout   105
stream.destroy( )   88, 89
stream.destroySoon( )   88, 89
stream.end( )   89
stream.pause( )   88
stream.pipe(destination)   88
stream.readable   88
stream.resume( )   88
stream.setEncoding(encoding)   88
stream.writable   88
stream.write   89
Streams   75
sudo   52
Sync   89

T

TCP 채팅 프로그램   111
tcp-chat.js   111
TDD   291
telnet   95
Test Suite   297
test.js   281
test/server.test.js   298
test/sum.test.js   296
text/plain   61
timeout   105
TJ 할로웨이척   157
TLS/SSL   75
topic   304
try-catch   79
TTY   76

U

UDP/Datagram Sockets   75

uncaughtException   79
uncaughtException.js   79
uninstall   130
URL   75, 100
URL 문자열   100
utf8   85
util.debug( )   278
util.format( )   82
util.inspect   279
util.log( )   278
Utilities   75

V

V8   31
V8 엔진   42
version   131
views/enter.jade   237, 268
views/index.jade   168, 233, 267
views/join-fail.jade   181
views/join-form.jade   174
views/join-result.jade   176
views/layout.jade   166, 232, 267
views/makeroom.jade   240, 268
Vm   75
vmc   317
vmc 로그인   319
vmc 비밀번호 변경   319
vmc 타겟 설정   318
vmc로 업데이트하는 과정   321
vmc를 통한 배포   320
vmc를 통한 인스턴스 개수 변경   326
VMWare   33, 315
volatile   217
volatile.emit( )   218

vow 304
Vows 301, 309
vows 테스트 러너 사용 309, 310
vows의 테스트 성공 308
vows의 테스트 실패 308

W

watchFile.js 91
Web Socket 198
window 76
window.alert 76
worker.on 109
Writable Stream 88
writeFile.js 91

Z

Zlib 76
zlib 압축 함수 76

에이콘 웹 프로페셔널 시리즈

series editor 박수만

1

실용예제로 배우는 웹 표준 (절판)
기획자, 개발자, 디자이너가 함께 보는 XHTML + CSS 활용가이드
8989975778 | 댄 씨더홈 지음 | 박수만 옮김 | 20,000원

국내 최초로 웹 표준에 대한 뜨거운 관심을 불러일으킨 바로 그 책!
웹 표준의 대가 댄 씨더홈과 함께 퀴즈로 풀어보는 웹 표준 실전 가이드
웹 표준 개념의 이론과 실습, 문제 해결방법을 알려준다.

2

웹 2.0을 이끄는 방탄웹 (절판)
크리에이티브한 웹 표준 기법과 제작 사례
8989975891 | 댄 씨더홈 지음 | 박수만 옮김 | 22,000원

유연성, 가독성, 사용자 편의성 등 성공적인 웹 2.0 사이트가 갖춰야 할 핵심사항을 구비하기 위한 웹 표준 전략에 대한 책

3

Ajax 인 액션
8989975883 | 데이브 크레인 지음 | 강철구 옮김 | 28,000원

 2006년 아마존닷컴 컴퓨터 인터넷 부문 베스트셀러 1위!

기초부터 고급 기법까지 Ajax의 모든 것을 상세하게 소개한다.
사이트에 바로 응용할 수 있는 5가지 실전 프로젝트 수록

4

예제로 배우는 Adobe 플렉스 2 (절판)
리치 인터넷 애플리케이션 제작의 첫 걸음
8989975980 | 옥상훈 지음 | 25,000원

플렉스에 목마른 개발자들의 갈증을 풀어준 바로 그 책!
예제 위주로 플렉스의 개념을 설명하고 플렉스 프로젝트 필수 기술요소를 다루고 있어 플렉스를 빠르고 쉽게 배울 수 있다.

5

고급 웹 표준 사이트 제작을 위한 CSS 마스터 전략
8960770051 | 앤디 버드 외 지음 | 박수만 옮김 | 28,000원

 아마존 베스트셀러 컴퓨터 인터넷 부문 2위

최신 CSS 기법과 활용 팁을 총정리한, CSS 마스터가 되기 위한 필독서

6

Easy Start! 웹 개발 2.0 루비 온 레일스
9788960770003 | 황대산 지음 | 28,000원

강력하고 편리하지만 접근이 쉽지만은 않은 레일스
이 책은 레일스를 빠르고 즐겁게 배우기 위한 지름길이다.
▶ 레일스 웹 개발 프레임워크에 대한 예제 위주의 상세한 설명
▶ 루비 프로그래밍 언어 튜토리얼과 친절하게 기술한 API 문서 포함

7

웹표준 완전정복 세트 (절판)

9788996077 0133 | 댄 씨더홈, 앤디 버드 외 지음 | 박수만 옮김 | 66,000원

웹 표준 마스터라면 꼭 필독해야 할 바이블!
『실용예제로 배우는 웹 표준』과 『웹 2.0을 이끄는 방탄웹』, 『CSS 마스터 전략』을 하나로 묶었다.

8

다이내믹한 웹 표준 사이트를 위한 DOM 스크립트

9788960770034 | 제레미 키스 지음 | 윤석찬 옮김 | 25,000원

마크업에서 자바스크립트를 깨끗이 분리하고 핵심 기능은 그대로 살리면서도 역동적인 효과를 얻을 수 있는 새로운 발상!
웹 디자이너와 웹 개발자가 함께 읽어야 하는 필독서

9

방탄 Ajax

9788960770201 | 제레미 키스 지음 | 장정환 옮김 | 22,000원

인터랙티브한 방탄웹 사이트를 만들자. Ajax 기초에서 활용까지!
Ajax를 사용하면서 알지 못했던 영역을 탐험하는 데 필요한 안내서
Ajax의 기본 개념부터 시작해서 Ajax를 사용해 어떻게 웹사이트를 개선할 수 있는지를 예제를 활용해 차근차근 배워보자.

10

정보 트래핑 원하는 정보를 자동으로 수집하는 웹 모니터링 기법

9788960770218 | 타라 칼리셰인 지음 | yuna 옮김 | 25,000원

수많은 정보가 넘쳐 흐르는 웹!
인터넷 검색엔진 전문가인 저자 타라 칼리셰인은 효과적인 리서치를 통해 더 큰 결실을 얻어낼 수 있는 방법, 즉 자동화된 정보 수집 시스템을 구축하는 최신 기법들을 소개한다.

11

Ajax 패턴과 베스트 프랙티스

9788960770225 | 크리스찬 그로스 지음 | 최재훈 옮김 | 28,000원

Ajax와 REST를 하나의 솔루션으로 묶은 다이내믹한 웹 애플리케이션을 개발하자!
구조적이고 효율적인 웹 애플리케이션 개발을 위한 9가지 Ajax 패턴과 실전 예제를 다룬다.
기존 Ajax 서적과는 다른 웹 서버/클라이언트 구조에 대한 통찰력을 제시한다.

12

방어형 웹사이트 기획 고객과 회사를 구하는 가이드라인 40

9788989975311 | 매튜 린더만, 제이슨 프라이드 지음 | 박수만 옮김 | 22,000원

에러 메시지, 도움말, 입력폼 등을 개선하여 고객이 처한 위기 상황을 극복하는 방어형 웹사이트를 만들자!
40개의 핵심 가이드라인을 통해 흔히 저지르는 오류를 방지하고, 문제가 생긴 고객을 친절하게 이끌어 줄 수 있다.

13

웹디자인 2.0 고급 CSS
감각적인 웹디자인 예술 미학
9788960770300 | 앤디 클락 지음 | 정유한 옮김 | 35,000원

유수 웹사이트, 사진작품, 컨셉 등 수많은 예제와 화보 등을 통해 코드를 만들기 위한 다양한 방법을 시각적으로 배운다. 최신 웹 브라우저와 최신 CSS3 스펙을 사용하는 환경에 대한 기술적 이점을 미리 체험해 볼 수 있다.

14

GWT 구글 웹 툴킷 자바로 하는 AJAX 프로그래밍
9788960770355 | 프라바카 샤간티 지음 | 남기혁 옮김 | 20,000원

GWT를 통해 사용자 경험을 크게 향상시켜주면서 안정적으로 동작하는 유저 인터페이스를 만들어보자. GWT, 구글 웹 툴킷은 오픈소스로 개발된 자바 소프트웨어 개발 프레임워크로서, 브라우저 관련 언어에 익숙하지 않은 개발자도 구글 맵이나 지메일 같은 AJAX 애플리케이션을 쉽게 제작하는 데 쓰인다.

15

RIA 개발을 위한 실버라이트 입문
9788960770379 | 애덤 네이썬 지음 | 이정웅 옮김 | 25,000원

마이크로소프트 개발자이자 실버라이트 구루로 알려진 애덤 네이썬이 직접 저술한 책. 가볍지만 강력한 웹 브라우저 플러그인 실버라이트에는 RIA를 만들기 위한 벡터, 애니메이션, 고화질 비디오 등 다양한 기능이 가득하다. 또한 WPF의 기능을 제공하고 성능이 뛰어나며 웹 개발 기술과 쉽게 연동할 수 있다.

16

[개정판] 예제로 배우는 Adobe 플렉스
UX와 성능이 향상된 RIA 제작의 첫걸음: 플렉스 3 & 어도비 에어
9788960770416 | 옥상훈 지음 | 33,000원

성능과 개발 생산성, UX 향상을 위한 협업에 초점을 둔 플렉스 3의 내용을 반영한 개정판이다. 데스크탑 버전의 RIA 애플리케이션을 만들 수 있는 어도비 에어(Adobe AIR) 기술의 응용 방안과 윈도우 애플리케이션 연동에 관한 노하우를 특별 부록으로 수록했다.

17

PPK 자바스크립트
뛰어난 웹 접근성의 실용 자바스크립트
9788960770447 | 피터 폴 콕 지음 | 전정환, 정문식 옮김 | 35,000원

8가지 실전 프로젝트로 모던하고 구조적인 실용 자바스크립트를 배우자. 브라우저 비호환성 처리, 웹 접근성, 스크립트 분리 등 기존 자바스크립트 책에서는 볼 수 없었던 새로운 내용이 가득 담겨있다.

18

PHP 개발자를 위한 실전 자바스크립트
다이내믹한 PHP 사이트를 만드는 Ajax 기법
9788960770010 | 크리스천 다리, 보그단 브린자리아, 필립 치얼체스토자,
미하이 부치카 지음 | 나건표 옮김 | 30,000원

기존의 딱딱한 PHP 웹사이트를 다이내믹한 데스크탑 애플리케이션처럼 사용할 수 있는 Ajax와 자바스크립트. 풍부한 실전 예제와 함께 PHP 개발자가 현업에서 바로 활용할 수 있는 내용을 다루고 있다.

19

(개정판) 웹 2.0을 이끄는 방탄웹
크리에이티브한 웹 표준 기법과 제작 사례
9788960770720 | 댄 씨더홈 지음 | 박수만 옮김 | 25,000원

기존 방식으로 제작한 웹사이트를 사례로 들어 문제점을 분석하고 XHTML과 CSS로 재구축해 코드를 깔끔한 마크업으로 정리하고 CSS를 통해 빠르게 로딩되면서 접근성이 높은 방탄웹으로 변신시키는 기법을 소개한다.

20

(개정판) 웹표준 완전정복 세트
9788960770669 | 댄 씨더홈, 앤디 버드 외 지음 | 박수만 옮김 | 68,000원

웹 표준 마스터라면 꼭 필독해야 할 바이블!
『실용예제로 배우는 웹 표준』과 『(개정판) 웹 2.0을 이끄는 방탄웹』,
『CSS 마스터 전략』을 하나로 묶었다.

21

오픈 API를 활용한 매쉬업 가이드
HTML과 자바스크립트로 손쉽게 만드는 AIR 애플리케이션
9788960770942 | 오창훈 지음 | 33,000원

블로그, 차트, 지도, 이미지, 동영상 API의 효과적인 활용법과 실용 예제를 배우고, API 사용자 인증, 파일 전송, 배포 등 웹 애플리케이션 개발 실전 팁을 익히는 국내 최초 오픈 API와 매쉬업 활용 가이드

22

효율적인 XHTML 웹 표준 사이트 구축을 위한 **리팩토링 HTML**
9788960771093 | 엘리엇 러스티 해롤드 지음 | 김인교 옮김 | 30,000원

안정성, 성능, 사용성, 보안, 접근성, 호환성, 검색엔진 최적화 등을 모두 고려해 개선된 웹사이트를 만드는 방법을 설명한다. 기존 사이트를 유지보수하거나 업데이트하려는 웹 디자이너, 개발자, 프로젝트 매니저가 꼭 읽어야 할 필독서다.

23

구글피디어 Googlepedia 구글에 관한 모든 것
9788960771222 | 마이클 밀러 지음 | 김기영, 노영찬 옮김 | 35,000원

구글 웹검색, 지메일, 캘린더, 유튜브, 구글 어스, 문서도구, 데스크탑, 지도, 애드센스, 구글 폰 안드로이드까지 구글에 관한 모든 것이 이 한 권에 들어있다. 이 책 한 권이면 고급 검색기술은 물론이고 구글의 웹/소프트웨어 도구를 전부 마스터할 수 있다.

24  okgosu의 액션스크립트 정석
기초부터 2D와 3D 그래픽, 애니메이션, 게임 프로그래밍까지
플래시/플렉스 액션스크립트의 모든 것
9788960771291 | 옥상훈 옮김 | 48,000원

플래시와 플렉스 기술의 뿌리가 되는 프로그래밍 언어인 액션스크립트의 기초 문법부터 시작해서, 컴포넌트 라이브러리 활용, 2D 그래픽을 위한 드로잉 API, 비트맵, 이펙트, 스크립트 애니메이션, 3D 그래픽, 서버 네트워킹까지 액션스크립트 API가 제공하는 기능을 체계적으로 섭렵할 수 있는 진정한 바이블

25  엔터프라이즈 Ajax 대규모 웹사이트 구축을 위한 실전 Ajax
9788960771321 | 데이브 존슨, 알렉세이 와이트, 앙드레 샬랜드 지음
김수정 옮김 | 장정환 감수 | 30,000원

MVC 구현, 보안, 확장성, 안정성, 신뢰성, 기능 최적화, 프로젝트의 위험요소까지 Ajax 개발자가 기업 환경의 애플리케이션 개발 상황에서 맞닥뜨릴 모든 문제를 다루는 책

26  알짜만 골라 배우는 자바 구글앱엔진
무료로 시작하는 손쉬운 클라우드 애플리케이션 개발
9788960771512 | 카일 로치, 제프 더글라스 지음 | 박성철, 안세원 옮김 | 25,000원

자바 개발자라면 누구나 손쉽게 큰돈 들이지 않고 웹 애플리케이션을 만들 수 있다. 클라우드 컴퓨팅의 선두주자인 구글의 기술과 서비스를 마음대로 활용할 수 있는 자바용 구글 앱 엔진의 중요한 기능을 알짜만 골라 배울 수 있는 책

27  온라인 미디어와 소셜 웹 시대에 대응하는 웹 컨텐츠 전략을 말하다
9788960771598 | 크리스티나 할버슨 지음 | inmD 옮김 | 22,000원

유용하며 활용 가능한 온라인 컨텐츠를 제공할수록, 더 많은 고객의 참여와 관심을 이끌어내고 고객 유지율을 높일 수 있다. 점점 다가오는 데드라인, 줄어드는 예산, 충돌하는 이해관계, 기존 웹 컨텐츠가 안고 있는 골칫거리를 어떻게 해결할 것인가? 이 책 『웹 컨텐츠 전략을 말하다』가 해답의 열쇠다.

28  개발자, 기획자, 디자이너가 함께 읽고 바로 쓰는 HTML5 첫걸음
9788960771604 | 브루스 로슨, 레미 샵 지음 | 정유한 옮김 | 25,000원

HTML5의 새로운 기능 중 상당수는 이미 기존 브라우저에서도 구현돼 있고 시간이 지날수록 더 많은 내용을 지원할 것이다. 이 책에서는 현재 사용할 수 있는 브라우저에서 지금 당장 새로운 언어를 적용해 얻을 수 있는 효과를 잘 보여준다. 학술적인 이론을 다루는 것이 아니라 실질적으로 HTML5를 사용해 문제를 해결하는 방법을 제시한다.

29

구글 개발자가 들려주는 HTML5 활용

9788960771680 | 마크 필그림 지음 | 현동석, 강유훈 옮김 | 25,000원

캔버스를 활용한 그리기와 비디오 재생, 위치정보나 오프라인과 로컬 저장소 같은 흥미로운 기능뿐만 아니라 특정 브라우저에서 HTML5를 사용할 수 있는지 여부를 감지하는 방법까지 다룬다. 또한 실전에 적용할 수 있는 라이브러리와 코드를 소개하고 일부 모바일 기기에 HTML5 기능이 어떻게 구현되어 있는지와 기존 웹페이지에 어떻게 시맨틱을 추가할지에 대한 내용도 별도로 기술했기에 웹에 관심이 많거나 관련 개발 업무를 담당하고 있다면 꼭 읽어봐야 할 책이다.

30

바로 배워 바로 쓰는 Ajax 첫걸음

9788960771857 | 마이클 모리스 지음 | 장정환 옮김 | 25,000원

복잡한 자바스크립트 내용이나 어려운 예제는 배제하고 난이도가 낮은 예제를 중심으로 설명함으로써 Ajax에 익숙하지 않은 사람들이 쉽게 Ajax의 동작 방식과 효과를 이해할 수 있게 안내한다. 난이도가 낮으면서도 웹사이트에 바로 코드를 가져다가 적용할 수 있을 만큼 유용한 예제들은 이 책의 또 다른 장점이다.

31

okgosu의 플렉스 4.5 & 플래시 빌더 정석
웹, 데스크탑, 모바일 RIA 애플리케이션 제작을 위한 어도비 플렉스 & 플래시 빌더의 모든 것

9788960772021 | 옥상훈 지음 | 35,000원

플렉스 입문자가 처음 플렉스를 배울 때 반드시 알아야 할 플렉스의 기초와 개발툴인 플래시 빌더 사용법, 플렉스 컴포넌트를 이용해 화면을 구성하는 방법을 다룬다. 또한 중급자를 위해 커스텀 플렉스 컴포넌트를 만들 때 알아야 할 이벤트 처리와 컴포넌트 작성법, CSS와 스킨 컴포넌트, UI컴포넌트의 커스터마이징 방법을 다룬다. 그리고 서버 데이터를 보여주기 위해 XML, 웹서비스, 오픈 API 연동 방법과 BlazeDS, LCDS 서버 설정과 연동 방법을 다룬다. 후반부에서는 웹뿐만 아니라 데스크탑과 모바일에서 플렉스 앱을 개발하기 위해 프로젝트 생성과 설정 및 주요 API 이해를 돕는 예제를 다룬다.

32

Tagging 태깅 소셜 웹 사용자가 만들어내는 메타데이터, 태그

9788960772137 | 진 스미스 지음 | 박수만 옮김 | 25,000원

태깅은 개인정보 관리, 정보구조, 온라인 커뮤니티의 경계에 맞닿아 있는 영역의 정보 관리 방법이다. 지난 몇 년간 태깅은 단순한 트렌드를 넘어 여러 사이트에 폭넓게 적용됐으며, 새롭고 흥미로운 디지털 문화의 한 측면으로 자리잡았다. 이 책은 태깅의 가치를 설명하고, 사람들이 태깅을 하는 이유를 탐구하며, 태깅의 동작 방식과 더불어 디자이너와 개발자들이 태깅을 통해서 사용자 경험을 개선할 수 있는 방법을 소개한다.

33

웹 접근성 & 웹 표준 완벽 가이드
국가표준 접근성 지침을 준수하는 웹 컨텐트 개발

9788960772151 | 짐 대처, 마이클 버크스 외 지음 | 노석준, 신승식, 현준호, 한정민 옮김 | 40,000원

장애 여부나 연령, 기술 환경 등에 상관없이 모든 웹 컨텐트를 접근 가능하게 구축하고 활용할 수 있도록, 웹 접근성의 개념부터 법률, 지침, 실제적인 접근성 적용 기법, 접근 가능한 웹사이트 구축 사례 등에 이르기까지 광범위하고 상세하게 기술한 완벽 지침서다.

34

Learning PHP, MySQL & JavaScript 한국어판
소셜 웹 개발자를 위한 3대 핵심 기술 PHP, MySQL, 자바스크립트

9788960772199 | 로빈 닉슨 지음 | 황진호 옮김 | 35,000원

이 책은 빠른 시일 내에 웹 서버의 구축부터 웹을 구성하는 핵심 기술인 PHP와 MySQL, 자바스크립트를 자세히 배우려는 독자를 위해서 쓰여졌다. 기술에 대한 문법과 함께 사용 예제가 있어 단시간 안에 실제로 사용할 수 있는 웹 페이지를 손쉽게 구성할 수 있다. 마지막 부분에서는 이 책에서 소개된 모든 내용을 아우르는 예제로서, 소셜 네트워크 사이트를 실제로 구축해 볼 수 있는 내용이 들어 있다. 보안에 관한 내용뿐만 아니라, 기술적인 사항도 자세히 설명하기 때문에 모든 기술을 연동해 익히는 데 확실히 도움이 된다.

35

Nginx HTTP Server 한국어판
아파치를 대체할 강력한 차세대 HTTP 서버 엔진엑스

9788960772373 | 끌레망 네델꾸 지음 | 김득권 옮김 | 30,000원

이 책은 기초적인 리눅스 커맨드라인 인터페이스에서 시작해 엔진엑스 소스코드를 다운로드, 빌드, 설치하는 과정뿐만 아니라 주요 모듈과 모든 지시어의 상세한 설명, 구문 용례, 색인 목록까지 망라함으로써 엔진엑스 관리자의 필독서로 활용할 수 있다. 또한 엔진엑스 자체에 관한 설명 외에도 엔진엑스와 기존 HTTP 서버를 병행해 사용하는 법, FastCGI를 통해 애플리케이션과 연동하는 법, 아파치에서 엔진엑스로 서버를 완전히 교체하기 위한 마이그레이션 가이드 등이 함께 제공되므로 아파치의 문제점을 극복할 대안을 찾는 모든 웹 관리자에게 꼭 필요한 책이다.

36

jQuery Novice to Ninja 한국어판 제이쿼리 고수로 가는 첫걸음

9788960772410 | 얼 캐슬다인, 크레이그 샤키 지음 | 장정환 옮김 | 30,000원

제이쿼리는 웹 페이지를 개발할 때 가장 많이 사용하는 자바스크립트 프레임워크 중 하나다. 제이쿼리는 빠르고 크기도 작지만 강력한 기능으로 무장하고 있어 개발자는 빠른 속도로 웹 서비스를 개발할 수 있다. 제이쿼리를 처음 배우려는 초보자에게 이 책은 안성맞춤이다. 기초적인 내용부터 제이쿼리의 진가를 알 수 있는 강력한 기능까지 이 책에서 배울 수 있다. 그리고 플러그인이나 UI 위젯 같은 재사용과 공유가 가능한 코드를 작성하는 고급 주제도 들어 있어 제이쿼리의 기능을 확장하고 다른 개발자와 함께 더 편리하게 웹 서비스를 개발하는 즐거움을 이 책을 통해 발견할 수 있을 것이다.

37

Node Web Development 한국어판 웹 개발 플랫폼 노드 프로그래밍

9788960772502 | 데이비드 헤론 지음 | 손병대 옮김 | 20,000원

『Node Web Development 한국어판』은 노드 웹 애플리케이션 개발의 핵심을 찌르는 탁월한 시작점이다. 실용적인 예제를 중심으로, HTTP 서버와 클라이언트 객체, Connect와 Express 프레임워크, 비동기 알고리즘, SQL과 MongoDB 데이터베이스 등을 배운다.

38

인터랙티브 게임과 애니메이션을 위한 HTML5 캔버스 첫걸음

9788960772557 | 롭 호크스 지음 | 박진수 옮김 | 30,000원

인터랙티브한 게임과 애니메이션, 엔터테인먼트 애플리케이션을 만드는 데 필요한 HTML5 캔버스를 기초부터 쉽고 자세히 알려주는 책. 자바스크립트의 기초부터 시작해, 단순한 도형을 그리고, 움직이며, 동영상을 화소 단위로 조작하고, 물리학을 응용해 게임을 만드는 일까지 아우르는 내용이 담겨 있다. 학습서로도 활용할 수 있고 참고서로도 활용할 수 있도록 잘 구성되었다.

39

HTML5 Multimedia Development Cookbook 한국어판
HTML5 멀티미디어 프로젝트 제작

9788960772632 | 데일 크루즈, 리 조던 지음 | 동준상 옮김 | 30,000원

HTML5의 대표적인 특징인 비디오, 오디오 등의 멀티미디어 컨텐츠 작성 방법과 각종 지원 기기의 사용자를 위한 접근성 제고 전략, 리치 미디어 애플리케이션을 만들기 위한 캔버스 API와 현대 브라우저에 직접 데이터를 저장하고, 이를 활용할 수 있게 해주는 데이터 스토리지 API의 실용 예제를 함께 만들어 가는 방식으로 구성됐다.

40

jQuery UI 1.8 한국어판 인터랙티브 웹을 위한 제이쿼리 UI

9788960772656 | 댄 웰먼 지음 | 동준상 옮김 | 33,000원

영국의 저명한 웹 개발자이자 작가인 저자는 아코디언, 탭 버튼, 슬라이더, 데이트피커, 드래그앤드롭 등 가장 최신 버전의 제이쿼리 UI 라이브러리 요소를 기본 이론과 다양한 예제를 활용해 소개하며, 독자는 예제를 함께 완성해가면서 제이쿼리 UI의 비밀을 하나씩 풀어갈 수 있다.

41

Play Framework Cookbook 한국어판
생산성 높은 자바 웹 개발 플레이 프레임워크

9788960772724 | 알렉산더 릴젠 지음 | 박재성 옮김 | 30,000원

생산성 높은 자바 웹 개발 프레임워크 플레이(Play) 프레임워크의 진일보한 기능을 활용하는, 실제로 동작하는 애플리케이션 예제를 통해 플레이 프레임워크의 전체적인 윤곽을 단계적으로 차근차근 익힐 수 있는 실용서다. 점점 더 복잡해져 가는 자바 진영에 몸담은 웹 개발자들이 한 번쯤 꼭 읽어봐야 할 책이다.

42

Web Standards Solutions Special Edition 한국어판
웹 표준 첫걸음

9788960772755 | 댄 씨더홈 지음 | 박수만, 정유한 옮김 | 20,000원

웹 표준 기술을 적용한 실제 사례가 가득한 명실상부한 웹 표준 입문서. 이 책은 웹 사이트를 제작할 때 기본으로 지켜야 하는 웹 표준에 대한 내용을 담고 있다. 웹 사이트 제작뿐만 아니라 웹에 대한 이해를 위해 시간이 지나도 변하지 않고 책꽂이에 한 권씩 꽂혀있는 기본서가 될 것이다.

43

Node.js 노드제이에스 프로그래밍
클라우드 컴퓨팅 시대의 고성능 자바스크립트 플랫폼

9788960772762 | 변정훈 지음 | 28,000원

서버 환경에서 자바스크립트로 애플리케이션을 작성할 수 있는 Node.js(노드제이에스)는 이벤트 루프와 넌블로킹 I/O를 이용한 뛰어난 성능으로 출시된 지 2년 만에 개발자 커뮤니티에서 큰 인기와 주목을 끌고 있다. 그 동안 Node.js를 공부할 수 있는 한글 자료가 많이 부족했던 상황에서 출간된 이 책 『Node.js 노드제이에스 프로그래밍』은 노드 프로그래밍의 입문서로서, 기본 개념부터 실무에 필요한 핵심 내용까지 폭넓게 다룸으로써 노드 프로그래밍을 쉽게 배워 다양하게 활용할 수 있도록 상세히 설명한다.

 에이콘출판의 기틀을 마련하신 故 정완재 선생님 (1935-2004)

Node.js 노드제이에스 프로그래밍
클라우드 컴퓨팅 시대의 고성능 자바스크립트 플랫폼

초판 인쇄 | 2012년 2월 10일
2쇄 발행 | 2014년 5월 30일

지은이 | 변 정 훈

펴낸이 | 권 성 준
엮은이 | 김 희 정
       박 창 기
표지디자인 | 그린애플
본문디자인 | 황 지 영

인 쇄 | (주)갑우문화사
용 지 | 진영지업(주)

에이콘출판주식회사
경기도 의왕시 계원대학로 38 (내손동 757-3) (437-836)
전화 02-2653-7600, 팩스 02-2653-0433
www.acornpub.co.kr / editor@acornpub.co.kr

Copyright ⓒ 에이콘출판주식회사, 2012, Printed in Korea.
ISBN 978-89-6077-276-2
http://www.acornpub.co.kr/book/nodejs

이 도서의 국립중앙도서관 출판시도서목록(CIP)은 e-CIP 홈페이지(http://www.nl.go.kr/cip.php)에서
이용하실 수 있습니다. (CIP제어번호: 2012000584)

책값은 뒤표지에 있습니다.